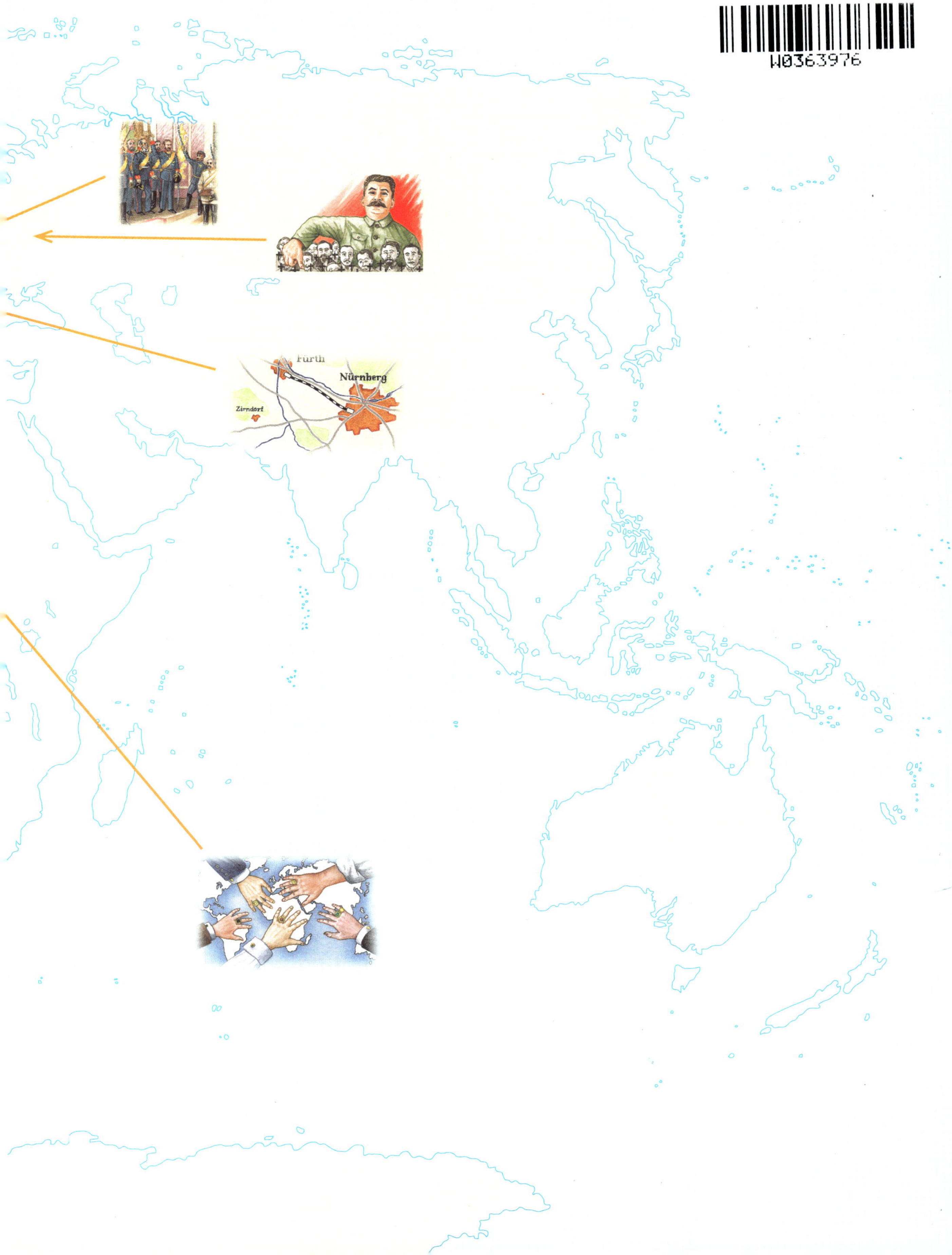
Fürth
Nürnberg
Zirndorf

Hallo,

vor dir liegt „mitmischen“ – dein neues Buch für das Fach Geschichte. „mitmischen“ wird dich auch die nächsten Jahre begleiten. In „mitmischen 2“ erfährst du zunächst, wie die Menschen um Freiheit und mehr Gerechtigkeit kämpften – in Nordamerika, Frankreich und in Deutschland. Du erlebst, wie die Industrialisierung in England und Deutschland Einzug hielt und wie ein deutscher Nationalstaat entstand. Du wirst verfolgen, wie die Großmächte die Welt unter sich aufteilten und warum es zum Ersten Weltkrieg kam. Den Abschluss bilden die interessanten Jahre der Weimarer Republik. In allen Zeiten wirst du erleben, wie die Menschen zusammenlebten und ihre Probleme lösten.

„Und was hat das alles mit mir zu tun?“, fragst du dich jetzt vielleicht. Lass dich überraschen! Du wirst viele Spuren der Vergangenheit in unserer Welt heute entdecken. Die Erklärung der Menschenrechte war die Grundlage für unser Grundgesetz. Auch in der Pfalz und im Westerwald kämpften die Bürgerinnen und Bürger für Freiheit und Demokratie. Viele Erfindungen aus dem 19. Jahrhundert trugen dazu bei, das Leben der Menschen zu verbessern.

Mit „mitmischen“ lernst du aber nicht nur, sondern du kannst auch vieles selber machen und ausprobieren. Dafür gibt dir „mitmischen“ zahlreiche Tipps. Außerdem kannst du auch immer wieder selbst in der Geschichte mitmischen: Du erkundest mit deinen Klassenkameraden, wie sich über die Jahrzehnte das Leben in deiner Stadt oder in deinem Dorf verändert hat. Ihr befragt Menschen darüber und fertigt dazu eine Ausstellung oder Wandzeitung an.

Viel Spaß dabei wünscht dir
das „mitmischen“-Team!

So arbeitest du mit diesem Buch

Hier erfährst du alles darüber, wie das Buch aufgebaut ist und welche Elemente dir dabei helfen, die Texte und Materialien zu verstehen.

Themeneinheit:
Dieses Buch hat sieben Themeneinheiten. Jede beginnt mit einer Auftakt-Doppelseite. Jede hat auch eine spezielle Farbe. Im Inhaltsverzeichnis kannst du die Farben im Überblick sehen. Ein Zeitstrahl gibt dir einen kurzen Überblick über die Abfolge der geschichtlichen Ereignisse und wo wir noch heute Spuren der Vergangenheit entdecken.

Kapitelseiten:
Jede Themeneinheit ist unterteilt in Kapitel, die jeweils auf einer Doppelseite behandelt werden.
Die Kapitel bestehen aus drei wichtigen Ebenen:
- Kopfzeile in der Farbe der Themeneinheit
- Inhalt: Texte, Bilder und Karten
- Aufgaben (unten, auf der gelben Fläche)

Die Kopfzeile in der jeweiligen Kapitelfarbe und die Kapitelnummerierung zeigt dir, in welchem Thema du dich befindest.

Unter der Überschrift findest du einen kleinen **Einführungstext**. So kannst du schnell sehen, worum es auf dieser Seite geht.

Der Text, den die Autorinnen und Autoren für dich geschrieben haben, ist durch Zwischenüberschriften gegliedert und mit einem **T** gekennzeichnet.

Bilder, Karten und Quellentexte auf jeder Doppelseite sind durchnummeriert. Das sieht dann zum Beispiel so aus: **M1**

Textquellen sind in großen Anführungszeichen gesetzt.

Wie du mit diesen **Materialien** umgehst, lernst du im Unterricht, aber auch die Seiten „Methode“ helfen dir dabei.

Auf manchen Seiten findest du farbige Kästen, in denen zusätzliche oder wichtige Informationen hervorgehoben sind wie z. B. hier im Lexikon (blau) oder wie im Tipp (orange).

Methodenseiten:
Wenn hinter der Kapitelzahl „Methode“ steht, dann geht es auf dieser Doppelseite darum, mit bestimmten Materialien richtig umzugehen – z. B. Karten lesen, Bilder untersuchen und Textquellen verstehen.

Abschluss:
Hier geht´s noch einmal ganz spannend zur Sache, denn für jede Themeneinheit gibt es ein großes Quiz, in dem du ordentlich punkten und zeigen kannst, wie fit du im Thema bist.

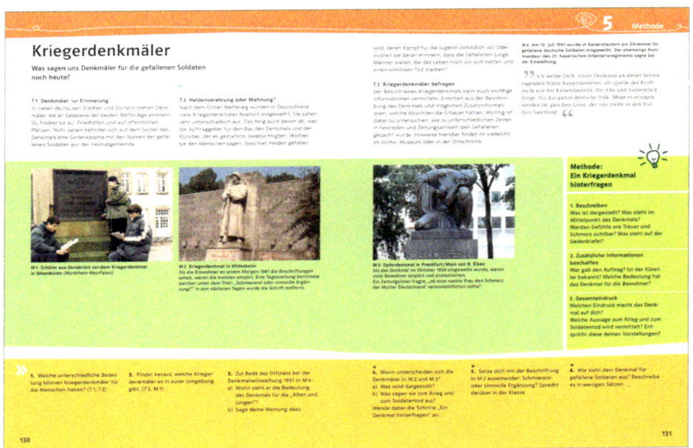

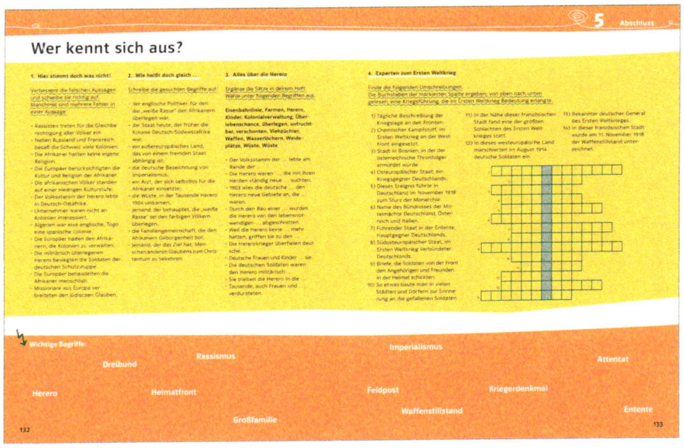

Symbole im Buch und was sie dir zeigen:

Tipp
Hier findest du Hinweise und konkrete Anleitungen zum Nacherleben von geschichtlichen Themen. Viel Spaß dabei!

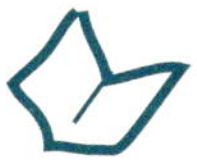

Lexikon
Hier werden wichtige oder schwierige Begriffe erklärt.

Aufgaben
Immer im unteren Feld, zeigt es dir, wo die Aufgaben beginnen.

Extra
Zusätzliche Materialien, wenn du im Unterricht gut vorangekommen bist.

Methode
Hier stehen die einzelnen Arbeitsschritte für eine bestimmte Methode.

Wichtige Begriffe
Auf der Abschlussseite stehen im unteren Feld Begriffe, die du kennen solltest.

Niveau/Schwierigkeitsgrad
Bei den Aufgaben zeigt das Sternchen, ob eine Aufgabe schwieriger ist. Wenn du sie lösen kannst, bist du richtig gut!

Internetbegleitung
www.klett.de/online
Online-Link: 432020-0000

1 Bürgerliche Revolution
Ab Seite 10

2 Napoleon, Freiheit, Revolution
Ab Seite 38

3 Fortschritt im 19. Jahrhundert
Ab Seite 60

4 Das deutsche Kaiserreich
Ab Seite 88

5 Imperialismus und Erster Weltkrieg
Ab Seite 104

6 Neue Weltmächte entstehen
Ab Seite 134

7 Die Weimarer Republik
Ab Seite 148

1 Bürgerliche Revolutionen

Lange Zeit regierten Fürsten und Könige in Europa allein. Das Volk hatte das zu tun, was der Herrscher für richtig hielt.
Das erste Land, in dem die Bürgerinnen und Bürger ihre Regierung selbst wählten, waren die Vereinigten Staaten von Amerika.
Wenige Jahre später stürzte in Frankreich das Volk in einer Revolution den König. Die Ideen von Freiheit, Gerechtigkeit und Menschenrechten für alle Bürger breiteten sich in ganz Europa aus.

Bezug zu heute

Grundgesetz

UNO-Emblem

Geschichte erleben

Chronologie

1776
13 englische Kolonien in Nordamerika erklären ihre Unabhängigkeit.

1789
Die Verfassung der USA tritt in Kraft. George Washington wird erster Präsident.

amnesty international
FÜR DIE MENSCHENRECHTE

ai-Emblem

Nationalfeiertag in Frankreich

14. Juli 1789

Erstürmung der Bastille und Beginn der Französischen Revolution

26. August 1789

Die französische Nationalversammlung verabschiedet die Erklärung der Bürger- und Menschenrechte.

Die Europäer kommen

Um 1000 n. Chr. kamen als erste Europäer die Wikinger nach Amerika. 1492 glaubte Kolumbus, Indien entdeckt zu haben. Amerigo Vespucci machte mit seinen Reiseberichten den „neu entdeckten" Kontinent bekannt. Auf seinen Vornamen geht der Name Amerika zurück.

M1 **Manhattan heute,** ein bekannter Stadtteil der Metropole New York im Osten der USA

T1 Woher kommen die Europäer?
Anders als in Mittelamerika und Südamerika kamen in Nordamerika die ersten europäischen Siedler im 17. Jahrhundert vor allem aus England, Frankreich und Deutschland. Viele hofften darauf, dass sie in der „Neuen Welt" mehr politische Freiheit und religiöse Unabhängigkeit haben würden als in ihren Heimatländern.
Dort herrschten nämlich Könige mit absoluter Macht, die auch vor religiöser Unterdrückung nicht Halt machten. Hinzu kam die große Armut, die in vielen dieser Königreiche herrschte. Die Auswanderer hofften, dass sie in Amerika Arbeit, Besitz und ein gutes Auskommen finden würden.

M2 **1626 kaufte der Niederländer Peter Minuit den Indianern die Halbinsel Manhattan ab.** Der Preis waren ein paar Angelhaken, Messer, Beile und Glasperlen. (Stich aus dem 19. Jh.)

1. Woher kamen die Europäer, die in Nordamerika einwanderten? (T1)

2. Was hofften diese Europäer in der „Neuen Welt" zu finden? (T1)

3. Beschreibe, wie es den Siedlern nach der Landung in Nordamerika erging. (T2)

T2 Jamestown

Bereits die Überfahrt nach Amerika war anstrengend und gefährlich. Wer sie überlebte, musste mit weiteren Gefahren rechnen. Von den ersten 105 englischen Siedlern, die 1607 an Land gingen, lebten ein knappes Jahr später nur noch 38. Die meisten waren verhungert oder an Krankheiten gestorben.
Diese Siedler errichteten eine kleine Siedlung, die sie mit Palisaden umgaben. Sie nannten sie Jamestown, nach dem englischen König James. In seinem Namen nahmen sie das Land in Besitz und machten es zur britischen Kolonie.

T3 Erste Begegnungen

Obwohl die Siedler im Januar 1608 Nachschub aus England erhielten, wäre Jamestown, wie viele andere Gründungen auch, allein nicht lebensfähig gewesen. Die Waldindianer, die dort lebten, halfen den neuen Siedlern. Die Indianer brachten den Europäern nicht nur Lebensmittel, sondern zeigten ihnen auch, wie man Mais anbaut und erfolgreich jagt und fischt.

T4 Landhunger

Doch die Europäer wollten mehr. Sie wollten handeln: Felle gegen Gewehre und Alkohol. Vor allem aber wollten sie Land. Zunächst kauften sie es den Indianern noch ab.
Die Indianer vertrauten auf die Verträge, die sie mit den Siedlern machten – und das Land war ja schließlich groß genug. Doch die Siedler wollten immer mehr Land haben. Sie rodeten immer mehr Wälder und nahmen den Indianern das Land einfach weg. Und es kamen immer mehr.

T5 Erste Kämpfe

Die Siedler hatten Gewehre. Diese konnten viel weiter schießen, als ein Pfeil, ein Speer oder eine Axt fliegen konnte. Sie waren dadurch den Indianerstämmen überlegen, als diese begannen, sich gegen die Vertreibungen zu wehren und die befestigten Siedlungen anzugreifen. Schließlich mussten viele Indianerstämme dem Landhunger der weißen Siedler weichen. Einige zogen nach Westen, andere Stämme wurden vollständig vernichtet.

M3 Die ersten Siedler in Jamestown
Palisaden werden errichtet, Felder angelegt, Häuser gebaut.

4. Wie verhielten sich die Indianer gegenüber den Europäern? (T3)

5. Erkläre, wie es zu den ersten Auseinandersetzungen zwischen Siedlern und Waldindianern kam. (T4, T5)

*
6. Erfinde ein paar Tagebuchseiten und beschreibe darin, was du als Siedler in Jamestown alles tun musst, was du von den Indianern lernst, wie es dir geht. (T2, T3, M3)

Freiheit erobern

In den Unabhängigkeitskriegen eroberten die europäischen Siedler die Unabhängigkeit von England. Ihre Verfassung gilt bis heute als sehr freiheitlich, menschlich und vorbildhaft. Währenddessen verhungerten Indianer, denen sie das Land geraubt hatten ...

M1 Bostoner Tea-Party
Am 16. Dezember 1773 warfen als Indianer verkleidete Bürger im Hafen von Boston 342 Teekisten von Bord eines englischen Handelsschiffes. (Lithografie, 1846)

T1 13 britische Kolonien
Zwischen 1607 und 1733 besiedelten die europäischen Einwanderer weitere Gebiete an der Ostküste Nordamerikas. Die Landnahme erfolgte im Namen des englischen Königs. 1733 lebten in diesen britischen Kolonien etwa 1,5 Millionen Siedler.

T2 Freiheiten
England gewährte den Kolonien viele Freiheiten, besonders Steuervergünstigungen und weitgehende Selbstbestimmung. Dadurch sollten noch mehr Siedler in die „Neue Welt" gelockt werden. Denn in den Kolonien gab es viele Dinge, die in England sehr begehrt waren: Tabak, Rohrzucker, der kostbare blaue Farbstoff Indigo, Baumwolle und Pelze.

T3 Die Engländer bestimmen
England legte großen Wert darauf, dass englische Geschäftsleute an dem Handel mit den Kolonien in Nordamerika verdienten. So durften Biberpelze, Tabak und Indigo nur nach England verkauft werden. Nur englische Schiffe durften die Transporte übernehmen. Viele Waren aus anderen Ländern durften nur über England in die Kolonien kommen.

1. Wie viele englische Kolonien gab es 1733 und wie viele Menschen lebten dort? (T1)

2. Erkläre, warum diesen Kolonien so viele Freiheiten gewährt wurden. (T2)

3. Wie sorgte England dafür, dass gerade englische Geschäftsleute viel Geld im Handel mit den Kolonien verdienten? (T3)

4. Die englischen Kolonien in Nordamerika werden selbstbewusst. Erläutere. (T4, T5, M1)

Auf diese Weise verdienten englische Händler immer mit.
Die Siedler ließen sich diese Abhängigkeiten gefallen, da die englischen Soldaten sie vor den Indianern und auch den Franzosen schützten.

T4 Ärger mit den Kolonien
1763 hatte England Frankreich besiegt und war zur wichtigsten Kolonialmacht in Nordamerika geworden. Der Krieg hatte sehr viel Geld gekostet. Deshalb sollten in den Kolonien die Steuern erhöht werden. Schließlich war der Krieg auch zu ihrem Schutz geführt worden.
Das wurde in den 13 Kolonien zwar anerkannt, doch wollte man an solchen Regelungen beteiligt werden. Die Siedler forderten: „Keine Steuer ohne Mitbestimmung".
Selbstbewusst forderten die Kolonien deshalb die Rücknahme der Steuern.
England nahm einen Teil der Steuererhöhungen zurück, versuchte aber, die scheinbar zu selbstbewusst gewordenen Kolonien in die Schranken zu weisen.

T5 Boston Tea-Party
So ging es zwischen dem Mutterland England und den Kolonien zwischen 1765 und 1776 hin und her. Keine der Parteien wollte nachgeben. Mit der Bostoner Tea-Party erreichten die Streitigkeiten einen Höhepunkt. England bestand auf die Einhaltung einer Teesteuer. Den widerspenstigen Kolonien sollte gezeigt werden, dass England als Kolonialmacht doch bestimmen konnte. Die Empörung in den Kolonien war groß. Als Indianer verkleidete Siedler stürmten die Schiffe und warfen 342 Kisten Tee ins Meer. Sie wollten so gegen die Steuer protestieren, doch der englische König ließ Truppen aufmarschieren.

T6 Die Unabhängigkeitserklärung
Ein Jahr später tagten in Philadelphia die Vertreter der Kolonien. Dieser Kontinentalkongress bestimmte zunächst, dass die 13 voneinander unabhängigen Kolonien von nun an einen gemeinsamen Oberbefehlshaber haben sollten. Er sollte zur Not die Unabhängigkeit von England auch militärisch durchsetzen. Dieser Oberbefehlshaber war George Washington.
Auf einem zweiten Kongress wurde 1775 beschlossen, dass die Vereinigten Kolonien freie und unabhängige Staaten seien. Ein Ausschuss unter Leitung von Thomas Jefferson erarbeitete eine Unabhängigkeitserklärung. Diese wurde am 4. Juli 1776 einstimmig angenommen.

T7 Unabhängigkeitskriege
England nahm diese Unabhängigkeitserklärung nicht einfach hin.
Es kam zu einem Krieg zwischen den Kolonisten und England. Die Armeen der Kolonisten setzten sich aus Freiwilligen zusammen. Diese waren militärisch schlecht ausgebildet und mussten zunächst viele Niederlagen hinnehmen.
Durch die Hilfe Frankreichs und den Frontwechsel vieler vom englischen König gemieteter Soldaten gelang doch der Sieg. Der englische König erklärte am 5. 12. 1782, dass die Kolonien freie und unabhängige Staaten seien.

M2 Auszug aus der amerikanischen Unabhängigkeitserklärung von 1776:

» Wir halten diese Wahrheiten für in sich einleuchtend: dass alle Menschen gleich geschaffen sind; dass sie vom Schöpfer mit gewissen unveräußerlichen Rechten ausgestattet sind, darunter Leben, Freiheit und Streben nach Glück (...) Aber wenn eine lange Kette von Missbräuchen und Anmaßungen, stets das gleiche Ziel verfolgend, die Absicht enthüllt, ein Volk unter die unbeschränkte Gewaltherrschaft zu beugen, so ist es sein Recht, es ist seine Pflicht, eine solche Herrschaft abzuschütteln. (...) Die Geschichte des gegenwärtigen Königs von Großbritannien ist die Geschichte wiederholter Beleidigungen und Anmaßungen, die alle das direkte Ziel verfolgten, eine unbeschränkte Tyrannei (=Gewaltherrschaft) über diese Staaten aufzurichten. «

5. Beschreibe den weiteren Weg der 13 Kolonien in die Unabhängigkeit. (T6, T7, M2)

*
6. Finde die 13 ehemaligen Kolonien im Atlas: Massachusetts, Rhode Island, New Hampshire, New York, Connecticut, Pennsylvania, New Jersey, Delaware, Maryland, Virginia, North Carolina, South Carolina, Georgia. Vergleiche das Gebiet mit dem der heutigen USA.

*
7. Lies den Auszug aus der Unabhängigkeitserklärung genau: Wer ist hier mit „Menschen" gemeint? Erkläre, warum die Siedler hier wohl nicht an die Indianer gedacht haben.

Die erste moderne Demokratie

Die Verfassung der USA war vorbildlich für viele europäische Staaten auf dem Weg zur Demokratie.

T1 Die Gründung der USA
Im Jahre 1787 trafen sich Vertreter aus 13 Einzelstaaten, die aus den ehemaligen Kolonien entstanden waren, in der Stadt Philadelphia. Sie berieten über die Bildung eines einheitlichen Staates, der den Namen „United States of America" (USA) erhielt.

T2 Präsident, Kongress und Oberster Gerichtshof
Wie aber sollte der neue Staat regiert werden? Wer sollte die Gesetze beschließen und wer sollte für Recht und Ordnung sorgen? Die Antworten wurden in einer Verfassung niedergeschrieben, die 1789 in Kraft trat. Darin steht:

- Die Gesetze werden im Parlament von gewählten Volksvertretern beraten und beschlossen. Das Parlament („Kongress" genannt) besteht aus zwei „Häusern", dem Repräsentantenhaus und dem Senat.
- An der Spitze der USA steht der Präsident. Er regiert mit den Ministern den Staat.
- Die Richter des Obersten Gerichtshofes prüfen, ob die Gesetze mit der Verfassung übereinstimmen.

T3 Eine fortschrittliche Verfassung
Die Verfassung der USA legt auch fest, dass die Bürger ihre Abgeordneten selbst wählen. Allerdings war anfangs nur ein kleiner Teil der männlichen Bevölkerung wahlberechtigt. In einem Zusatz zur Verfassung wurde den Bürgern die Unverletzlichkeit der Bürger- und Menschenrechte garantiert. Die USA hatten damals die fortschrittlichste Verfassung aller Länder. In den Grundzügen gilt sie noch heute.

Extra

M1 Aus dem Grundrechtskatalog von 1789:

„Diese Schrift ergänzt die in der Verfassung der USA enthaltenen Grundrechte.
Art. 1: Der Kongress soll kein Gesetz erlassen, das eine Einrichtung einer Religion zum Gegenstand hat oder deren freie Ausübung beschränkt, oder eines, das Rede- und Pressefreiheit oder das Recht des Volkes, sich friedlich zu versammeln und an die Regierung eine Petition (Eingabe) zur Abstellung von Missständen zu richten, verkürzt. (…)
Art. 4: Das Recht des Volkes auf Sicherheit der Person, des Hauses, der Papiere und der Habe (Eigentums) vor ungerechtfertigter Nachsuchung und Beschlagnahme soll nicht verletzt werden.
Art. 5: (Niemandem) soll Leben, Freiheit oder Eigentum genommen werden, außer im ordentlichen Gerichtsverfahren und nach Recht und Gesetz."

1. Beschreibe die Gründung der USA. (T1)

2. Wer regiert in den USA, wer beschließt die Gesetze und wer sorgt dafür, dass Recht und Ordnung eingehalten werden? (T2, M2)

* **3.** Arbeite mit dem Schema M2.
a) Welche Aufgaben erfüllt
- der Kongress,
- der US-Präsident,
- der Oberste Gerichtshof?

b) Wer wählt bzw. bestimmt die Abgeordneten des Repräsentantenhauses und des Senats, den Präsidenten der USA und die Richter des Obersten Gerichtshofes?
c) Wie ist gewährleistet, dass keiner zu große Macht besitzt?

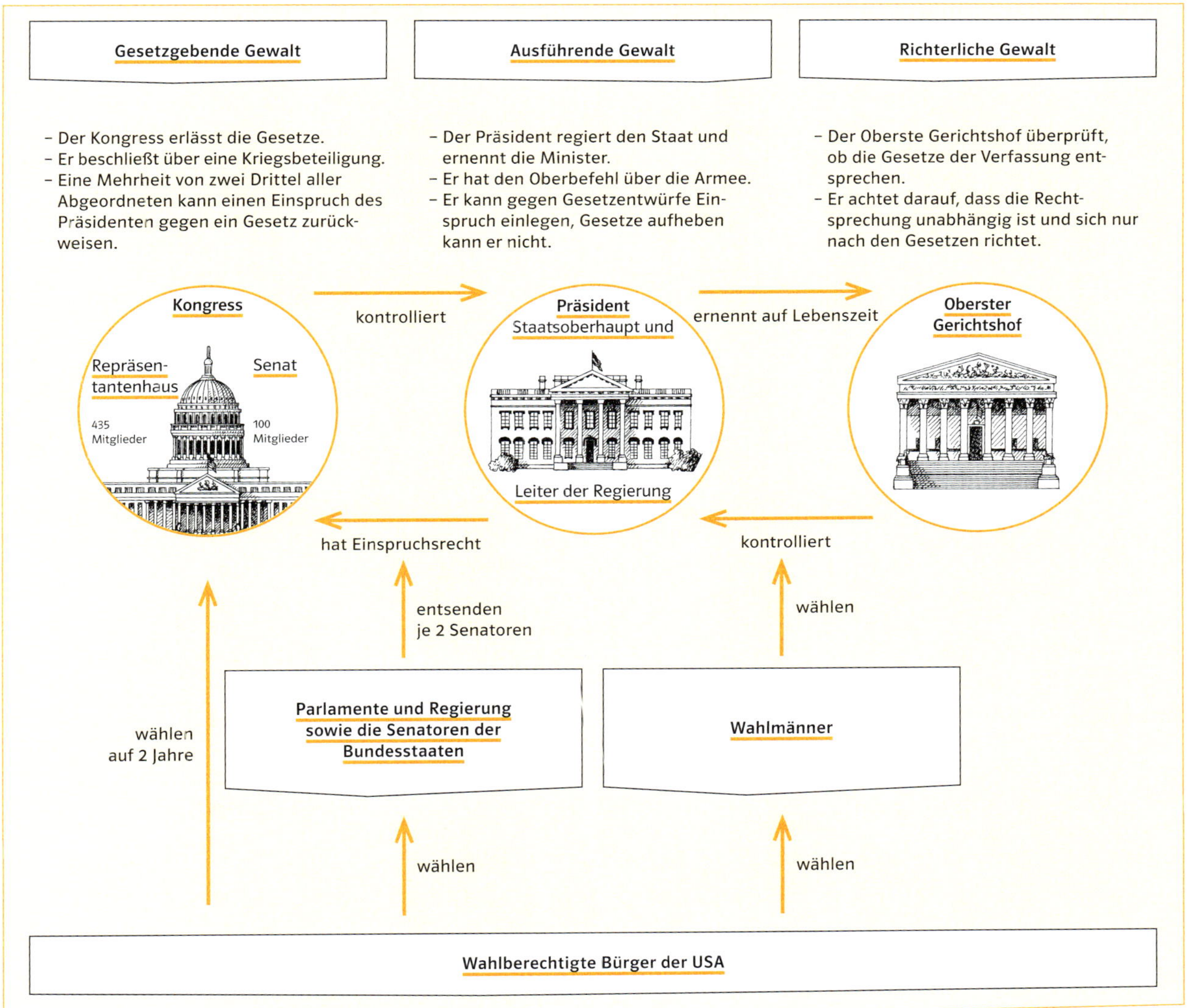

M 2 Die Verfassung der USA

*
4. Wie heißt der jetzige Präsident der USA?

*
5. Nenne einige Bürger- und Menschenrechte, die den Bürgern der USA im „Grundrechtskatalog" garantiert werden. (M 1)

*
6. Warum war für viele europäische Staaten die Verfassung der USA beispielgebend? (T 3, M 1, M 2)

Gleiche Rechte für alle Amerikaner?

Nach der Verfassung waren alle Amerikaner gleichberechtigt. Waren sie es tatsächlich?

T1 Vertrieben und ausgerottet

Ende des 18. Jahrhunderts begann die Besiedlung des nordamerikanischen Westens. Weiße Siedler vertrieben die Indianer aus deren Wohngebieten. Tausende wurden dabei getötet. Ganze Stämme starben aus, weil die Weißen den Indianern eine wichtige Lebensgrundlage nahmen: Sie schlachteten die Bisonherden Nordamerikas ab. Ursprünglich gab es auf dem Gebiet der USA über eine Million Indianer. Im Jahr 1900 waren es nur noch 200 000. Die meisten leben in Reservationen. Das sind oft unfruchtbare Gebiete, die den Indianerfamilien von der Regierung zugewiesen wurden.

Lange Zeit galten für die Indianer die Menschenrechte nicht. Erst 1924 erhielten sie das Bürgerrecht. Heute leben etwa 2,8 Millionen Indianer in den USA.

T2 Afrikanische Sklaven

Seit Beginn des 17. Jahrhunderts wurden Afrikaner auf Schiffen unter unmenschlichen Bedingungen nach Nordamerika gebracht und auf Sklavenmärkten versteigert. Viele von ihnen arbeiteten in den Südstaaten der USA auf den Baumwollplantagen der weißen Großgrundbesitzer. Sie waren völlig rechtlos. Die Sklaverei wurde in den Südstaaten erst im Jahre 1865 abgeschafft.

T3 Kampf um Gleichberechtigung

Aber auch danach wurden den Afroamerikanern, so werden die aus Afrika stammenden Einwanderer genannt, die politischen Rechte vorenthalten. So durften viele Afroamerikaner nicht wählen. In vielen Bereichen des öffentlichen Lebens bestand eine Rassentrennung. Es gab Schulen, in denen der gemeinsame Schulbesuch von weißen und farbigen Kindern untersagt war. Der Kampf für die Gleichberechtigung dauerte bis in die 1960er-Jahre an. Heute ist die politische und rechtliche Gleichstellung der Afroamerikaner weitestgehend durchgesetzt. Doch noch immer gehören viele von ihnen den ärmeren Bevölkerungsschichten an.

M1 Bisonjagd mit der Kansas-Pazifik Bahn
Eisenbahngesellschaften machten ihren Kunden ein Angebot: Mit der Eisenbahn zu den Weidegründen der Büffel, um dort zum Freizeitvergnügen viele Tiere zu töten.

»

1. Erläutere die Textüberschrift „Vertrieben und ausgerottet“. (T1, M1, M3)

2. Gib einen kurzen Überblick des Kampfes der Afroamerikaner für Gleichberechtigung. (T2, T3, M5)

3. Nenne Argumente für einen gemeinsamen Schulbesuch von weißen und afroamerikanischen Kindern. (M5)

M 3 Tatanka Yotanka, genannt Sitting Bull, vom Volk der Hunkpapa
Er führte die vereinten Sioux-Indianer zum Sieg über die Regierungstruppen im Jahre 1876.

Extra

M 2 Der amerikanische Wissenschaftler Henry Brackewridge schrieb 1782 in einem Brief:

» Ich bin weit davon entfernt auch nur im Traum annehmen zu können, dass Indianer ein Recht auf Land haben könnten, von dem sie seit Tausenden von Jahren keinen anderen Gebrauch machten wie Tiere (...). Im Gegenteil, sie haben jeden vorstellbaren Anspruch auf Land verwirkt, weil sie außerstande sind, Land zu kultivieren. Sie müssen deshalb – und das ist Gottes Wille – von diesem Land vertrieben werden. Gottes Wort, dass der Mensch sich die Erde untertan mache, ist eine heilige Verpflichtung. (...) Indianer haben das Aussehen von Menschen und sie mögen auch einer menschlichen Rasse angehören, aber wie sie uns im Augenblick entgegentreten, erscheinen sie (...) eher als Tiere, teuflische Tiere. «

M 4 In den USA gab es Mitte des 19. Jahrhunderts heftige Auseinandersetzungen für und gegen die Abschaffung der Sklaverei:

» *a) Ein Verteidiger der Sklaverei, 1857:*
Er (der Sklave) ist nur ein erwachsenes Kind und muss als Kind beherrscht werden. Der Herr nimmt ihm gegenüber die Stelle des Vaters oder Vormunds ein.
Der Neger ist auch ohne Voraussicht; er wird nicht im Sommer für die Bedürfnisse des Winters zurücklegen; (...) er würde zu einer unerträglichen Last für die Gesellschaft. Letztlich ist die Negerrasse minderwertig gegenüber der weißen.

b) Ein Gegner der Sklaverei:
Da der Allerhöchste Gott „alle Geschlechter der Menschen aus einerlei Blut geschaffen hat" und ihnen gebot, ihren Nächsten zu lieben wie sich selbst, da unser Dasein als Volk auf dem in der Unabhängigkeitserklärung anerkannten Grundsatz gegründet ist, dass alle Menschen gleich geschaffen sind und dass sie von ihrem Schöpfer mit gewissen unveräußerlichen Rechten ausgestattet sind (...), sind wir verpflichtet, den Sklaven unverzüglich die Freiheit zu schenken (...)! «

M 5 Demonstration gegen den gemeinsamen Schulbesuch von weißen und afroamerikanischen Kindern in den 1950er-Jahren

*
4. Setze dich mit M 2 auseinander:
a) Warum sollen Indianer keinen Anspruch auf eigenes Land haben?
b) Wie beschreibt Brackewridge die Indianer?
c) Formuliere eine Antwort an den Verfasser.

Schriftliche Quellen auswerten

*
5. Werte die Quellen M 4a und M 4b aus.
a) Welche unterschiedliche Meinung haben die beiden Verfasser von den „Negersklaven"?
b) Warum ist der eine für, der andere gegen die Sklaverei?

Der Dritte Stand erwacht

In Frankreich regierten auch nach dem Tod Ludwigs XIV. die Könige weiter als absolute Herrscher mit uneingeschränkter Macht. Sie lebten in Luxus und häuften weitere Schulden an, so auch Ludwig XVI.

M1 Ludwig XVI. verteilt Almosen. (Stahlstich um 1840 nach einem Gemälde von Louis Hersent von 1817, Ausschnitt)

Das Bild soll die Großzügigkeit des Königs darstellen, zeigt aber auch, wie arm die Menschen des Dritten Standes in Frankreich waren.

T1 Der Dritte Stand trägt die Lasten

Im Frankreich des 18. Jahrhunderts war die Gesellschaft in die drei Stände gegliedert. Klerus und Adel bildeten den Ersten und Zweiten Stand. Zusammen machten sie etwa 2 % der Bevölkerung aus. Sie zahlten wenig Steuern und führten ein Leben ohne Hunger und Not. Der Dritte Stand, die Kaufleute, Handwerker, Bauern und Bediensteten, trug die Hauptlast der Steuern. Das waren etwa 90 % aller Steuern.

T2 Unzufriedenheit

Obwohl die Adligen viele Vorteile hatten, waren viele von ihnen zu Gegnern des Absolutismus geworden. Sie meinten, der König habe zu viel Macht. Daher wollten sie mehr Einfluss gewinnen und einen größeren Anteil an der politischen Macht haben.

T3 Es gärt

Ein großer Teil des Dritten Standes hungerte und litt wie schon zu Zeiten Ludwigs XIV. große Not. Seit Jahren stiegen die Preise für Nahrungsmittel, Kleidung, Brennholz. Die Löhne aber blieben gleich. Nach der Missernte 1788 folgte ein strenger Winter und die Nahrungsmittel wurden knapp und teuer.
Alles, was den Staat betraf, wurde vom König und dem Ersten und Zweiten Stand bestimmt. Jetzt wurden die Bauern und Bürger unruhig.

»

1. Nenne die drei Stände und gib an, welcher Stand 90 % der Steuerlast tragen musste. (T1)

2. Nenne Gründe für die Unzufriedenheit im Zweiten Stand. (T2)

3. Beschreibe die Situation der einfachen Bürger des Dritten Standes im Frankreich Ludwigs XVI. (T3, M1, M2)

T4 Der Staat ist pleite

Im Jahre 1788 geriet Frankreich zudem in eine tiefe Finanzkrise. Der Staat war hoch verschuldet. Allein 50 % des Staatshaushaltes mussten für die Zinsen des bisher geliehenen Geldes ausgegeben werden.
Der Finanzminister hatte nicht durchsetzen können, dass der Erste und Zweite Stand mehr Steuern bezahlten. Klerus und Adel sollten weiterhin ihre Vorrechte behalten. Das verbitterte den Dritten Stand, der bereits den größten Anteil der Steuerlast trug. Nun sollte der Dritte Stand sogar noch mehr Steuern bezahlen.

T5 Die Aufklärung zeigt Wirkung

Besonders die Bürger, die reich geworden waren, waren aufgebracht, denn sie hatten dabei die Hauptlast zu tragen.
Innerhalb des Dritten Standes bildete dieses reiche, gebildete und aufstrebende Bürgertum (Fabrikanten, Ärzte, selbständige Handwerker, Kaufleute, Rechtsanwälte) eine besser gestellte Schicht. Besonders hier hatten die Ideen von der grundsätzlichen Gleichheit der Menschen, der Freiheit und der Gewaltenteilung Wirkung gezeigt. Immer offener forderten diese Bürger politisches Mitspracherecht und eine Beteiligung an Entscheidungen des Staates.

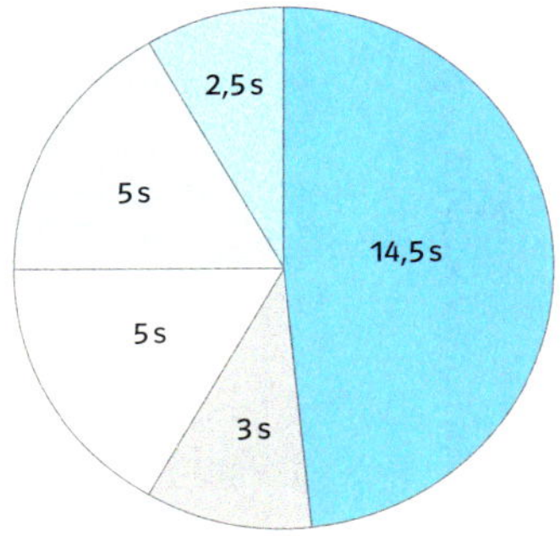

Brot,
Miete,
Wein (0,5 l),
Fleisch (0,5 kg),
Sonstiges (z. B. Gemüse, Kleidung)

s = sou, die kleinste Geldeinheit;
20 s = 1 livre

M2 Die Lebenshaltungskosten für einen ausgelernten Handwerker in Paris 1789

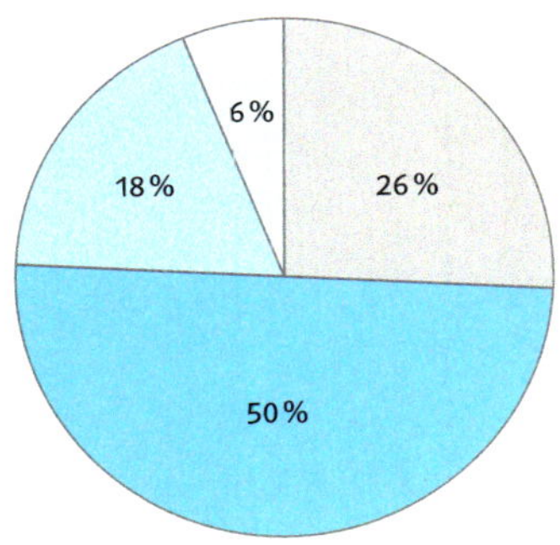

Hof,
Heer,
Zinsen,
Sonstige

M3 Staatshaushalt 1788
Frankreich unterstützte die amerikanischen Kolonien, die späteren USA, in ihrem Krieg gegen England. Deshalb waren die Ausgaben für das Heer besonders hoch.

M4 Wer trägt die Lasten?
(anonyme Karikatur von 1789)
Oft wurden solche Spottzeichnungen genutzt, um die Kritik an der ungerechten Verteilung der Steuerlasten öffentlich zu machen. Obwohl sie oft beschriftet waren, waren sie auch für diejenigen relativ leicht zu verstehen, die nicht oder nur schlecht lesen konnten. Unter dem Bild stand: „Man muss hoffen, dass dieses Spiel bald ein Ende hat." Auf der Hacke des Bauern steht: „Mit Tränen getränkt", auf dem Degen des Adligen: „Gerötet vom Blut".

4. Warum hatte Ludwig XVI. große Finanzsorgen und wie versuchte er sie zu lösen? (T4, M3)

5. Erläutere Gründe für die Unzufriedenheit im Dritten Stand. Nenne Forderungen der Bürger und erkläre am Beispiel der Karikatur M4, wie sie ihre Unzufriedenheit und ihre Forderungen öffentlich machten.

* **6.** Erstelle ein Schaubild zum Thema Unzufriedenheit. Schreibe in Blockpfeile die verschiedenen Gründe für die Unzufriedenheit im Frankreich Ludwigs XVI. Alle Pfeile zielen auf die Unzufriedenheit.

Die Revolution beginnt

Am 14. Juli 1789 begann die Revolution in Frankreich. Rasch griff die Revolution von Paris aus auf das ganze Land über. Der König verlor seine Macht. Der 14. Juli ist bis heute ein Nationalfeiertag in Frankreich.

T1 Die Revolution beginnt
Die Sturmglocken dröhnen. Auf den Straßen laufen Bürger zusammen. Das Ziel der wütenden Menge ist die Bastille, das alte Staatsgefängnis, das verhasste Zeichen der Staatsmacht. Außerdem befinden sich dort Waffen und jede Menge Pulver. Die aufgebrachten Bürger wollen sich weitere Waffen beschaffen. Viele von ihnen sind nur mit Knüppeln bewaffnet oder haben nur ihre Fäuste. Im Laufe des Tages übergibt der Kommandant die Festung. Sie wird von den aufgebrachten Bürgern gestürmt. Die Gefangenen werden befreit. Das wütende Volk hat die Waffen in die Hand genommen und zeigt seine Macht.
Doch zeigt sich auch die dunkle Seite: Der Kommandant wird ermordet, obwohl er sich ergeben hatte.

M1 14. Juli 1789: Sturm auf die Bastille (anonymer zeitgenössischer Stich)
Bis heute wird dieses Ereignis als Beginn der Französischen Revolution betrachtet.

T2 Unvermeidlich?
Dabei hatte es zunächst so ausgesehen, als ob der König dem Dritten Stand entgegenkommen würde. In den Monaten vor dem 14. Juli 1789 war deutlich geworden, dass der größte Teil der Bevölkerung unzufrieden war. Es hatte bereits einige Aufstände von hungernden Menschen gegeben.
In diese Situation hinein war die Nachricht gekommen, dass der französische Staat kein Geld mehr hatte und der König deshalb die Steuern erhöhen lassen wollte.

T3 Generalstände tagen
Erster und Zweiter Stand wollten weiterhin kaum Steuern zahlen. Der Dritte Stand war bereits hoch mit Abgaben belastet und wehrte sich gegen weitere Erhöhungen.
Um einen Ausweg zu finden, lud der König im Mai 1789 die Generalstände ein, um über Steuererhöhungen zu beraten. Der König wollte damit alle Stände in die Verantwortung einbeziehen. Seit Ludwig XIV. hatte es keine Zusammenkunft der Vertreter der Stände mehr gegeben.

»

1. Mit welchem Ereignis wird heute der Beginn der Französischen Revolution verbunden? (T1, M1)

2. Warum berief der König die Generalstände ein? (T2, T3)

3. Die Hoffnungen, die sich der Dritte Stand auf mehr Mitspracherechte machte, zerschlugen sich bald. Erkläre. (T4)

M 2 **20. Juni 1789: Der Ballhausschwur**
(Federzeichnung von Jacques-Louis David, 1791)

T 4 Der Dritte Stand will mehr

Der König wusste, dass die Unzufriedenheit im Dritten Stand groß war. Deshalb hatte er als Zugeständnis an den Dritten Stand ihre Abgeordnetenzahl auf 578 Vertreter erhöhen lassen. Der Adel schickte 270 Vertreter, der Klerus 291. Zusammen hatten Erster und Zweiter Stand damit nicht mehr Stimmen als der Dritte Stand. Allerdings sollte jeder Stand für sich abstimmen und das Ergebnis als einheitlich gewertet werden. Die wenigen Abgeordneten des Zweiten Standes, die wussten, dass Reformen notwendig waren und die Ideen der Aufklärung in Teilen unterstützten, würden dabei innerhalb ihrer Gruppe überstimmt werden.

Die Abgeordneten des Dritten Standes befürchteten, dass sie dadurch bei allen Abstimmungen mit 2 : 1 überstimmt werden würden. Deshalb verlangten sie, dass bei Abstimmungen die Köpfe aller Abgeordneten der drei Stände gemeinsam gezählt werden sollten. Jeder Abgeordnete sollte also eine Stimme haben. Nur so hatten die Abgeordneten des Dritten Standes die Möglichkeit, eine Mehrheit zu erreichen.

T 5 Die Nationalversammlung

Doch die Hoffnungen, dass der König die Reformen mittragen würde, zerschlugen sich schnell. Bereits bei der Eröffnungssitzung demütigte er die Abgeordneten des Dritten Standes. Sie durften nicht in seine Nähe kommen. Dieses Privileg war den Abgeordneten der beiden ersten Stände vorbehalten. Zugleich verbot er den Abgeordneten des Dritten Standes, Beratungen durchzuführen. Es durfte auch nicht über die Privilegien des Adels diskutiert werden. Daraufhin erklärten sich die Abgeordneten des Dritten Standes am 17. Juni 1789 zur Nationalversammlung und erhoben den Anspruch, ganz Frankreich zu vertreten.

Der König erkannte diese Versammlung zunächst nicht an und wollte die Zusammenkünfte der Abgeordneten verhindern. Er ließ den Sitzungssaal durch Soldaten sperren. Doch die Abgeordneten gaben nicht auf, denn sie wussten große Teile der aufgebrachten Bevölkerung hinter sich. Sie zogen in ein nahe gelegenes Ballhaus.

T 6 Der Ballhausschwur

Dort schworen sie, dass sie sich nicht eher trennen würden, ehe Frankreich eine neue und gerechte Verfassung haben würde. Sie bezeichneten sich deshalb jetzt auch als Verfassungsgebende Versammlung.

Der König traute sich nicht, das Ballhaus stürmen zu lassen, empfahl jetzt sogar den beiden anderen Ständen, sich der Nationalversammlung anzuschließen. Gleichzeitig ließ er aber Anfang Juli 1789 Truppen um Versailles und Paris zusammenziehen. Dies machte den Menschen Angst und ließ sie zu den Waffen greifen.

4. Wie reagierten die Abgeordneten des Dritten Standes darauf, dass ihnen der König keine Zugeständnisse machte? (T 5)

5. Erläutere, wie und warum es zum Ballhausschwur kam. (T 5, T 6, M 2)

* **6.** Fertige eine Aufstellung über den Ablauf der wichtigen Geschehnisse des Jahres 1789 bis zum Sturm auf die Bastille an. Eine Möglichkeit: Zeitleiste. (T 1 bis T 6)

Die Erklärung der Menschenrechte

Als die Abgeordneten im August 1789 die Erklärung der Menschenrechte verabschiedeten, hatten sie sicher nur ihr Heimatland Frankreich im Blick.
Trotzdem wurde ihre Arbeit zum Vorbild für viele Menschen und Staaten weltweit.

M1 Die Menschenrechte (Gemälde von Le Barbier, um 1790)
Das Auge der Vernunft steht ganz oben und wacht über die Erklärung der Menschenrechte.

T1 Erklärung der Menschenrechte

Am 26. August 1789 veröffentlichte die Nationalversammlung die Erklärung der Menschen- und Bürgerrechte. Vorbild war die Unabhängigkeitserklärung der Vereinigten Staaten von Amerika. 1776 hatten sich damit die englischen Kolonien vom Mutterland losgesagt.

T2 Forderungen der Aufklärung

Viele Forderungen der Aufklärung finden sich in den Erklärungen der USA und Frankreichs wieder: Alle Menschen haben von Natur aus Rechte, die ihnen nicht genommen werden dürfen.
Hierzu gehören besonders die Freiheitsrechte, wie das Recht auf freie Meinung, die Religionsfreiheit und die freie Berufswahl im Rahmen der persönlichen Fähigkeiten.

T3 Vorbild für viele Länder

Am 10. 12. 1948 verabschiedete die UNO eine Erklärung der Menschenrechte, die in vielen Bereichen auf die alte französische Erklärung zurückgeht.
Auch das Grundgesetz der Bundesrepublik Deutschland, das 1949 beschlossen wurde, hat in seinen Grundrechten die Erklärung der Menschenrechte der Französischen Revolution zum Vorbild.

T4 Die Grundrechte

Im Grundgesetz sind in den Artikeln 1 bis 19 die Grundrechte jedes deutschen Bürgers festgehalten. In ihnen finden sich viele Ideen der französischen Menschenrechtserklärung wieder.

»

1. Welches Vorbild für die Erklärung der Menschen- und Bürgerrechte vom 26. 8. 1789 in Frankreich stammt aus dem Jahr 1776? (T1)

2. Nenne einige Forderungen der Aufklärung, die in die Erklärung der Menschenrechte eingegangen sind. (T2)

3. Welche Organisation beschloss 1948 eine Menschenrechtserklärung? Welche Aufgaben hat diese Organisation und mit welchen Problemen muss sie sich u. a. auseinandersetzen? (T3, T5, Lexikon)

T5 Menschenrechte in Gefahr

Viele Staaten der Erde haben die Menschenrechte in ihre Verfassungen aufgenommen. Es geschieht aber immer wieder, dass sie nicht beachtet werden. In mehr als 150 Ländern wurden nach Berichten von amnesty international in den letzten Jahren Menschen misshandelt und gefoltert. In vielen Ländern wird die freie Meinungsäußerung behindert, Zeitungen werden verboten, unliebsame Journalisten oder Menschen, die offen ihre Meinung sagen, werden beseitigt. Oft werden sie ohne Gerichtsverhandlung in Gefängnisse oder Lager gesteckt. Oder aber sie werden ermordet.

M2 Ideen der französischen Menschenrechtserklärung:

„1. Die Menschen werden frei und gleich an Rechten geboren und bleiben es. (...)
2. Der Zweck jeder staatlichen Vereinigung ist die Erhaltung der natürlichen und unverjährbaren Menschenrechte. Diese Rechte sind Freiheit, Eigentum, Sicherheit und Widerstand gegen Unterdrückung.
3. Der Ursprung jeder Herrschaft liegt wesensmäßig beim Volke (...)
4. Die Freiheit besteht darin, alles tun zu können, was einem anderen nicht schadet.
6. (...) Da alle Bürger vor dem Gesetz gleich sind, so sind sie auch alle in der gleichen Weise zu allen Ehrenämtern, öffentlichen Stellungen und Beschäftigungen gemäß ihren Fähigkeiten zugelassen, ohne einen anderen Unterschied als den ihrer Kräfte und Geistesgaben.
10. Niemand darf wegen seiner Ansichten, selbst nicht der religiösen, bedrängt werden, vorausgesetzt, dass ihre Äußerung nicht die durch das Gesetz festgelegte öffentliche Ordnung stört.
11. Die freie Mitteilung der Gedanken und Ansichten ist eines der kostbarsten Menschenrechte; daher kann jeder Bürger frei sprechen, schreiben, drucken, mit dem Vorbehalt, dass er verantwortlich ist für den Missbrauch dieser Freiheit in dem von dem Gesetz festgelegten Fällen.“

M3 Grundrechte im Grundgesetz der Bundesrepublik Deutschland:

„Artikel 1
(1) Die Würde des Menschen ist unantastbar. Sie zu achten und zu schützen ist Verpflichtung aller staatlichen Gewalt.
(2) Das deutsche Volk bekennt sich darum zu unverletzlichen und unveräußerlichen Menschenrechten als Grundlage jeder menschlichen Gemeinschaft, des Friedens und der Gerechtigkeit in der Welt.
Artikel 2
(1) Jeder hat das Recht auf freie Entfaltung seiner Persönlichkeit, soweit er nicht die Rechte anderer verletzt und nicht gegen die verfassungsmäßige Ordnung oder das Sittengesetz verstößt.
(2) Jeder hat das Recht auf Leben und körperliche Unversehrtheit. Die Freiheit der Person ist unverletzlich (...)
Artikel 3
(1) Alle Menschen sind vor dem Gesetz gleich.
(2) Männer und Frauen sind gleichberechtigt.
(3) Niemand darf wegen seines Geschlechts, seiner Abstammung, seiner Rasse, seiner Sprache, seiner Heimat und Herkunft, seines Glaubens, seiner religiösen oder politischen Anschauungen benachteiligt oder bevorzugt werden.
Artikel 4
(2) Die ungestörte Religionsausübung wird gewährleistet.
Artikel 5
(1) Jeder hat das Recht, seine Meinung in Wort, Schrift und Bild frei zu äußern und zu verbreiten. ...“

Lexikon

UNO (United Nations Organisation)
Die Vereinten Nationen wurden nach dem Ende des Zweiten Weltkrieges gegründet. Die UNO ist ein Zusammenschluss sehr vieler Staaten mit dem Ziel, den Frieden zu erhalten und die Rechte der Menschen zu schützen.

amnesty international (ai)
Eine Organisation, die sich für die Einhaltung der Menschenrechte in allen Ländern der Erde einsetzt.

Grundgesetz
Verfassung der Bundesrepublik Deutschland

4. Suche in den Auszügen aus der Erklärung der Menschenrechte und dem Grundgesetz Aussagen zu den Freiheitsrechten und vergleiche diese. (T4, M2, M3)

5. Welche Rechte finden sich noch in beiden Erklärungen, welche Rechte finden sich nur im Grundgesetz? (M2, M3)

*
6. Im Gemälde von Le Barbier wird mit einem Zeichen deutlich gemacht, dass sich die Erklärung der Menschenrechte auf die Ideen der Aufklärung beziehen. Findest du es? Erkläre. (M1)

Menschenrechte heute

Die Rechte von Kindern sind in vielen Teilen der Welt stark gefährdet. Die Vereinten Nationen haben deshalb eine Übereinkunft über die Rechte der Kinder getroffen.

T1 Rechte der Kinder
Diese Rechte scheinen so selbstverständlich zu sein: Natürlich müssen Kinder besonders geschützt werden. Sie sollen nicht durch schwere Arbeit ausgebeutet und krank gemacht werden. Sie sollen nicht verprügelt oder gequält werden. Natürlich sollen alle Kinder eine Schule besuchen können, um lesen, rechnen und schreiben zu lernen. In Wirklichkeit sind dies für viele Kinder erst einmal nur Forderungen, denn in etlichen Ländern der Erde haben Kinder diese Möglichkeiten und Rechte nicht.

T2 Menschenwürde beginnt direkt bei uns
Aber auch bei uns werden diese Rechte manchmal eingeschränkt. Es beginnt mit Hänseln und Verspotten. Gleich, ob in der Familie, in der Schule oder in der Freizeit, überall wo ein Kind, ein Jugendlicher oder ein Erwachsener verspottet wird, da werden seine Freiheit eingeschränkt und seine Würde nicht geachtet. Der Verspottete muss sich mit den Angriffen auf seine Person und auf seine Würde auseinandersetzen. Manchmal bekommt er dabei Angst, er kann nicht mehr klar denken und sich nicht frei entscheiden. Es ist also nicht erst die rohe Gewalt, die Schlägerei oder das Bedrohen, die Menschen verletzen und ihnen ihre Würde nehmen.

T3 Aufmerksam sein
Im täglichen Leben kann es schnell passieren, dass aus Unachtsamkeit, manchmal auch aus Böswilligkeit die Rechte anderer nicht geachtet werden. Oft sind es die kleinen Dinge, die übersehen werden. Dies passiert nicht nur mit fremden Menschen, sondern gerade im Zorn auch mit Menschen, die wir eigentlich mögen. Die Freundin beim Spielen ausschließen, den Bruder hänseln, den Freund beim Sport auslachen, ...

T4 Mit Meinungsumfragen etwas bewegen?
Fragt man nach der Meinung von Leuten, dann gibt man doch nur wieder, was sie bereits wissen und denken – ihre Meinung eben. Stimmt.
Doch zeigen solche Meinungsumfragen nicht nur, was wie viele Leute denken. Sie zeigen auch, ob sich die Menschen überhaupt mit einem Thema beschäftigen.

»

1. Lies dir die Rechte der Kinder genau durch. Verstehst du alle Forderungen?
Warum ist spielen denn wichtig? Und zur Schule gehen? Diskutiert in der Klasse. (M1)

2. Erkläre, warum es sich bei diesen Rechten der Kinder weitgehend um Forderungen handelt, die noch erfüllt werden müssen. (T1)

3. Nenne Beispiele dafür, wie durch Unachtsamkeit und scheinbar kleine Gemeinheiten die Menschenwürde auch bei uns verletzt werden kann. (T2, T3)

M1 Die Kinderrechtskonvention der Vereinten Nationen (UNO):

» Alle Kinder haben die gleichen Rechte. Kein Kind darf wegen seiner Hautfarbe, Sprache, Religion oder weil es ein Mädchen ist benachteiligt werden.
Kinder haben das Recht, so gesund wie möglich zu leben.
Kinder haben das Recht, zur Schule zu gehen und zu lernen, was wichtig ist.
Kinder haben das Recht, zu spielen.
Kinder haben das Recht, sich zu informieren, zu sagen, was sie denken und gehört zu werden.
Kinder haben das Recht, ohne Gewalt erzogen zu werden.
Kinder haben das Recht, besonders geschützt zu werden, wenn in ihrem Land Krieg ist oder sie auf der Flucht sind.
Kinder haben das Recht, vor schädlicher Arbeit, Ausbeutung und Misshandlung geschützt zu werden.
Wenn Kinder behindert sind, haben sie ein Recht auf Hilfe und darauf, gemeinsam mit anderen Kindern zu spielen und zu lernen. «

M2 So könnte ein Teil eines Befragungsbogens zum Thema „Menschenrechte heute“ aussehen:

	ja	nein	noch keine Meinung gebildet
Sind Sie/bist du der Meinung, ... dass Kinder besonders geschützt werden müssen?			
... dass alle Kinder der Welt das Recht haben müssen, zur Schule zu gehen?			
... dass es zu den Menschenrechten gehört, dass Kinder spielen dürfen?			
Wo beginnt bei Ihnen/bei dir die Verletzung der Menschenrechte bzw. der Menschenwürde? Wenn jemand verprügelt wird? Wenn jemand wegen seiner Meinung ins Gefängnis gesteckt wird Wenn ein Kind gehänselt/verspottet wird			

Methode: Eine Meinungsumfrage

1. Vorbereitung
- zu welchem Thema wird befragt
- wer soll befragt werden
- wo soll befragt werden

2. Fragen erarbeiten
- Fragen finden und auswählen
- durchführen, um herauszufinden, ob die Fragen verständlich sind
- Fragebogen entwickeln

3. Genehmigung einholen

4. Befragung durchführen
- höflich auf die Menschen zugehen und sie fragen, ob sie für eine kleine Meinungsumfrage Zeit hätten

5. Auswertung und Präsentation
- Strichlisten zu jeder Frage führen, Häufigkeiten finden und darstellen

4. Meinungsumfragen bestätigen doch nur das, was die Leute sich schon längst als Meinung gebildet haben. Finde Gegenargumente. (T4)

* **5.** Finde weitere Beispiele dafür, wie schnell die Rechte von Menschen auch bei uns oft fast unbemerkt eingeschränkt werden können.

* **6.** Führt eine Meinungsumfrage durch. Nutzt dazu M2.

Von der Monarchie zur Republik

Frankreich sollte zunächst eine konstitutionelle Monarchie werden. Der König sollte als Staatsoberhaupt an eine Verfassung (Konstitution) gebunden sein, die seine Rechte genau festlegte. Die Macht lag jetzt bei den wahlberechtigten Bürgern.

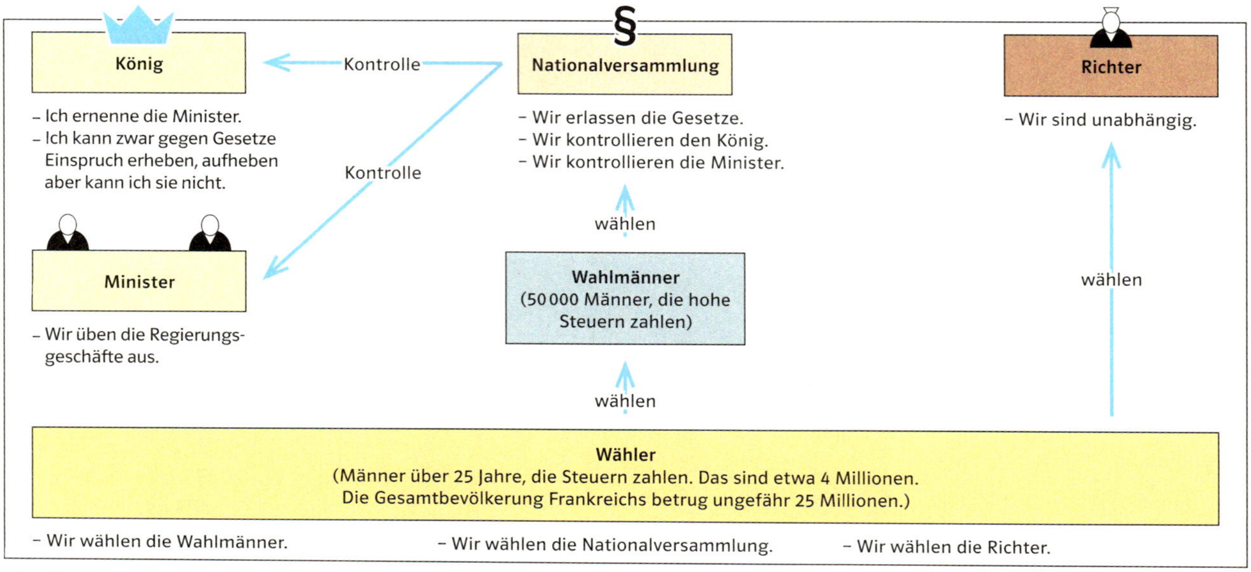

M1 Die Verfassung Frankreichs vom 3. September 1791

T1 Eine neue Verfassung

Im September 1791 wurde nach langen Beratungen die neue Verfassung verabschiedet. Aus Frankreich sollte eine konstitutionelle Monarchie werden.
Die Nationalversammlung sollte als gesetzgebende Gewalt vom Volk gewählt werden. Sie sollte die Gesetze beraten und erlassen. Der König und die Minister bildeten die Regierung. Als ausführende Gewalt hatten sie sich an die Gesetze zu halten und wurden von der Nationalversammlung kontrolliert. Vom Volk auf Zeit gewählte Richter sollten für eine unabhängige Rechtssprechung sorgen.

T2 Gewaltenteilung

Gesetzgebende Gewalt, ausführende Gewalt (= Regierung) und richterliche Gewalt waren nicht mehr in einer Hand. Sie waren geteilt, wie es die Aufklärer gefordert hatten. Ein Missbrauch von Macht war nicht mehr so einfach. Die Gewaltenteilung ist eines der Kennzeichen eines demokratischen Staates.

T3 Flucht des Königs

Der König war mit der Einschränkung seiner Macht nicht einverstanden und wollte die Verfassung nicht unterschreiben. Er war immer in Kontakt zu ausländischen Fürsten- und Königshäusern geblieben. Dorthin versuchte er nun zu fliehen. Die Flucht misslang.

»

1. Der König sollte nach der neuen Verfassung eine andere Position (Aufgaben, Macht) bekommen. Erläutere. (T1, M1)

2. In der französischen Verfassung werden drei Gewalten genannt. Nenne sie und beschreibe ihre Aufgaben. (T1, T2, M1, M2)

3. Nenne die Gegner der Revolution und gib die Gründe für ihre Gegnerschaft an. (T4)

M 2 Auszug aus der französischen Verfassung von 1791:

» Die Verfassung verbürgt als natürliche und bürgerliche Rechte: (...)
1. dass alle Abgaben auf alle Bürger gleichmäßig nach Maßgabe ihrer Vermögensverhältnisse verteilt werden sollen;
2. dass dieselben Verbrechen mit denselben Strafen ohne irgendeinen Unterschied der Person belegt werden sollen.
3. Die gesetzgebende Gewalt ist einer Nationalversammlung übertragen, die aus Abgeordneten besteht, die durch das Volk frei und auf Zeit gewählt werden (...)
4. Die Regierung ist monarchisch (...)
5. Die richterliche Gewalt ist Richtern übertragen, die auf bestimmte Zeit vom Volk gewählt werden.
6. Es gibt in Frankreich keine Macht, die über dem Gesetz steht, der König regiert nur durch das Gesetz, und nur im Namen des Gesetzes kann er Gehorsam verlangen (...)
7. Die richterliche Gewalt kann in keinem Fall durch die gesetzgebende Körperschaft oder durch den König ausgeübt werden. «

M 3 Ludwig XVI. wurde öffentlich hingerichtet. Der Henker zeigt den Schaulustigen den Kopf des getöteten Königs. (farbiger zeitgenössischer Holzschnitt)

T 4 Gegner der Revolution

Seit Beginn der Revolution mussten die Bauern den Adligen keine Abgaben und Frondienste mehr leisten. Deshalb waren viele Adlige von Anfang an Gegner der Revolution. Etliche von ihnen flohen in das benachbarte Ausland und versuchten von dort aus, Widerstand gegen die Revolution aufzubauen.
Aber auch Vertreter der Kirche waren Gegner der Revolution. Der Kirchenbesitz war verstaatlicht worden, die Schulen der kirchlichen Aufsicht entzogen. Die Priester sollten von ihren Gemeinden gewählt und vom Staat bezahlt werden. Der Papst in Rom sollte keinen Einfluss mehr auf die Kirche in Frankreich haben. Etwa die Hälfte der Vertreter des Klerus verweigerten deshalb in der Nationalversammlung den Eid auf die neue Verfassung.

T 5 Gegner im Ausland

Viele Fürsten in Europa hatten Angst, dass die eigenen Untertanen Frankreich zum Vorbild nehmen könnten. Sie fürchteten sich vor einer Revolution im eigenen Land. Deshalb drohten sie mit Krieg, falls der französische König abgesetzt werden sollte.
Im April 1792 erklärte Frankreich deshalb Österreich den Krieg. Allerdings hoffte der König insgeheim darauf, dass Frankreich den Krieg verlieren würde und er so wieder zu seiner alten Macht und Stellung gelangen könnte.

T 6 Die Hinrichtung des Königs

Viele Bürger waren unzufrieden. Sie hungerten noch immer und hatten keinen Einfluss, weil sie zu wenig Geld hatten und deshalb nicht wählen durften. Es kam zu neuen Unruhen. Die Nationalversammlung wurde aufgelöst. Das neue Parlament, der Nationalkonvent, beschloss, dass aus Frankreich eine Republik werden solle. Dem König wurde Verrat vorgeworfen. Seine Kontakte zum Ausland und sein missglückter Fluchtversuch wurden ihm dabei zur Last gelegt. Am 21. Januar 1793 wurde Ludwig XVI. öffentlich hingerichtet.

4. Welche Gründe hatten die Gegner der Revolution, die im Ausland lebten? (T 5)

5. Wie verhielt sich Ludwig XVI. und was wurde ihm schließlich vom Nationalkonvent vorgeworfen? (T 3, T 6, M 2)

*
6. Gewaltenteilung ist eines der Kennzeichen einer Demokratie. Vergleiche sie mit der Regierungsform des Absolutismus.

Frauen in Frankreich

Gehorsam, Zurückhaltung und hübsches Aussehen, das waren im 18. Jahrhundert Ziele der Erziehung von Mädchen und Frauen. Das Häusliche und die Kinder sollten ihre Aufgaben sein. Alles andere war Männersache.

M1 Oktober 1789: Frauen ziehen nach Versailles vor das Schloss des Königs.
(zeitgenössische Radierung, koloriert)

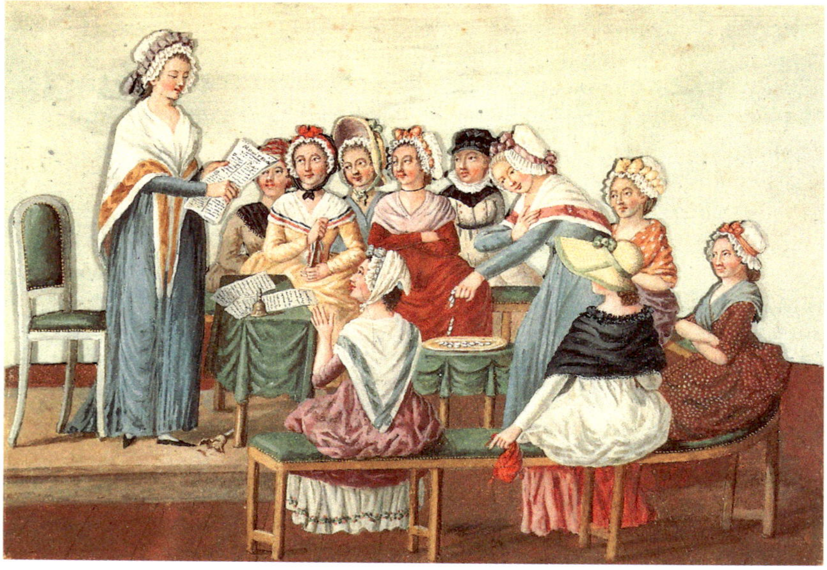

M2 1791: Frauenklub
Frauen diskutieren über ihre Interessen und Forderungen (Zeichnung der Brüder Lessur, 1791)

T1 Unterschiedliche Aufgaben?
Die Rollen von Frau und Mann waren im 18. Jahrhundert sehr genau festgelegt. Die Frauen waren für die Kinder und den Haushalt zuständig. In der Politik, überhaupt im öffentlichen Leben hatten Frauen nichts zu suchen.

T2 Männer haben Macht
Frauen konnten über ihr Leben kaum selbst bestimmen. Zunächst mussten sie den Anordnungen des Vaters gehorchen und nach der Heirat dem Ehemann.
Selbst die meisten Aufklärer glaubten, die Natur der Frauen sei eben eine andere als die der Männer. Die Frauen seien das schwächere Geschlecht und müssten sich der Führung des Mannes überlassen. Um die Achtung des Ehemannes zu verdienen, müsse sich die Ehefrau ihm unbedingt anpassen.

1. Beschreibe die Situation der Frauen in Frankreich vor der Revolution. (T1, T2)

2. Erläutere die Meinung, die viele Aufklärer zur Rolle der Frau vertraten. (T2)

3. Erkläre, warum die Marquise du Châtelet eine so große Ausnahme war. (T3)

M 3 Marquise du Châtelet

M 4 Olympe de Gouges

T 3 Marquise du Châtelet
Émilie du Châtelet war in einer adligen Familie aufgewachsen, die es ihr ermöglichte, viel zu lernen. Sie war sehr selbstbewusst und verkehrte mit Wissenschaftlern ihrer Zeit. Sie war eine der wenigen Naturwissenschaftlerinnen jener Zeit. 1749 starb sie im Alter von 42 Jahren.

T 4 In schweren Zeiten
Bereits vor der Revolution waren in Notzeiten die Frauen der Arbeiter und Handwerker die Leidtragenden. Sie standen nach Brot an und versorgten einen Haushalt, der kaum genug Geld hatte, um das Überleben zu sichern. So waren es auch Frauen, die 1789 vor das Schloss des Königs zogen. Sie machten ihn für die schlechte Versorgungslage und die Not ihrer Familien verantwortlich.

T 5 Gleiche Rechte auch für Frauen?
Sehr viele Frauen unterstützten die Revolution. Aber die meisten Männer dachten nur an ihre Rechte. Sie wollten nicht, dass sich die Frauen in die Politik einmischen. Deshalb gründeten Frauen Klubs, in denen sie über ihre Lage diskutierten. Sie wollten sich und ihren Anliegen Gehör verschaffen.
Es gab eine Menge Verbesserungsmöglichkeiten: Frauen verdienten für ihre Arbeit weniger. Sie durften nicht wählen. Für Mädchen gab es keine Schulen und keine Berufsausbildung.

T 6 Olympe de Gouges
Sie trat öffentlich für die Rechte der Frauen ein. Olympe de Gouges hatte bereits 1788 erste Kontakte zur revolutionären Bewegung. Im Laufe der Revolution machte sie sich mit ihren Forderungen viele Feinde und wurde schließlich als Verräterin vom Revolutionstribunal angeklagt. Am 3. November 1793 wurde sie hingerichtet.

T 7 Niederlage für die Gleichberechtigung
Männer machten sich über die politische Betätigung der Frauen lustig. Diese konnten nicht sachlich und klar diskutieren. Sie sollten besser den Haushalt machen.
Die Frauen blieben auch nach der neuen Verfassung vom Wahlrecht ausgeschlossen. Im Oktober 1793 beschloss die Nationalversammlung, dass Frauen sich nicht in die Politik einmischen sollten. Die Frauenklubs wurden verboten.

M 5 Aus der Erklärung der Rechte der Frau und Bürgerin (Olympe de Gouges, 1791):

„1. Die Frau wird frei geboren und bleibt dem Manne ebenbürtig in allen Rechten. Unterschiede im Bereiche der Gesellschaft können nur im Gemeinwohl begründet sein. 16. (...) Eine Verfassung aber, an deren Ausarbeitung nicht die Mehrheit der Bevölkerung mitgewirkt hat, die die Nation darstellt, wird null und nichtig."

4. Erläutere die Forderungen von Olympe de Gouges: Wie stellt sie sich zur Erklärung der Verfassung? Warum verfasste sie noch einmal einen ersten Artikel der Erklärung der Menschenrechte? (T 5, T 6, M 4)

5. Wie verhielten sich die meisten Männer gegenüber den politischen Interessen der Frauen und ihren Forderungen? (T 7)

*
6. Beschreibe die Entwicklung der Situation der Frauen im Laufe der Revolution. (T 4 – T 7)

Schreckensherrschaft

Die Hinrichtung des Königs machte vielen Fürsten in Europa Angst. Viele von ihnen schlossen sich zusammen, um Frankreich und die Revolution zu bekämpfen. In Frankreich wurde deshalb die Wehrpflicht eingeführt und das Land litt große Not.

M1 Bewohner der Pariser Elendsquartiere bei einer Armenspeisung (Aquarell, 1793)

T1 Die Lage der Bevölkerung
Die wirtschaftliche Lage der meisten Menschen hatte sich seit Beginn der Revolution durch Missernten und Krieg mit Österreich und anderen Ländern verschlechtert. Die Preise stiegen und viele ärmere Menschen hungerten.

T2 Jakobiner
Unter den Revolutionären gab es verschiedene Gruppen. So traten die Jakobiner besonders für die Interessen der Menschen ein, die durch die Revolution bisher keine Vorteile hatten. Das waren vor allem Arbeiter, Bauern und Handwerker. Die Jakobiner forderten deshalb auch, dass für Nahrungsmittel Höchstpreise festgesetzt werden sollten.

T3 Auf dem Weg zum Zwangsstaat
1793 gelang es den Jakobinern, die alleinige Macht an sich zu reißen. Sie richteten den so genannten Wohlfahrtsausschuss ein, der diktatorische Vollmachten hatte. Dieser setzte Preise für Nahrungsmittel fest. Er forderte aber auch Zwangsabgaben, um die Verschuldung des Staates abzubauen. Am schlimmsten war das „Gesetz über die Verdächtigen". Es ermöglichte den Jakobinern, die Menschen zu verhaften und auch hinrichten zu lassen, die sie als Feinde der Republik ansahen.

T4 Widerstand
Der Widerstand bekam nun noch mehr Zulauf. Viele Bauern waren zunächst auf der Seite der Revolution gewesen. Sie fanden viele Neuerungen gut und richtig. Als aber begonnen wurde, die Priester zu verfolgen, die nicht den Eid auf die Verfassung geleistet hatten, wandten sich viele von diesem „gottlosen Staat" ab. Vor allem aber kamen nun auch die Bürger hinzu, die vor den Jakobinern fliehen mussten. Alle diese bekämpften nun die regierenden Jakobiner auch mit Waffen.

»

1. Nenne Gründe für die Unzufriedenheit der ärmeren Menschen. (T1, M1)

2. Für wessen Interessen traten die Jakobiner zunächst ein? (T2)

3. Was sollte damit erreicht werden, dass Höchstpreise festgelegt wurden? (T2, T3)

M 2 Eine Familie ist vor den Revolutionsausschuss geladen worden. (Kupferstich, 1802)

M 3 Maximilien de Robespierre
(Gemälde, 1790)
Er lebte von 1758 – 1794, war ein Vertreter des Dritten Standes und führendes Mitglied im Klub der Jakobiner.
Als Mitglied des Wohlfahrtsausschusses sicherte er sich allmählich eine fast unumschränkte Machtstellung.

T 5 Schrecken in Frankreich

Doch dieser Widerstand machte die Jakobiner nur noch misstrauischer. Jeder wurde erbarmungslos gejagt, der den Jakobinern irgendwie verdächtig erschien. Das „Gesetz über die Verdächtigen" wurde genutzt, um alle unliebsamen Menschen ins Gefängnis und unter die Guillotine zu bringen. Die Menschen bespitzelten sich gegenseitig, Häuser wurden durchsucht.

T 6 Unrecht

Schließlich war es so weit, dass bereits die Vorladung vor den so genannten Revolutionsausschuss fast das Todesurteil bedeutete. Verteidiger waren nicht mehr zugelassen, Entlastungszeugen nicht mehr geladen. Die Revolutionsausschüsse sprachen Todesurteile schnell und in großer Menge aus. Auf dem Lande wurden Tausende gleich ohne Gerichtsverfahren hingerichtet. Man geht davon aus, dass etwa 40 000 Menschen in dieser Schreckenszeit getötet wurden.

T 7 Das Ende

Diese Schreckensherrschaft führte auch dazu, dass die Jakobiner sich untereinander nicht mehr trauten. Eine Gruppe Jakobiner befürchtete, bald selbst unter der Guillotine zu landen. Deshalb schlossen sie sich zusammen und nahmen den Leiter des Wohlfahrtsausschusses Maximilien Robespierre und seine Freunde gefangen und richteten sie am 28. 7. 1794 hin.
Nach dem Tod Robespierres wurden seine Anhänger im ganzen Land verfolgt. Die reicheren Bürger gewannen an Macht. Die Preise wurden wieder freigegeben. Ein Aufstand der ärmeren Bürger in Paris wurde blutig niedergeschlagen.

Lexikon

diktatorische Vollmachten
Alle drei Gewalten – gesetzgebende, ausführende und richterliche Gewalt – sind in einer Hand. In einer Diktatur sind die Bürger- und Menschenrechte teilweise oder ganz aufgehoben.

4. Aus welchen Gründen waren jetzt Menschen Gegner der Republik? (T 4)

5. Wie kam es zur Schreckensherrschaft in Frankreich?
Nenne die Gründe. (T 3 – T 5)

6. Beschreibe die Schreckensherrschaft und begründe, warum sie diesen Namen zu Recht trägt.
(T 5 – T 7, M 2)

Die Mainzer Republik

Auch das heutige Rheinland-Pfalz wurde von der Französischen Revolution erfasst …

T1 Revolutionssoldaten in Mainz
Im Oktober 1792 besetzte die französische Revolutionsarmee deutsche Gebiete links und rechts des Rheins.
Am 20. Oktober 1792 marschierten französische Soldaten unter General Custine in Mainz ein. Die Bürgerinnen und Bürger staunten, dass die Franzosen sich sehr diszipliniert verhielten. Den Besatzern lag vor allem daran, die Bevölkerung mit den Ideen der Französischen Revolution bekannt zu machen. Mit Zustimmung der Mainzer sollte in der Stadt eine Ordnung nach französischem Vorbild entstehen.

T2 Die Errichtung der Mainzer Republik
Am 23. Oktober 1793 gründeten Mainzer Bürger mit Unterstützung der Franzosen die „Gesellschaft der Freunde von Gleichheit und Freiheit". Aber nur 450 der 32 000 Einwohner traten der republikanischen Gesellschaft bei. Im Februar 1793 beteiligten sich nur 375 von 4 626 stimmberechtigten Bürgern an den Wahlen zu einem Parlament, das sich Nationalkonvent nannte. Sein Präsident Georg Forster, ein bekannter Forschungsreisender, rief die Mainzer Republik aus.

T3 Das Ende der Republik
Seine Arbeit konnte der Nationalkonvent nicht aufnehmen. Preußische Truppen hatten bereits im Dezember 1792 die Stadt Frankfurt am Main und im März 1793 die Städte Speyer und Worms zurückerobert. Am 23. Juli 1793 marschierten sie in das belagerte Mainz ein. Mit dem Abzug der Franzosen endete auch die Mainzer Republik. Die alte Ordnung wurde wieder eingeführt.

M1 Bürgerlied der Mainzer:

„Auf Brüder! auf! die Freiheit lacht,
Die Ketten sind entzwei,
Uns hat sie Custine losgemacht,
O Bürger, wir sind frei!
Nun drückt uns kein Despote mehr
Und raubt uns unsere Taschen leer,
Der Mainzer ist nun frei!
Der Mainzer ist nun frei!"

M2 Siegel des Mainzer Jakobinerklubs

1. Was erfährst du über den Einmarsch der französischen Soldaten? (T1)

2. Waren die Mainzer von der Französischen Revolution begeistert? (T2) Begründe deine Antwort mit Fakten aus dem Text.

3. Nenne Gründe, warum die Mainzer Republik nur einige Monate bestand. (T1–T3)

Extra

M 3 Dekret des Konvents über die Politik in den von den republikanischen Armeen besetzten Ländern vom 15. Dezember 1792:

„In den Ländern, die von den Armeen der Französischen Republik besetzt sind oder noch besetzt werden, proklamieren die Generäle unverzüglich im Namen des französischen Volkes die Abschaffung der bisher geltenden Abgaben und Steuern, des Zehnten (Kirchenzehnt), der (...) Feudalrechte, der (...) Leibeigenschaft, (...) und überhaupt aller Privilegien. Die Generäle erklären dem Volke, dass sie ihm Frieden, Beistand, Brüderlichkeit, Freiheit und Gleichheit bringen."

M 4 Aufruf des französischen Generals Custine an die Deutschen in den besetzten Gebieten vom 25. Oktober 1792:

„An das gedrückte Volk deutscher Nation
(...) Eine Nation, welche zuerst allen Völkern Beispiel gegeben hat, zu ihren Rechten zurückzukehren, bietet Verbrüderung, bietet Freiheit Euch an! Euer eigener ungezwungener Wille soll Euer Schicksal entscheiden. Selbst dann, wenn Ihr die Sklaverei den Wohltaten vorziehen würdet, bleibt es Euch überlassen, zu bestimmen, welcher Despot (Gewaltherrscher) Euch Eure Fesseln zurückgeben soll (...)"

M 5 Republikanische Mainzer Bürger errichten am 3. November 1792 einen Freiheitsbaum (zeitgenössischer Kupferstich).
Die Bürger singen die Marseillaise und werden von französischem Militär beschützt.

*
4. Gib einen Überblick, was vom 20. Oktober 1792 bis zum 23. Juli 1793 in Mainz geschah. Lies dazu T1 bis T3 und ordne die Quellen und Bilder M1, M2 und M5 den Ereignissen zu.

*
5. Lies die Quellen M3 und M4 sorgfältig durch und beantworte anschließend folgende Fragen:
a) Was wollten die französischen Besatzer alles verändern?
b) Ging es den Franzosen um die Unterdrückung der Bevölkerung in den besetzten Ländern oder durfte diese selbst über ihre Zukunft entscheiden?

Schriftliche Quellen auswerten

Unabhängigkeit und Revolution

1. Kolonien werden unabhängig

Zugegeben: Geschichtszahlen sind schwer zu behalten – aber man kann ja notfalls im Buch nachschauen, da stehen sie nämlich drin, alle.
Damit es noch einfacher wird, haben wir unten gleich ein paar aufgeschrieben …
Finde die richtigen Zahlen zu den Fragen. Trage diese zusammen mit dem Ereignis in der richtigen zeitlichen Reihenfolge in dein Heft ein.

In welchem Jahr …
- … lebten in den britischen Kolonien etwa 1,5 Millionen Siedler?
- … besiegte England Frankreich und wurde damit zur wichtigsten Kolonialmacht in Nordamerika?
- … fand die Bostoner Tea-Party statt?
- … erklärten die amerikanischen Kolonien ihre Unabhängigkeit?
- … stimmte der englische König der Unabhängigkeit zu?
- … trat die Verfassung der USA in Kraft?

Na ganz einfach, das war …
1733; 1763; 16. Dezember 1773; 4. Juli 1776; 5. Dezember 1782; 1789

2. Verfassung der USA

Ergänze die Sätze und schreibe sie in dein Heft.
Wähle unter folgenden Begriffen aus.

Gerichtshofes, Menschenrechte, Minister, Oberbefehl, Parlaments, Präsident, Repräsentantenhaus, unabhängig, Verfassung, 1789

- Die Verfassung der USA trat im Jahre … in Kraft.
- Die gewählten Abgeordneten des … beschließen die Gesetze.
- Der Kongress, so nennt sich das Parlament, besteht aus zwei „Häusern“: dem … und dem Senat.
- An der Spitze der Regierung steht der …
- Er ernennt die … und hat den … über die Armee.
- Die Richter des Obersten … überprüfen, ob die Gesetze mit der … übereinstimmen.
- Außerdem achten sie darauf, dass die Rechtsprechung … ist.
- Die Verfassung der USA garantiert den Bürgerinnen und Bürgern die Einhaltung der …

3. Silbenrätsel

Finde die richtigen Begriffe!

a) Regierungsform, unter der das französische Volk vor der Revolution litt.
b) So wird der Erste Stand bezeichnet.
c) Die Abgeordneten des Dritten Standes erklärten sich zu dieser Versammlung.
d) Ihr Sitzungssaal befand sich in einem bestimmten Gebäude.
e) Dies wurde dem König vom Nationalkonvent vorgeworfen.
f) In diesem Dokument aus dem Jahre 1791 wurde festgelegt, dass Frankreich eine konstitutionelle Monarchie ist.
g) Eine Gruppe von Revolutionären, die sich für die ärmeren Bürger einsetzen wollte.
h) Hierfür kämpften die französischen Frauen damals vergeblich.

AB – BALL – BE – BI – FAS – GLEICH – GUNG – HAUS – JA – KLE – KO – LU – LUNG – MUS – NA – NAL – NER – RAT – RECH – RUS – SAMM – SO – TI – TIO – TIS – SUNG – VER – VER – VER

Republik

Grundrechte

Ballhausschwur

Kongress

Nationalversammlung

Verfassung

Gewaltenteilung

Bastille

4. Frauen in der Revolution

Setze die Sätze richtig zusammen.

1) Die Frauen in Frankreich hatten durch die Revolution …
2) Die Frauen zahlten ebenso Steuern wie die Männer, …
3) Nach Meinung der meisten Männer sollten sie …
4) Dies ging so weit, dass sich viele Männer …
5) Im Grundgesetz der Bundesrepublik Deutschland wird …

a) … über die Frauenklubs lustig machten und diese schließlich verboten wurden.
b) … ausdrücklich genannt, dass Frauen und Männer gleiche Rechte haben.
c) … doch durften sie nicht wählen und hatten auch sonst weniger Rechte.
d) … nicht die gleichen Rechte erhalten wie die Männer.
e) … für den Haushalt und die Familie sorgen und sich nicht in die Politik einmischen.

5. Versteckte Wörter

Ordne die folgenden Begriffe den Aufgaben a) bis g) zu.

ADEL
GEWALTENTEILUNG
MAINZ
JAKOBINER
ROBESPIERRE
BASTILLE
GUILLOTINE

a) Verhasstes Staatsgefängnis in Paris.
b) In dieser deutschen Stadt wurde eine Republik ausgerufen.
c) Unter seiner Führung wurde gegen Ende der Revolution eine Schreckensherrschaft errichtet.
d) Wenn gesetzgebende, ausführende und richterliche Gewalt nicht in einer Hand sind, nennt man das so.
e) Viele Gegner der Revolution kamen aus diesem Stand.
f) Das nach ihm benannte Fallbeil sollte eine „menschlichere“ Hinrichtungsmethode sein.
g) Die Gruppe riss 1793 die Macht an sich.

Repräsentantenhaus
Menschenrechte
Afroamerikaner
Staatenbund
Ludwig XVI.
George Washington
Jakobiner
Staatsgewalt
Revolution

2 Napoleon, Freiheit, Revolution

Die deutschen Fürsten unterdrückten nach dem Sieg über Napoleon alle Hoffnungen nach Einheit, Freiheit und Demokratie. Aber immer mehr Deutsche forderten einen einheitlichen Staat, in dem sie selbst über Gesetze und Steuern mitbestimmen wollten. Im Jahre 1848 brach die Revolution aus. Gewählte Abgeordnete erarbeiteten zum ersten Mal in Deutschland eine demokratische Verfassung.

Bezug zu heute

Wichtige Symbole unseres Staates stammen aus der Freiheitsbewegung der Jahre 1815 bis 1848.

Geschichte erleben

Chronologie

1799 – 1814
Napoleon führt im Namen Frankreichs viele Kriege.

1815
Auf dem Wiener Kongress gründen die deutschen Fürsten den Deutschen Bund. Er besteht aus 35 Staaten und vier Städten.

Unsere Nationalhymne:
„Einigkeit und Recht und Freiheit,
sind des Glückes …“

Fußballweltmeisterschaft 2006: Sportler singen die Nationalhymne.

1848

Bürger errichten Barrikaden im Kampf gegen die Soldaten der Fürsten.

1848/49

Das erste deutsche Parlament tagt in der Frankfurter Paulskirche.

Napoleon verändert Europa

Napoleon beseitigte die Demokratie, erklärte die Revolution als beendet und machte sich zum Alleinherrscher in Frankreich. Trotzdem sah er sich als jemand, der Forderungen der Revolution umsetzte. Sein Volk stimmte ihm zunächst zu.

M1 Napoleon Bonaparte (Ölgemälde von J. L. David, 1801)

T1 Napoleons Aufstieg
Napoleon Bonaparte war als junger Offizier in den Kriegen des revolutionären Frankreichs gegen Österreich und Preußen sehr erfolgreich. Dadurch wurde er berühmt und mächtig. Als er 1795 einen Aufstand königstreuer Franzosen niederschlug, wurde er einer der beliebtesten Heerführer der französischen Revolutionsarmee. Schließlich fühlte er sich mächtig genug, um 1799 mithilfe seiner Soldaten das Parlament und die Regierung zu verjagen. Er machte sich zum Leiter der Regierung, nannte sich Erster Konsul und erklärte die Revolution für beendet.

T2 Zustimmung im Volk
Obwohl Napoleon wie ein Diktator regierte, war er im Volk beliebt. Daher stimmte die große Mehrheit des Volkes sogar zu, als er sich 1804 zum Kaiser der Franzosen machte. Die Franzosen wollten nach den unsicheren Zeiten der Revolution Ruhe haben und erhofften sich durch Napoleon Sicherheit und Ordnung. Außerdem versprach er, die Grundsätze und Errungenschaften der Revolution zu verwirklichen.

T3 Verbündete stärken
Napoleon sah vor allem in Österreich mit dem deutschen Kaiser in Wien einen seiner größten Gegner. Er stärkte deshalb die kleineren Fürstentümer im Deutschen Reich. Sie sollten ihn gegen Österreich unterstützen.

T4 Das Ende des Deutschen Reiches
Besonders die Staaten Bayern, Württemberg, Baden und Preußen waren durch Napoleons Politik mächtiger geworden. Dadurch wurde die Stellung des deutschen Kaisers in Wien geschwächt. Schließlich schlossen die rheinischen Fürsten sogar einen Bund mit Napoleon und erklärten ihren Austritt aus dem Deutschen Reich. Dies bedeutete das Ende des „Heiligen Römischen Reiches Deutscher Nation". Kaiser Franz II. verzichtete am 6. August 1806 auf den deutschen Kaisertitel.

T5 König Lustig
In den Gebieten, die Napoleon neu ordnete, setzte er gern Verwandte oder Vertraute als Herrscher ein. So machte er seinen jüngsten Bruder Jérome zum König des neuen Königreiches Westfalen. Jérome nahm seine Aufgaben nicht wichtig. Wegen seiner lockeren Art bekam er im Volk den Spitznamen „König Lustig".

»

1. Warum war Napoleon als Offizier der französischen Revolutionsarmee berühmt und beliebt? (T1)

2. Was erhofften sich viele Franzosen von der Herrschaft Napoleons? (T2)

3. Erläutere, was Napoleon mit der Stärkung einzelner deutscher Staaten erreichen wollte. (T3)

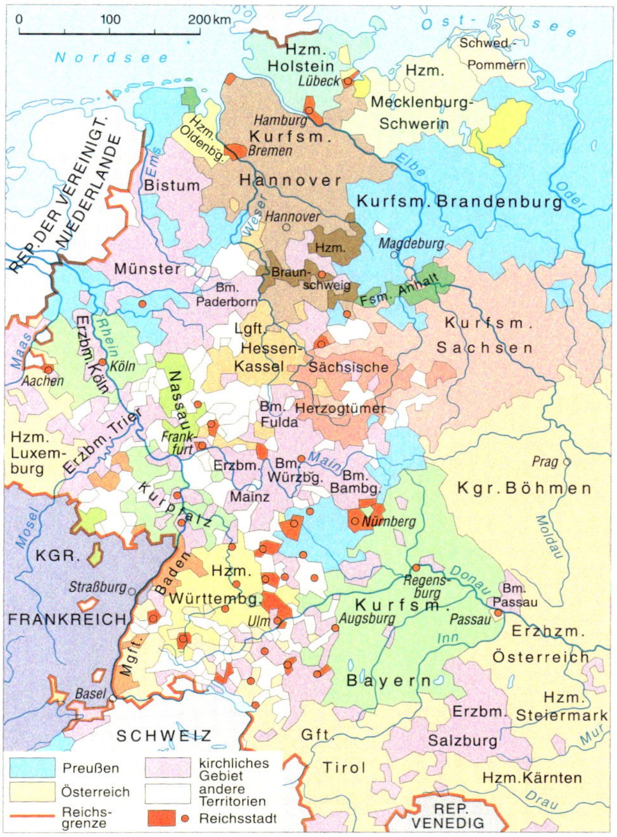

M 2 Deutschland vor …

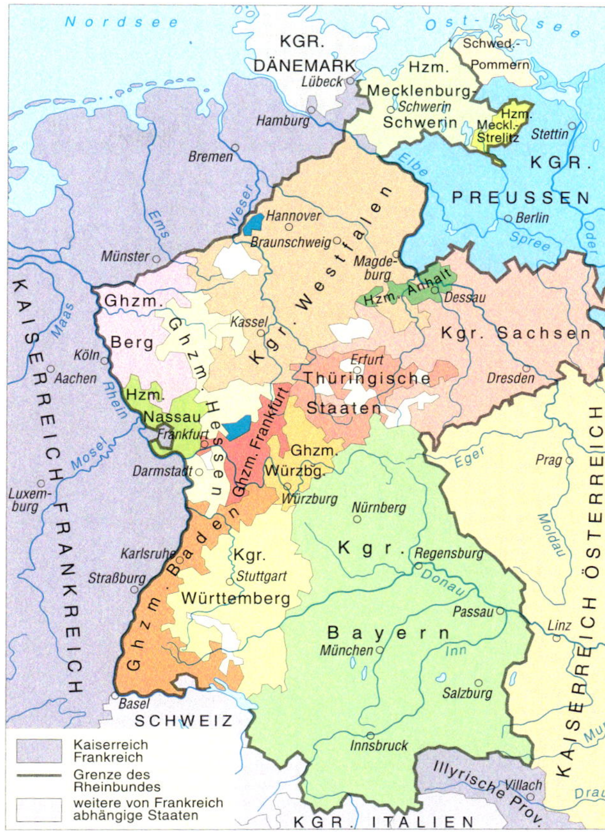

… und nach der Neuordnung durch Napoleon

T 6 Ein wichtiges Gesetzbuch

In Frankreich und in den neu geschaffenen Königreichen galten die Gesetze, die auf Veranlassung Napoleons geschaffen wurden. Im Code Napoléon waren wichtige Forderungen der Revolution zum Gesetz gemacht worden: Gleichheit vor dem Gesetz, persönliche Freiheiten, Recht auf Eigentum. Die Rechte der Frauen wurden aber nicht gestärkt. Sie blieben weiterhin von den Männern abhängig.

T 7 Mehr Rechte, mehr Abhängigkeit

Aber nicht nur der Code Napoléon sorgte dafür, dass viele Menschen in den von Napoleon neu geschaffenen Staaten zunächst zufrieden lebten. Hier mussten nämlich alle, auch die Adeligen, Steuern bezahlen. Es gab Aufstiegsmöglichkeiten für alle Bürger. Allen Religionen wurden gleiche Rechte eingeräumt. Aber es gab keine freie Wahlen. Wer sich gegen Napoleon aussprach, musste mit Gefängnis rechnen. Zudem mussten die neuen Staaten und Fürstentümer Napoleon Soldaten stellen. Dies führte dazu, dass sich überall, so auch in König Lustigs Reich Westfalen, allmählich Widerstand regte.

4. Nenne einigen deutsche Staaten, die unter Napoleon mehr Macht erhielten. (T 4, M 3)

5. Nenne das Ergebnis von Napoleons Siegen über Österreich und seinem Bündnis mit den rheinischen Fürsten. (T 4)

6. Nenne Forderungen der Französischen Revolution, die Napoleon umsetzte. (T 6, T 7)

Die preußischen Reformen

Preußen war besiegt und das Land von fremden Truppen besetzt worden. Was musste geschehen, damit es in Preußen wieder vorwärts ging?

T1 Reformen sollen helfen
Im Oktober 1806 wurde die preußische Armee von den Truppen Napoleons geschlagen. Preußen verlor große Teile seines Gebietes und musste die Armee stark verkleinern.
Preußische Adlige erkannten, dass die Niederlage tiefere Ursachen hatte. Die Missstände im Staat und in der Armee waren schuld. Die Adligen drängten ihren König Friedrich Wilhelm III., schnellstens Reformen einzuleiten – auf den Dörfern, in Wirtschaft und Verwaltung, an den Schulen und Universitäten und im Heer. Nur so sei es möglich, die Fremdherrschaft zu beseitigen und Preußen wieder zu einem mächtigen Staat zu machen.

T2 Bauernbefreiung
Vor allem mussten die Zustände auf den Dörfern verändert werden. Die Bauern waren an ihre Gutsherren gebunden. Sie arbeiteten als Knechte und Mägde auf dem Gutshof. Der Gutsherr war auch ihr Richter. Nur mit seiner Erlaubnis durften sie sich an einem anderen Ort niederlassen.

T3 Weitreichende Veränderungen
Die Adligen konnten den König überzeugen. Gesetze wurden erlassen, die wichtige Veränderungen einleiteten. Der preußische Adel behielt zwar seine Macht. Doch die Bürgerinnen und Bürger bekamen mehr Rechte. Sie übernahmen Verantwortung im Staat. Dadurch wuchs ihr Interesse an dem, was im Land geschah.

M1 Die Reformer Scharnhorst, Hardenberg und Stein (von links nach rechts; Holzstich nach einer Zeichnung aus dem 19. Jahrhundert)
General Scharnhorst starb 1813 an einer Verwundung im Kampf gegen Napoleons Armee. Stein wurde 1808 als Minister entlassen. Hardenberg war nach 1810 preußischer Staatskanzler.

»

1. Nenne die wichtigsten Männer, die in Preußen Reformen durchführten. (T1, M1, M2)

2. Was wollten sie erreichen? (T1)

3. Sage in wenigen Sätzen, welche Auswirkungen die Reformen auf die Einstellung der Bürgerinnen und Bürger zum Staat gehabt haben könnten. (T2, T3, Lexikon)

Lexikon

Reform
Mithilfe von Gesetzen werden wichtige Veränderungen in einem Staat eingeleitet.

M 2 Die Friedrich-Wilhelm-Universität in Berlin, heute Humboldt-Universität
Sie wurde 1809/1810 von dem Gelehrten Wilhelm von Humboldt gegründet, der für die Schulreform verantwortlich war.

M 3 Aus dem Preußischen Landrecht, 1794:

„Der Bauer (ist) durch Geburt oder Hofübernahme ein Untertan der Gutsherrschaft, ihr zur Treue, Ehrfurcht und Gehorsam verpflichtet. (…) Es besteht nicht mehr die ehemalige Leibeigenschaft (…). Doch dürfen die Bauern das Gut, zu welchem sie geschlagen sind, ohne Bewilligung ihrer Gutsherrschaft nicht verlassen. (…) Den Erben unter den Kindern des Bauern bestimmt der Gutsherr. (…) Ohne Erlaubnis des Herrn dürfen der Bauer und seine Kinder kein Gewerbe betreiben."

Extra

M 4 Die preußischen Reformen

„**Bauernbefreiung**
Die Bauern sind nicht mehr Untertanen des Gutsherrn. Sie erhalten ihre persönliche Freiheit und können ihr Dorf verlassen. Wenn der Bauer Land als Eigentum erwerben will, muss er an den Gutsherrn eine Ablösesumme zahlen.

Städtereform
Die Bürger dürfen ihre Angelegenheiten in der Stadt selbst regeln. Sie wählen Stadtverordnete und den Bürgermeister selbst.

Wirtschaftsreform
Die Zünfte werden aufgehoben. Jeder Bürger ist berechtigt, einen Handwerksbetrieb zu gründen.

Heeresreform
Auch Nichtadlige können Offizier werden. Die Prügelstrafe wird abgeschafft. Eine allgemeine Wehrpflicht wird 1814 eingeführt.

Schulreform
Die Einhaltung der allgemeinen Schulpflicht wird strenger überwacht. Ziel der Schule soll eine gute Allgemeinbildung sein.

Gleichstellung der jüdischen Bevölkerung
Die Juden haben die gleichen Rechte wie alle anderen Bürger."

4. Ein preußischer Gutsbesitzer soll gesagt haben: „Lieber drei Niederlagen der Preußen gegen Napoleon, als eine Reform zur Bauernbefreiung."
Wie könnte er das gemeint haben?

*
5. Vergleiche die Rechte und Pflichten des Bauern und die Rechte des Gutsherrn vor den Reformen (T 2, M 3) mit denen danach (M 4). Was änderte sich?

Schriftliche Quellen auswerten

*
6. Sieh dir alle Gesetze genau an. Sage mit eigenen Worten, was in Preußen anders wurde. (M 2, M 4)

Das Ende Napoleons

Napoleon war aus dem Dritten Stand zum Kaiser der Franzosen aufgestiegen. Das hatte aber auch zur Folge, dass er glaubte, immer stark sein und gewinnen zu müssen, um seine Macht zu erhalten.

M1 Herrschaftsgebiete Napoleons

T1 Vorherrschaft Napoleons in Europa
In vielen Feldzügen hatte Napoleon große Teile Europas erobert. Immer wieder wurden Bündnisse geschlossen, Friedensverträge vereinbart und wieder gebrochen. Zunächst hatte er Verteidigungskriege geführt, nun wurden daraus Eroberungsfeldzüge.

»

1. Vergleiche mit einer Karte von heute: Welche Staaten gehörten zum Einflussgebiet Napoleons? (T1, M1)

2. Nenne die Staaten, die sich 1805 gegen Napoleon verbündeten. Beschreibe den Ausgang dieses Krieges. (T1)

3. Erläutere, was Napoleon mit der Kontinentalsperre erreichen wollte. (T2, auch M1)

1805 verbündeten sich England, Russland, Schweden und Österreich gegen Frankreich. Gemeinsam wollten sie der ständigen Machterweiterung Frankreichs ein Ende setzen. Die Rheinbundstaaten in Deutschland stellten Napoleon 60 000 Soldaten zur Verfügung. In einer einzigen Schlacht besiegten die Franzosen das verbündete Heer der Österreicher und Russen. Allerdings war es Napoleon nicht gelungen, England zu besiegen.

T 2 Kontinentalsperre und Russlandfeldzug

Napoleon wollte mit einer Kontinentalsperre verhindern, dass England Handel treiben konnte, um an Waren und Geld zu kommen. Doch überall wurde diese Sperre durchbrochen. Vor allem in Russland hielt man sich nicht an das Handelsverbot.
1812 führte Napoleon deshalb seine Armee von 600 000 Mann nach Russland. Darunter waren viele Deutsche aus verbündeten Einzelstaaten.
Zwar erreichte Napoleon mit seinen Soldaten Moskau, doch Russland war nicht geschlagen. Ohne die notwendige Verpflegung musste er in einem früh beginnenden Winter den Rückzug antreten. Hunger, Kälte, Krankheiten und die ständigen Angriffe der Russen ließen die Soldaten in großer Zahl sterben. Von 15 000 Württemberger Soldaten kehrten knapp 300, von 1700 Mecklenburgern nur 35 zurück. Mehr als eine halbe Million Soldaten verlor ihr Leben.

T 3 Der Ruhm schwindet

Napoleon hatte für das Gefühl von Sicherheit, Ruhe und Ordnung gesorgt. Er hatte die Errungenschaften der Französischen Revolution in Form des Code Napoléon auch in die von Frankreich besetzten Länder gebracht. Besonders in den süddeutschen und westdeutschen Ländern hatte er dadurch zahlreiche Anhänger gefunden. Mehr Gleichheit für alle Bürger und Rechtssicherheit waren Dinge, die von vielen als fortschrittlich und erstrebenswert empfunden wurden. Doch die Kriege nahmen kein Ende, die Steuern stiegen und die Einschränkungen der Presse- und Meinungsfreiheit ließen immer mehr Menschen zu Gegnern Napoleons werden.

T 4 Schwarz-Rot-Gold

Deshalb bildeten auch in Deutschland immer mehr Freiwillige bewaffnete Verbände, die Korps, um die Franzosen zu bekämpfen. Ihre große Stunde kam, als Napoleon schwer geschlagen aus Russland kam. Überall flammten nun Aufstände auf.
Besonders bekannt wurde das Freikorps unter der Führung des preußischen Majors Adolf von Lützow. Die „Lützow'schen Jäger" hatten sich als Farben eine schwarze Uniform mit roten und goldenen Abzeichen gewählt.
In diesen Befreiungskämpfen gegen Napoleon keimten die ersten Hoffnungen auf ein freies und gemeinsames Deutschland auf.

T 5 Das Ende

Noch 1812 wechselten Österreich und Preußen die Fronten und wurden zu Gegnern Napoleons. 1813 verlor Frankreich seine Vormachtstellung in Deutschland. 1814 dankte Napoleon ab und wurde auf die Insel Elba verbannt. Ein Jahr später kehrte er von Elba zurück. Er stellte noch einmal ein französisches Heer auf, wurde aber in der Nähe des belgischen Ortes Waterloo wieder von den verbündeten Staaten geschlagen. Nun wurde er auf die kleine Insel St. Helena verbannt. Dort starb er 1821.

4. Nenne die Ziele, die Napoleon mit dem Russlandfeldzug verfolgte. Wie endete dieses Unternehmen? (T 2)

5. Warum nahm die Gegnerschaft bei den Menschen der besetzten Gebiete trotz aller Errungenschaften immer mehr zu? Die Menschen wehrten sich nicht nur mit Worten. (T 3, T 4)

* **6.** Beschreibe den Abstieg Napoleons nach der Niederlage in Russland. (T 5)

Was soll aus Deutschland werden?

Im Jahre 1815 ging eine lange Zeit der Revolution und der Kriege zu Ende. Unter Napoleons Druck hatte sich das Deutsche Reich aufgelöst. Würde es nun ein neues Reich geben?

M1 Europas Herrscher auf dem Wiener Kongress, 1815 (zeitgenössische Radierung)
Der Gastgeber ist Kaiser Franz von Österreich in weißer Uniform. Zu seiner Rechten sitzt König Friedrich Wilhelm III. von Preußen. Links von ihm steht Zar Alexander I. von Russland. Großbritannien und Frankreich sind durch Gesandte vertreten.

T1 Der Wiener Kongress
In den Befreiungskriegen gegen Napoleon hatten in Deutschland Menschen aus allen Volksschichten große Opfer gebracht. Sie waren als Freiwillige begeistert in den Krieg gezogen oder hatten bereitwillig einen Teil ihrer Habe geopfert: Decken, Pferde und sogar ihre goldenen Eheringe. Viele träumten von einem starken Vaterland, in dem das Volk die Politik mitbestimmen sollte.

In Wien kamen im September 1814 Kaiser, Könige, Fürsten und Diplomaten zusammen. Nach dem Sturz Napoleons wollten sie Europa nach ihrer Vorstellung neu ordnen. Dabei sollte möglichst viel beim Alten bleiben. Am liebsten wollten die Könige und Fürsten ihre Länder wieder so regieren, wie sie das schon vor der Französischen Revolution getan hatten.

T2 Ein Deutscher Bund
Europa brauchte Frieden. Deshalb sollte kein Staat zu stark werden. Ein vereintes Deutschland hätte das europäische Gleichgewicht gestört. So dachten die führenden Männer des Wiener Kongresses.
Und in Deutschland wollte natürlich auch keiner der vielen Könige und Fürsten auf seine Herrschaft verzichten. Deshalb einigten sie sich 1815 auf einen lockeren Zusammenschluss ihrer Staaten in einem Deutschen Bund. Im kleinsten dieser unabhängigen Länder lebten etwas mehr als 5000 Einwohner; die beiden größten, Österreich und Preußen, waren europäische Großmächte. Es gab keine zentrale Regierung, nur einen Bundestag in Frankfurt. In diesem „Bundestag" saßen aber keine gewählten Volksvertreter, sondern die Gesandten der Regierungen.

T3 Enttäuschte Hoffnungen
Besonders die vielen jungen Menschen, die für die Freiheit Deutschlands gekämpft hatten, waren bitter enttäuscht. Deutschland blieb weiterhin in viele Staaten zersplittert, und die Fürsten dachten gar nicht daran, das Volk an der Regierung zu beteiligen.

»

1. Wo trafen sich 1814/15 die Vertreter von über 200 Staaten und Städten?
Warum kamen sie zusammen? (M1, T1)

2. In Europa gab es 1815 fünf Großmächte. Nenne sie aus M1 und M4.

3. Welche Lösung fanden die Staatsmänner auf dem Wiener Kongress für Deutschland? (T2)

M 2 Der Politiker Freiherr vom Stein schrieb 1812:

„Ich habe nur ein Vaterland, das heißt Deutschland. (…) Mir sind die Dynastien (= Fürstengeschlechter) in diesem Augenblick großer Entwicklung vollkommen gleichgültig, es sind bloß Werkzeuge; mein Wunsch ist, dass Deutschland groß und stark werde, um seine Selbstständigkeit, Unabhängigkeit und Nationalität wieder zu erlangen (…) Mein Glaubensbekenntnis ist Einheit.“

M 3 Europa nach dem Wiener Kongress

T 4 Wer bekommt was?

Auf dem Wiener Kongress stritten die Monarchen heftig um den Besitz von Land. Einige waren dabei besonders erfolgreich:

Der Zar von Russland durfte das „Königreich Polen“ verwalten.

Der König von Preußen gab polnische Gebiete an Russland ab, bekam dafür aber das nördliche Sachsen und die Rheinlande.

Der Kaiser von Österreich dehnte seine Herrschaft bis nach Italien aus.

Der König von Bayern verzichtete auf Tirol, bekam dafür aber die Pfalz zurück und gewann Gebiete nördlich des Mains.

Einer wurde besonders schlecht behandelt: Der König von Sachsen verlor die Hälfte seines Königreiches, weil er als Letzter noch am Bündnis mit Napoleon festgehalten hatte.

‹Extra›

M 4 Der preußische General von Gneisenau schrieb im August 1814:

„Gern würde ich mit nach Wien gehen (…). Aber ich würde dort (…) selbst von den eigenen Diplomaten nicht gehört werden. Österreich ist gleichgültig gegen die deutschen Angelegenheiten und richtet seine Erwerbungspläne nur gegen Italien und sein Misstrauen gegen Russland. Russland trachtet ganz Polen zu vereinigen und als Nebenreich sich anzueignen (…). England sorgt nur für die Festigung des neuen niederländischen Staates und würde gern von Deutschland mehr abreißen, um die neue Schöpfung zu verstärken. (…)

Die Notwendigkeit, Preußen bald eine Konstitution (= Verfassung) zu geben, habe ich (…) dargetan (…). Es gibt kein festeres Band, um die Einwohner der zu erwerbenden Länder an unsere alten zu knüpfen, als eine gute Konstitution. Überdies müssen wir dadurch die Meinung in Deutschland für uns gewinnen.“

*
4. Welche zwei Begriffe würdest du dem Deutschen Bund von 1815 zuordnen:
starkes Reich, Mitbestimmung der Bürger, Fürstenherrschaft, Freiheit, Einheit aller Deutschen, lockerer Staatenbund?

*
5. Arbeite mit M 2:
a) Wer beherrschte damals noch Deutschland und Europa?
b) Was erhoffte sich Freiherr vom Stein von den deutschen Fürsten?
c) Was wollte er nach dem Sieg über Napoleon erreichen?

*
6. Arbeite mit M 4 und T 4:
a) Wer war von Gneisenau?
b) Wie urteilt er über die Politik Österreichs, Russlands und Englands?
c) Wodurch könnte sein Staat stärker werden und in Deutschland die Führung übernehmen?

Feste für die Freiheit

In den Jahren nach 1815 fragten sich viele Deutsche: „Wir haben Napoleon verjagt, aber wo bleibt die Freiheit des Volkes und die Einheit des Reiches, die wir doch auch schaffen wollten?"

M 1 Wartburgfest, 1817 (zeitgenössischer Stich)
Studenten verbrennen Symbole (= Zeichen) der Fürstenherrschaft und Bücher „der Unfreiheit".

T 3 Reaktion der Fürsten

1819 ermordete ein radikaler Student den Dichter Kotzebue, weil er als Anhänger der Fürsten galt. Nun beschlossen die Staaten des Deutschen Bundes harte Maßnahmen gegen all jene, die mehr Freiheit verlangten.
Die Burschenschaften wurden verboten und staatliche Beamte überwachten die Vorlesungen verdächtiger Professoren. Zeitungen durften erst verkauft werden, nachdem ein Staatsbeamter sie geprüft hatte; das nannte man Zensur. Polizeispitzel öffneten heimlich Briefe, stöberten in Buchhandlungen nach verbotenen Büchern und belauschten in Cafés die Gespräche der Gäste.

T 1 Burschenschaften

In Jena schlossen sich 1815 Studenten zu einer Burschenschaft zusammen. Daraus wurde in kurzer Zeit eine Bewegung, die sich in ganz Deutschland ausbreitete. Ihr Leitspruch war: „Ehre, Freiheit, Vaterland". Viele Studenten hatten als Freiwillige gegen Napoleon gekämpft: in schwarzen Uniformen mit roten Abzeichen und goldenen Knöpfen. Diese Farben wurden nun zum Symbol für den Kampf um Deutschlands Einheit und Freiheit.

T 2 Weg mit den alten Zöpfen

Im Oktober 1817 lud die Jenaer Burschenschaft zu einem Treffen auf der Wartburg bei Eisenach ein. Die 500 Teilnehmer waren fast alle Studenten und Professoren. Am Abend versammelten sie sich an einem Feuer und warfen Symbole der Unfreiheit hinein: den Stock einer Unteroffiziers, den Schnürleib eines Offiziers, einen Zopf – und Bücher, die die alte Ordnung rechtfertigten. Die Fürsten und ihre Minister waren empört.

T 4 Ein Fest für die Freiheit

Am 27. Mai 1832 kamen etwa 30 000 Menschen in Neustadt in der Pfalz zusammen. Von dort zogen sie zum ehemaligen Schloss in Hambach, um für Freiheit und Einheit zu demonstrieren. Einige Redner riefen die Deutschen dazu auf, sich nicht länger der Fürstenherrschaft zu beugen. Wenige Tage später wurden viele Teilnehmer verhaftet und eingesperrt, andere flohen ins Ausland.

»

1. Ergänze die folgenden Sätze:
1813 wurde der französische Kaiser … aus Deutschland verjagt.
Viele Deutsche wünschten sich nun auch … für das Volk und ein …, das alle deutschen Staaten einen sollte. (Überschrift)

2. Unter welchen Farben demonstrierten Menschen in Deutschland für Einheit und Freiheit? Wo kamen diese Farben her? (T 1, M 2)

3. Betrachte M 1 und lies T 2:
a) Wo fand das Treffen der Jenaer Burschenschaft 1817 statt?
b) Wer waren die Teilnehmer?
c) Welche Gegenstände warfen sie ins Feuer?
d) Was wollten sie damit aussagen?

M 2 **Das Hambacher Fest** wurde zur größten Demonstration für Einheit und Freiheit in Deutschland. Studenten, Professoren, Schriftsteller und Zeitungsredakteure kamen. Die meisten Teilnehmer waren aber Winzer, Handwerker und Bauern. (Lithographie, 1832)

Extra

M 3 Ein Spitzel des Deutschen Bundes berichtete über die Kundgebung in Hambach, 1832:

„Am Sonntagmorgen sah man die Bevölkerung der umliegenden Städtchen und Ortschaften unter dem Läuten der Glocken, dem Schalle der Trommeln oder anderer Musik mit Fahnen herbeiziehen. Diese Fahnen hatten verschiedene Farben. Die meisten waren schwarz, rot und gold (…) ebenso waren die Kokarden, welche von den Männern am Hute, von den Frauen und Mädchen auf der Brust getragen wurden. (…) Dr. Wirth (einer der Redner) erörterte, dass nicht eher Glück und Eintracht stattfinden würde, bis die Könige und Regenten (= Fürsten) alle weggejagt worden wären. (…) Auf eine Vereinigung aller deutschen Völker sollte das gemeinsame Werk gerichtet sein und bleiben. Er schloss dann (…) mit der Hoffnung einer baldigen, besseren Zeit, mit einem dreimaligen Lebehoch eines vereinten, freien, republikanischen Europas.
Von den Studenten und jungen Leuten wurde ein Gesang angestimmt, der zum Refrain hatte: „Nun kommt der Völker Schmaus, Fürsten zum Land hinaus.“

4. Mit welchen Mitteln unterdrückten die deutschen Fürsten und ihre Beamten die Freiheitsbewegung? (T 3)

* **5.** Verfasst zum Hambacher Fest 1832 Texte aus unterschiedlichen Perspektiven (= Blickwinkeln).
a) Ein Student schreibt an die Mitglieder seiner Burschenschaft.
b) Ein Winzer aus Neustadt schreibt an seinen Schwager. Er hat so viel Wein wie noch nie verkauft.
c) Ein Polizeispitzel (= Spion der Polizei) berichtet seinem Vorgesetzten über die Kundgebung.
d) …
(M 2, M 3, T 4)

Das Volk wehrt sich

Die Fürsten konnten die Freiheitsbewegung lange Zeit unterdrücken, aber nicht ersticken. Im März 1848 machte sich die lange aufgestaute Wut des Volkes Luft.

M1 Friedrich Wilhelm IV. von Preußen reitet am 21. März 1848 durch Berlin. (zeitgenössischer Stich)

T1 Schwarz-Rot-Gold

Als die Berliner am 21. März 1848 auf die Straße schauten, trauten sie ihren Augen nicht. Da ritt ihr König hinter der schwarz-rot-goldenen Fahne her: der Revolutionsfahne. Noch zwei Tage zuvor hatten seine Soldaten auf Menschen geschossen, die unter dieser Fahne vor dem Schloss des Königs demonstriert hatten. Wie konnte es dazu kommen, dass ihr König nun selbst die Fahne nahm?

T2 Unzufriedene Bürger

Den Anstoß zur Revolution hatte Frankreich gegeben. Dort wurde der König am 24. Februar 1848 gestürzt und dann die Republik ausgerufen. Die Unruhen griffen auf die deutschen Staaten über. Einige Fürsten entließen verhasste Minister und setzten liberale Männer in die Regierung ein. Am 13. März 1848 kam es in Wien zu Straßenkämpfen. Der verhasste österreichische Kanzler Metternich musste abdanken und floh nach England.

T3 Auf die Barrikaden

In Berlin versuchte der preußische König Friedrich Wilhelm IV. sein Volk zu beruhigen, indem er Pressefreiheit und eine Verfassung versprach. Doch es kam zu einem Zwischenfall: Am 18. März schossen Wachsoldaten vor dem Königsschloss auf Demonstranten. Innerhalb von Stunden errichteten Bürger, Handwerker und Arbeiter Barrikaden, um die Straßen abzusperren. Frauen und Kinder gossen Kugeln. Männer bewaffneten sich mit allem, was sie fanden. Bei den Kämpfen zwischen Soldaten und Bürgern kamen etwa 200 Menschen ums Leben.

T4 Ein König an der Spitze der Revolution?

Am nächsten Morgen zog der König seine Truppen zurück. Er wollte weiteres Blutvergießen vermeiden. Als die Revolutionäre ihre Toten vor das königliche Schloss brachten, zog Friedrich Wilhelm IV. seinen Hut vor ihnen. Am 21. März ließ er überall in Berlin verkünden: „An mein Volk und an die deutsche Nation! (...) Ich habe heute die alten deutschen Farben angenommen. (...) Preußen geht fortan in Deutschland auf." Welche Farben er damit meinte, zeigte er den Berlinern mit seinem Ritt durch die Stadt.

1. Verschaffe dir einen Überblick. Trage dazu auf dem Zeitstrahl die Ereignisse ein. (T1–T4)

Ausbruch der Revolution 1848

24. Feb.	13. März	18. März	19. März	21. März
...	...	...	...	...
...	...	...	...	...

2. Arbeite mit M2 und M3.

mit Bildern und Texten arbeiten

a) Wo finden die Kämpfe statt?
b) Wer sind die Kämpfer im Vordergrund? Beschreibe ihre „Uniformen".

M 2 **Barrikadenkampf in Berlin, 18. März 1848** (kolorierter Holzstich aus der „Illustrierten Zeitung“ vom 15. April 1848)

M 3 Ein Augenzeuge berichtet in der Berliner Zeitung vom 20. 3. 1848 über den Ablauf der Ereignisse nach den ersten beiden Schüssen der Wachsoldaten:

„Man glaubte sich verraten, man schrie: „Wir werden niedergehauen, niedergeschossen!“ Das Entsetzen und die Erbitterung pflanzten sich mit reißender Schnelle fort und wuchsen in der Verbreitung, wie alle Gerüchte. (...) In allen Straßen wurden Barrikaden aufgerichtet. Das Volk stürzte zu den Waffen. Es nahm sie, wo es derer habhaft werden konnte. Es eilte auf die Dächer der Häuser und bewaffnete sich mit Ziegeln. In zwei Stunden war die ganze Stadt umgestaltet, in Verteidigungszustand gesetzt.“

Lexikon

Barrikaden
So nennt man die Hindernisse, die bei Straßenkämpfen errichtet werden.

liberal
Der Begriff stammt von dem lateinischen Wort „liber“. Das heißt im Deutschen „frei“. Die Liberalen forderten eine Verfassung, in der die Rechte der Bürger garantiert wurden. Ebenso wichtig war ihnen ein Parlament, das den König kontrollierte.

c) Welche Gruppe ist im Hintergrund zu sehen? Nenne Einzelheiten, die dir auffallen.
d) Was befindet sich zwischen den beiden Gruppen?
e) Was macht die Lage für die Soldaten so schwierig?

*
3. Vergleiche M 1 und M 2.
a) Wie wirkt die Szene in M 1 auf dich, wie die Szene in M 2?
b) Inwiefern drücken die beiden Bilder einen Gegensatz aus? Achte besonders auf die Fahne, den König, seine Soldaten, das „Volk“.

*
4. Schreibe mithilfe von M 2, M 3 und T 3 einen Bericht über die Barrikadenkämpfe in Berlin.
- Beginne mit der Demonstration vor dem Schloss.
- Schildere das Verhalten der Wachen und die Reaktion darauf.
- Beschreibe die Kämpfe.

Aufruhr im Herzogtum Nassau

Auch in Wiesbaden und im Westerwald forderten die Bürger und Bauern mehr Freiheit und Gerechtigkeit.

M1 Das Herzogtum Nassau um das Jahr 1840

T1 Demonstrationen in Wiesbaden
Im Herzogtum Nassau lebten 1848 etwa eine halbe Million Einwohner. Regiert wurde das kleine Herzogtum von Herzog Adolf. In der Residenzstadt Wiesbaden kam es am 1. März 1848 zu Demonstrationen für mehr Freiheit, Gerechtigkeit und demokratische Rechte. Einen Tag später verkündete Rechtsanwalt August Hergenhahn vor 4000 begeisterten Zuhörern die Forderungen der Demonstranten. Die Regierung musste nachgeben. Eine „Freie Zeitung" erschien. Ein Bürgerkomitee bereitete die Volksbewaffnung für das Herzogtum vor.

M2 Demonstranten am 4. März 1848 auf dem Schlossplatz in Wiesbaden
(nach einer Bildillustration von F. Nitzsche)

1. Beschreibe mithilfe der Karte, wo das Herzogtum Nassau liegt. (M1, Lexikon)

2. Berichte, was vom 1. bis 4. März 1848 in Wiesbaden geschah. (T1, T2, M2, M3)

3. Nenne einige Forderungen, die die revolutionären Bürgerinnen und Bürger durchsetzten. (T1, T2, M3)

M3 Nassauer Bürger in den Revolutionstagen: In einem zeitgenössischen Bilderbogen wird die revolutionäre Stimmung in den Märztagen 1848 treffend so dargestellt.

T2 Revolution im Herzogtum

Vier Tage später versammelten sich über 30 000 Menschen auf dem Schlossplatz in Wiesbaden. Sie forderten eine neue Regierung und verbrannten Fahnen des Herzogtums. Es verbreitete sich das Gerücht, der Herzog würde mit Truppen in die Stadt zurückkehren, um den Aufruhr niederzuschlagen. Doch der erschien ohne Militär. Er versprach, alle Forderungen zu erfüllen. Daraufhin zerstreute sich die Menschenmenge.

T3 Aufruhr im Westerwald

In den Dörfern des Westerwaldes setzten die Bauern vom Herzog eingesetzte Bürgermeister ab und wählten selbst neue. Verbote wurden nicht mehr beachtet: Die Bauern gingen in die Wälder der Adligen jagen, ihre Familienangehörigen sammelten Holz. Einige Bauern stellten die Pacht- und Steuerzahlungen ein. Die Regierung hatte zunächst keine Möglichkeit, dagegen einzuschreiten.

M4 Eine Zeitung berichtet vom „Holzfrevel". So nannte man das unberechtigte Schlagen von Holz – auch aus den Wäldern der Adligen:

» Der Holzfrevel wird auf dem Westerwald in einem wirklich großartigen Maßstabe betrieben. (…) Ganze Häuser werden von gefreveltem Holz gebaut. (…) Einzelne Gemeinden haben mit ihren Förstern bei deren Wahl die Bedingung gemacht, dass keiner, der Holz aus der Dominalwaldung (Staatswald) frevle, deshalb zur Anzeige gebracht werden dürfe. «

Lexikon

Herzogtum Nassau
Das ehemalige Herzogtum bestand seit dem 11./12. Jh. Es lag im Gebiet des Taunus und des Westwaldes zwischen den Flüssen Main, Rhein und Sieg. Heute gehört das Gebiet zu Hessen, einzelne Kreise gehören zu Rheinland-Pfalz.

4. Warum wird der Herzog die Forderungen der Demonstranten erfüllt haben? (T1, T2)

5. Berichte, wie sich die Dorfbevölkerung im Westerwald gegen die herzogliche Regierung und den Adel widersetzte. (T3, M4)

* **6.** Spielt ein Gespräch zwischen Bürgern, die ihrem Ärger auf den Herzog Luft machen. (T1, T2)

Das erste deutsche Parlament

**Es ist für uns ganz selbstverständlich:
Wir haben Parteien und wählen Abgeordnete ins Parlament. Unsere Grundrechte werden durch die Verfassung garantiert. Aber wie begann das alles 1848?**

T1 Abgeordnete des Volkes

Am 18. Mai 1848 kamen in der Frankfurter Paulskirche die Abgeordneten des ersten deutschen Parlaments zusammen.
Die Abgeordneten der Nationalversammlung waren zum größten Teil in ihren Wahlkreisen angesehene Persönlichkeiten, denn Parteien gab es noch nicht. Bald trafen sich Abgeordnete, die politisch ähnlich dachten, in bestimmten Gasthäusern. Dort besprachen sie politische Ziele und hielten im Parlament bei Abstimmungen zusammen. Weil die einzelnen „Klubs" noch keinen richtigen Namen hatten, sprach man von „Linken", „Rechten" oder der „Mitte", je nachdem, wo sie vom Parlamentspräsidenten aus gesehen saßen.

T2 Kleindeutsch oder großdeutsch?

Besonders heftig stritten die Abgeordneten über die Grenzen des zukünftigen Reiches. Sollte es „großdeutsch" mit Österreich oder nur „kleindeutsch" unter Führung Preußens und ohne Österreich sein? Österreich war nämlich ein Staat, in dem viele Völker lebten: Deutsche, Polen, Italiener, Ungarn, Tschechen, Slowaken, Slowenen und Kroaten. Doch es schien unmöglich, all diese Völker in einem deutschen Nationalstaat zu vereinen. Am Ende entschied sich die Nationalversammlung mit knapper Mehrheit für die „kleindeutsche" Lösung.

T3 Die Verfassung

Eine Aufgabe der Nationalversammlung war es, in einer Verfassung den Aufbau des Staates festzulegen. Sollte Deutschland eine Republik werden? Man entschied sich für eine Monarchie mit dem preußischen König als Kaiser. Mithilfe des Parlaments konnten die Bürger durch ihre Abgeordneten im Staat mitbestimmen und die Macht des Kaisers kontrollieren.

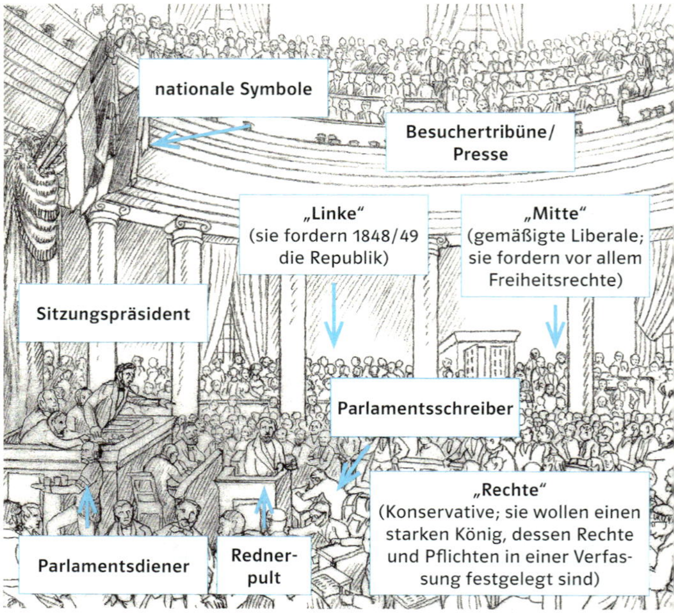

M1 Ein Parlament verstehen lernen
Die grafische Darstellung erklärt wichtige Einzelheiten aus M 2. Ein modernes Parlament arbeitet ähnlich.

T4 Die Revolution scheitert

Aber Friedrich Wilhelm IV. von Preußen lehnte die Kaiserkrone ab. Er betrachtete sich als „König von Gottes Gnaden". Daher wollte er keine Krone aus der Hand des Volkes. Preußische Truppen schlugen Aufstände in Sachsen, in der Pfalz und in Baden nieder. Überall beendeten die Könige und Fürsten mit Soldaten die Revolution und hoben Freiheitsrechte wieder auf. Manche Revolutionäre wurden erschossen, andere verhaftet und zu langer Kerkerhaft verurteilt. Zehntausende flohen in die Schweiz und nach Amerika.

»

1. Wie hieß der Versammlungsort der Nationalversammlung 1848? In welcher deutschen Stadt tagte sie? (T1)

2. Wie fanden Abgeordnete, die ähnliche politische Vorstellungen hatten, 1848 zusammen? Wie verhielten sie sich im Parlament? (T1)

3. Was bedeutete 1848 „großdeutsch", was „kleindeutsch"? Warum schlossen die Abgeordneten der Paulskirche Österreich aus dem Deutschen Reich aus? (T2)

M 2 Sitzung der Nationalversammlung in der Frankfurter Paulskirche (zeitgenössische Farblithographie)

M 3 Die „Grundrechte des deutschen Volkes"
Die Nationalversammlung beschloss die Grundrechte im Dezember 1848.
Sie wurden 1849 als Paragraphen 130 bis 189 an die Reichsverfassung angehängt:

„§ 137: Vor dem Gesetz gibt es keinen Unterschied der Stände. Der Adel als Stand ist aufgehoben. (...) Die Deutschen sind vor dem Gesetz gleich. (...) Die öffentlichen Ämter sind für alle Befähigten gleich zugänglich.
§ 138: Die Freiheit der Person ist unverletzlich. (...)
§ 140: Die Wohnung ist unverletzlich. (...)
§ 143: Jeder Deutsche hat das Recht, durch Wort, Schrift, Druck und bildliche Gestaltung seine Meinung frei zu äußern. Die Pressefreiheit darf unter keinen Umständen (...) beschränkt werden.
§ 144: Jeder Deutsche hat volle Glaubens- und Gewissensfreiheit. (...)
§ 161: Die Deutschen haben das Recht, sich friedlich und ohne Waffen zu versammeln. (...)
§ 162: Die Deutschen haben das Recht, Vereine zu bilden. (...)
§ 164: Das Eigentum ist unverletzlich. (...)"

4. Beschreibe M 2 mithilfe von M 1. So könntest du beginnen: Das Bild zeigt eine Sitzung der ... in der Frankfurter ... . Die Abgeordneten sitzen im Halbkreis. Ihnen gegenüber befindet sich auf einem erhöhten Podest der Platz des ... . Er leitet die Versammlung. Gerade weist er einen Abgeordneten am ... zurecht. ...

*
5. Bearbeite M3.
a) Welche Paragraphen drücken Freiheitsrechte, Gleichheitsrechte oder Eigentumsrechte aus?
b) Besorge dir das Grundgesetz der Bundesrepublik Deutschland. Welche Grundrechte von 1848 findest du in Artikel 1 – 19 wieder?

Eine Demokratie mit Vorbildern

„Alle Staatsgewalt geht vom Volke aus", heißt es im Grundgesetz. Doch wie funktioniert das wirklich mit unserer Demokratie?

M1 **Der Deutsche Bundestag** im Gebäude des Reichstages von 1894 (Foto, 2001)

T1 Eine lange Entwicklung

Als die Bundesrepublik Deutschland 1949 gegründet wurde, brauchte der neue Staat eine Verfassung. Sie wurde das „Grundgesetz" genannt. Es war aber nicht notwendig, alles neu zu schreiben. Denn es gab Beispiele für freiheitliche Verfassungen. Die Grundrechte in den Artikeln 1 bis 19 des Grundgesetzes sind teilweise aus der Verfassung von 1849 übernommen. Die Abgeordneten der Paulskirche hatten vieles so klar ausgedrückt, dass man es hundert Jahre später wörtlich übernehmen konnte.

T2 Die Volksvertretung

Die Bundesrepublik Deutschland ist eine parlamentarische Demokratie. Bei dieser Staatsform entscheidet ein Parlament über politische Fragen. Unser Parlament ist der Bundestag. Das Gebäude, in dem er tagt, heißt aber „Reichstag". Im Kaiserreich hat dort der Reichstag seine Sitzungen abgehalten.
Die Abgeordneten des Bundestages werden alle vier Jahre von den Bürgerinnen und Bürgern der Bundesrepublik Deutschland gewählt. Unsere Politiker haben also nur „Macht auf Zeit".

T3 Organe des Staates

Die wichtigsten Einrichtungen des Staates nennen wir Staatsorgane. Sie müssen wie die Organe eines Körpers zusammenarbeiten, damit die Demokratie richtig funktioniert. Die Abgeordneten des Bundestages wählen den Regierungschef. Sie beschließen außerdem die Gesetze. Bei vielen Gesetzen muss auch der Bundesrat zustimmen. Er vertritt die 16 Bundesländer. Welche Aufgaben der Bundespräsident, die Bundesregierung und das Bundesverfassungsgericht haben, seht ihr auf der rechten Seite.

»

1. Wie heißt die Verfassung der Bundesrepublik Deutschland? In welchem Jahr wurde unsere politische Ordnung beschlossen? (T1)

2. Kennst du unser Parlament?
a) Wie heißt unsere Volksvertretung? (T2)
b) Welchen Namen hat das Gebäude, in dem sie tagt? (M1)
c) Nenne zwei Aufgaben unserer Volksvertretung. (T3)

3. Die wichtigsten Einrichtungen unseres Staates nennen wir Staatsorgane oder Verfassungsorgane. Nenne sie aus T3. M2 bis M5 helfen dir bei der Lösung auch weiter.

M 2 **Der Bundespräsident** ist das Staatsoberhaupt der Bundesrepublik Deutschland. Er überprüft, ob ein Gesetz nach den Regeln des Grundgesetzes zustande gekommen ist und unterschreibt es dann. 2004 wurde Horst Köhler (links) zum neuen Bundespräsidenten gewählt und in Anwesenheit des Bundestagspräsidenten (rechts) vereidigt.

M 3 **Der Bundesrat** besteht aus den Vertretern der Bundesländer. Die Länder haben je nach Einwohnerzahl drei bis sechs Stimmen.

M 4 **Das Bundesverfassungsgericht** prüft, ob die Gesetze, die der Bundestag beschließt, nicht gegen das Grundgesetz verstoßen.

M 5 **Die Bundeskanzlerin** trägt als Regierungschefin für die Politik der Bundesregierung die Verantwortung. Angela Merkel (CDU) wurde 2005 zur Bundeskanzlerin gewählt.

M 6 Aus dem Grundgesetz der Bundesrepublik Deutschland:

„Art. 3: Alle Menschen sind vor dem Gesetz gleich.
Art. 38, 1: Die Abgeordneten des Deutschen Bundestages sind Vertreter des ganzen Volkes.
Art. 38, 2: Wahlberechtigt ist, wer das achtzehnte Lebensjahr vollendet hat."

4. Arbeite mit M 3:
a) Welche Länder haben die meisten Stimmen im Bundesrat, welche die wenigsten?
b) Wovon hängt die Zahl der Stimmen ab?
c) Wie viele Stimmen hat dein Bundesland im Bundesrat?

5. Arbeite mit M 2:
a) Wie heißt unser Bundespräsident?
b) Welche Aufgaben hat er?

*
6. Wie heißen die Bundeskanzler der Bundesrepublik Deutschland seit 1949. Wann regierten sie? Frage deine Eltern oder suche im Internet nach der Antwort.

Von Einheit, Recht und Freiheit

1. Silbenrätsel

Finde die richtigen Begriffe.

1) Junger Offizier, der sich in den Revolutionskriegen gegen Österreich und Preußen auszeichnete (2 Wörter).
2) Volksvertretung, die Napoleon 1799 auflöste.
3) Im Jahre 1804 ließ sich Napoleon zum französischen … krönen.
4) Name der deutschen Staaten, die Bündnispartner Napoleons waren.
5) Bruder Napoleons, der König von Westfalen wurde.
6) Dieser Staat war einer der Hauptgegner Napoleons.
7) Von Napoleon verhängtes Handelsverbot für europäische Staaten.
8) Gegen die Armee dieses Staates erlitt Napoleon 1812 eine vernichtende Niederlage.

BO – BUND – ENG – JE – KAI – KON – LA – LAND – LAND – LE – ME – MENT – NA – NA – NEN – ON – PAR – PAR – PO – RHEIN – RE – RO – RUSS – SER – SPER – TAL – TE – TI

2. Ereignisse zeitlich ordnen

Zeichne den Zeitstrahl in dein Heft und trage die folgenden Ereignisse richtig ein.

Revolutionen in Deutschland und Europa, Hambacher Fest, Wiener Kongress und Gründung des Deutschen Bundes, Wartburgfest

1815 …
…
1817 …
…
1832 …
…
1848 …
…

3. Begriffe zurordnen

Das Bild zeigt eine Sitzung der Nationalversammlung in der Frankfurter Paulskirche 1848. Die folgenden Aussagen beziehen sich auf bestimmte Personen oder Gruppen.
Ordne sie den Ziffern 1 bis 6 zu und nenne den gesuchten Begriff.

- Sie notieren alles, was in der Versammlung gesagt wird, sogar Zwischenrufe einzelner Abgeordneter.
- Sie sind gekommen, um sich die Sitzung anzuschauen; manche schreiben aber auch mit.
- Er erteilt das Rederecht und leitet die Sitzung.
- Sie alle sind in ihren Wahlkreisen in ganz Deutschland gewählt worden.
- Von hier aus spricht man zu allen Abgeordneten.
- Er sorgt für Ordnung, schließt die Türen, verteilt Schriftstücke und versorgt mit Getränken.

Wichtige Begriffe:

Parlament

Barrikaden

Verfassung

Einheit

Schwarz-Rot-Gold

Frankfurter Paulskirche

Nationalversammlung

4. Wie heißt das Gebäude?

Die Abbildungen zeigen Gebäude, in denen wichtige Ereignisse der deutschen Geschichte stattgefunden haben. Nenne ihren Namen.

In dieser Frankfurter Kirche tagte das erste deutsche Parlament.

An diesem Ort in der Pfalz fand 1832 ein Fest für die Freiheit statt.

Zu dieser Burg bei Eisenach zogen im Oktober 1817 Studenten aus ganz Deutschland, um für Freiheit und Einheit zu streiten.

5. Was gehört wozu?

Die preußischen Reformen

Ordne die jeweiligen Gesetze den entsprechenden Reformen zu.

Bauernbefreiung, Städtereform, Wirtschaftsreform, Heeresreform, Schulreform, Gleichstellung der jüdischen Bevölkerung

- Bürger wählen ihren Bürgermeister selbst.
- Die Prügelstrafe wird abgeschafft.
- Ziel ist eine gute Allgemeinbildung.
- Bauern erhalten die persönliche Freiheit.
- Juden erhalten die gleichen Rechte.
- Bauern dürfen ihr Dorf verlassen.
- Städtebürger bestimmen selbst.
- Jeder kann einen Handwerksbetrieb eröffnen.
- Nichtadlige können Offizier werden.

*

6. Richtig oder falsch?

Verbessere die falschen Aussagen und schreibe sie richtig auf.
Es können auch mehrere Fehler in einer Aussage sein.

- In Paris fand 1815 ein Kongress statt, auf dem Europa nach den Kriegen Napoleons neu geordnet wurde.
- Der Deutsche Bund war ein lockerer Zusammenschluss deutscher Staaten.
- Auf dem Wiener Kongress gab es kaum Streit zwischen den Fürsten. Über die Neuverteilung einzelner Gebiete einigte man sich schnell.
- Burschenschaften waren Zusammenschlüsse von Handwerkern.
- Der Leitspruch der Burschenschaften war: „Ehre, Freiheit, Vaterland".
- Auf dem Hambacher Fest riefen Redner dazu auf, auf einen Nationalstaat zu verzichten und mit den Fürsten zusammenzuarbeiten.
- Da in Berlin der preußische König Friedrich II. Verständnis für die Forderungen des Volkes hatte, kam es nicht zu Barrikadenkämpfen.

Revolution

Deutscher Bund

Hambacher Fest

Freiheit

Zensur

Wiener Kongress

Nationalhymne

Burschenschaften

3 Fortschritt im 19. Jahrhundert

Im Internet surfen, Fotos mit dem Handy verschicken, per Flugzeug den Erdball bereisen – all diese Dinge sind heute ganz selbstverständlich. Noch vor 200 Jahren waren sie undenkbar. Erst durch die Industrialisierung ist unsere Welt so modern geworden, wie wir sie heute kennen. Wann aber begann diese Entwicklung? Wer hat sie vorangetrieben? Wie hat der Fortschritt das Leben der Menschen verändert? Und welche Probleme haben die Neuerungen gebracht?

Bezug zu heute

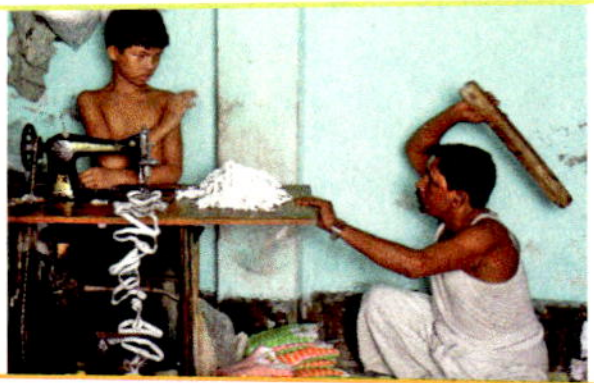

Kinderarbeit – ein Problem der Vergangenheit und der Gegenwart

Geschichte erleben

Chronologie

1769

James Watt erfindet die Dampfmaschine.

1835

Die Eisenbahnstrecke Nürnberg – Fürth wird eröffnet.

Alt und neu neben-
einander: Gasometer und
Einkaufszentrum in
Oberhausen

Kinder protestieren
gegen die Schließung
einer Zeche.

1844
Aufstand der
schlesischen
Weber

1900
Elektrische
Straßenbahn
in Berlin

Mit Volldampf voraus

Als die Eisenbahn nach Deutschland kam, begann die Industrialisierung mit „Volldampf“.

M1 Eröffnung der ersten deutschen Eisenbahnstrecke zwischen Nürnberg und Fürth im Jahre 1835 (zeitgenössisches Gemälde)
Diese Lokomotive trug den Namen „Adler“.

T1 Die ersten Eisenbahnen

Der 6. Oktober 1829 war ein denkwürdiger Tag für die Industriegeschichte: Ein Wettbewerb sollte klären, welches Antriebssystem auf der neu erbauten Eisenbahnstrecke zwischen Manchester und Liverpool eingesetzt werden sollte. An einem Gleisstück bei Rainhill drängten sich Tausende von englischen Zuschauern sowie Wissenschaftler und Techniker, um das Spektakel zu erleben.
Nur eine einzige Lokomotive erbrachte schließlich die geforderten Leistungen: die „Rocket“ des Bergwerkingenieurs Robert Stevenson. Unter dem Jubel der Zuschauer erreichte die Rakete Geschwindigkeiten bis zu 47 km/h und war die einzige Lokomotive, die ohne Pannen funktionierte.

1835 fuhr auch in Deutschland die erste Eisenbahn. Sie benötigte für die sechs Kilometer lange Strecke von Nürnberg nach Fürth etwa sechs Minuten.

T2 Ein „Schub“ nach vorn

6 600 km Eisenbahnstrecken wurden in den Jahren zwischen 1840 und 1849 in Deutschland gebaut. Diese Entwicklung leitete einen gewaltigen Wirtschaftsaufschwung ein: Tausende fanden bei den Eisenbahngesellschaften Arbeit. Sie schütteten Bahndämme auf, gruben Tunnel, verlegten Schienen, bauten Brücken und Bahnhöfe. Es wurden immer mehr Arbeiter in den Fabriken für Lokomotiven und Waggons eingestellt, die Lokomotiven und Waggons bauten. Dazu benötigten sie riesige Mengen an Werkzeugen und Maschinen. Für die Herstellung dieser Werkzeuge und Maschinen brauchte man viel Eisen und Stahl. Deshalb wurden neue Bergwerke eingerichtet, aus denen man Eisenerz und Kohle förderte, und neue Eisenhütten gebaut, in denen aus dem Eisenerz mithilfe von Kohle Stahl produziert wurde.

»

1. Erkläre, warum eine Postkutschenfahrt von Köln nach Essen sehr beschwerlich ist. (M 2, M 3)

2. Wie lange sind Reisende unterwegs, wenn sie von Köln nach Dortmund mit der Postkutsche reisen? (M 2)

3. Lies dir M 5 noch einmal genau durch. Was hältst du davon?

4. Sieh dir M 1 genau an und beschreibe es mit eigenen Worten. Achte besonders auf die Zuschauer.

M 2 Ankunft und Abfahrt der königlichen Postkutsche im Jahr 1825 von Köln nach Dortmund:

Abfahrt jeden Mittwoch und Samstag um 4 ½ Uhr

Ankunft in	
Mülheim/Ruhr	5 ½ Uhr
Düsseldorf	12 Uhr
Duisburg	16 ½ Uhr
Essen	n. Tag 11 ½ Uhr
Dortmund	n. Tag 6 ½ Uhr

Fahrkarten an allen Poststationen und in Wirtshäusern.
Um Pünktlichkeit wird gebeten!
Fahrzeiten gelten für trockene Straßen. Wetterbedingte Verspätungen sind möglich. Übergepäck muss beim Fahrer angemeldet werden.

M 4 Der Transport einer Lokomotive zum Bahnhof von Kassel wurde auf einem Gemälde von 1860 so dargestellt.

M 3 Fahrzeiten von Postkutsche und Eisenbahn im Vergleich

von Berlin nach	Schnellpost um 1800 (in Std.)	Eisenbahn Ende 19. Jh. (in Std.)
Dresden	23	3
Hamburg	36	5
Frankfurt am Main	64	9
Köln	82	10

M 5 Ärztliches Bedenken gegen die Eisenbahn in einem Gutachten von 1835:

» Ortsveränderungen mittels irgendeiner Art von Dampfmaschinen sollten im Interesse der öffentlichen Gesundheit verboten werden. Die raschen Bewegungen können nicht verhehlen, bei den Passagieren geistige Unruhe hervorzurufen. Selbst zugegeben, dass Reisende sich freiwillig der Gefahr aussetzen, muss der Staat wenigstens die Zuschauer beschützen. Der Anblick einer Lokomotive, die in voller Geschwindigkeit dahinrast, genügt, diese Krankheit zu erzeugen. «

5. Beschreibe M 4 und vergleiche anschließend M 1 mit M 4.

6. Vergleiche die Fahrzeiten der Postkutsche und der Eisenbahn. Kannst du erklären, warum allmählich das Postkutschenzeitalter zu Ende ging? (M 3)

* **7.** Erkundige dich, wann in deiner Heimatstadt die erste Eisenbahnstrecke gebaut wurde. Wie haben sich die Bahnlinien bis heute verändert?

Erfindungen verändern die Welt

Englische Tüftler erfanden im 18. Jahrhundert zahlreiche Maschinen. Diese Erfindungen änderten das Leben der Menschen völlig. Wir sprechen deshalb heute vom Beginn der Industriellen Revolution.

T1 Mehr Menschen brauchen mehr Kleidung
Im 18. Jahrhundert wuchs die Bevölkerung Englands von etwa fünf auf über neun Millionen. Es wurde immer schwieriger, alle Menschen mit Kleidung zu versorgen. Die Spinn- und Webtechnik war nämlich jahrhundertelang kaum verändert worden: In mühevoller Handarbeit wurde Wolle auf Spinnrädern zu Garn gesponnen und dann auf Webstühlen zu Stoffen verarbeitet.

T2 Baumwolle auf dem Vormarsch
Im Laufe des Jahrhunderts wurde Baumwolle in Europa und Nordamerika immer beliebter. Baumwollstoffe waren billiger zu kaufen, angenehmer zu tragen und leichter zu waschen als Wollkleider. Mit ihren alten Spinnrädern konnten die englischen Weber jedoch nicht genügend Baumwolle verspinnen. Die Herstellung von Garn dauerte einfach zu lange.

M1 Heimarbeit im 18. Jh. (englisches Gemälde, um 1750)
Das Bild zeigt das Kochen, Aufspulen und Spinnen des Garns. Spinnräder dieser Art gab es seit dem 15. Jh.

M2 Mechanische Webstühle in einer Fabrik (Gemälde, um 1834)

1. Ordne richtig zu:
1764 – 1769 – 1769
James Watt – James Hargreaves –Richard Arkwright
Spinnmaschine mit Wasserantrieb – Dampfmaschine – „Spinning Jenny"

2. Vergleiche M1 und M2 miteinander. Wie hat sich die Herstellung von Textilien verändert?

3. Beschreibe, welche „Kräfte" auf M3 am Werk sind, um Kohle zu fördern und zu transportieren.

M 3 **Einsatz einer frühen Dampfmaschine in einem englischen Kohlenbergwerk** (Gemälde eines unbekannten englischen Künstlers, 1792)
Mithilfe von Dampfmaschinen konnte Kohle aus tieferen Schächten gefördert werden. Die Dampfmaschinen trieben Pumpen an, die den Grundwasserpegel senkten und die Stollen entwässerten.

Lexikon

Industrielle Revolution
Dieser Begriff beschreibt den Anfang des Industriezeitalters. Die Industrielle Revolution begann im 18. Jh. in England. Sie änderte die Arbeitswelt der Menschen grundlegend. Fabriken entstanden und mithilfe von Maschinen wurden Waren in viel größeren Mengen hergestellt.

T 3 Eine Maschine namens „Jenny"

1764 gelang der große Durchbruch. Der Weber James Hargreaves erfand eine handbetriebene Spinnmaschine, die „Spinning Jenny". Sie lieferte in gleicher Zeit sechzehn Mal so viel Garn wie ein Spinnrad. Eine weitere Verbesserung erzielte Richard Arkwright 1769. Er ließ die Spinnmaschinen nicht mehr von Muskelkraft, sondern von Wasserkraft antreiben. Arkwright stellte die Maschinen in großen Räumen auf, wo Arbeiter sie bedienten und kontrollierten. So entstanden die ersten Fabriken.

T 4 Eine kraftvolle Erfindung

Schon bald reichte die Wasserkraft zum Antrieb der Maschinen nicht mehr aus. Einem jungen Mechaniker namens James Watt gelang es, 1769 eine leistungsstarke Dampfmaschine zu entwickeln, die mit Kohle befeuert wurde. Später veränderte Watt die Maschine noch so, dass man andere Maschinen damit antreiben konnte. Um 1850 stellten 750 Arbeiter einer Baumwollfabrik so viel Garn her wie 200 000 Heimarbeiter 100 Jahre zuvor.

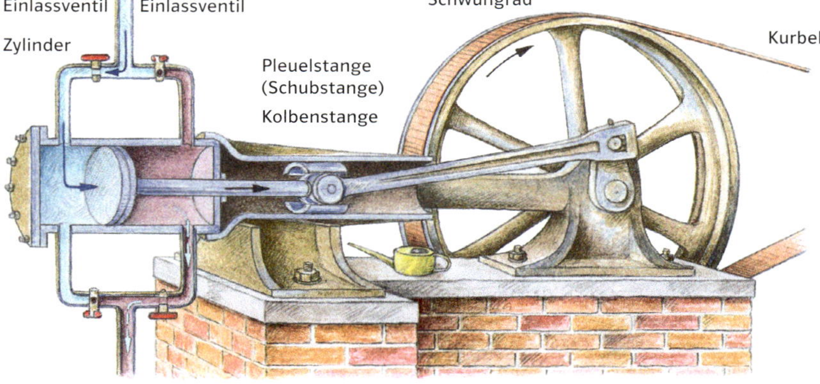

M 4 **Schnitt durch eine Dampfmaschine:** Der Dampf strömt abwechselnd durch das rechte und linke Einlassventil in den Zylinder ein. Dadurch wird der Kolben in eine gleichmäßige Bewegung versetzt.

*
4. Diskutiert die Vor- und Nachteile unterschiedlicher Antriebskräfte: Muskelkraft (Mensch/Tier), Wasserkraft, Dampfmaschine.

*
5. Setzt folgende Szene in ein Rollenspiel um: Der Besitzer einer Textilfabrik erklärt seinen Arbeitern mithilfe der Zeichnung M 4, was eine Dampfmaschine ist und wie sie funktioniert.

*
6. Auf M 3 ist zu erkennen, dass Kohle und Dampf voneinander abhängig sind. Erkläre diesen Zusammenhang.

Knüppel gegen Hunger und Not

In Schlesien erhoben sich 1844 über 3 000 Weber gegen ihre Arbeitgeber. Not und Elend hatten sie zu dieser Verzweiflungstat getrieben.

M1 „Die schlesischen Weber"
(Ölgemälde von Carl Wilhelm Hübner, 1844)

Der Fabrikbesitzer verweigert den Webern den Lohn für ihre Tuche, da ihm die Qualität der Ware nicht genügt.

T1 Der Aufstand
Die Augsburger „Allgemeine Zeitung" berichtete am 12. Juni 1844: „Soeben hat ein Haufen Weber aus Peterswaldau, Langenbielau und der Umgegend in Peterswaldau (…) die Gebäude und Vorräte des Fabrikanten Zwanziger niedergerissen und zerstört. Die Familie des Zwanziger ist auf das Schloss des Grafen Stolberg geflüchtet. Es ist Militär aus Schweidnitz verlangt, das jeden Augenblick erwartet wird." Wie war es zu dieser dramatischen Situation gekommen?

1. Fasse den Inhalt des Zeitungsartikels in T1 mit deinen eigenen Worten zusammen.

2. Lies M 2 genau. Was sagt das Gedicht über das Leben und über die Gefühle der Weber aus?

3. Beschreibe M 3. Versuche, die Stimmung der Menschen auszudrücken, indem du einigen Webern Sprechblasen gibst.

4. Überlege, warum die Künstlerin Käthe Kollwitz ihrem Bild M 3 den Titel „Sturm" gegeben hat.

T2 Die Vorgeschichte

Im Jahre 1844 betrug der wöchentliche Lohn eines Webers etwa 20 Silbergroschen. 10 Jahre zuvor waren es noch 80 Silbergroschen. Dieser Lohnrückgang hing mit dem technischen Fortschritt in England zusammen. Dort stellte man die Stoffe in Fabriken viel billiger her. Gegen das Tempo der Maschinen hatten die schlesischen Handarbeiter keine Chance. Um die englischen Preise dennoch zu unterbieten, zahlten die schlesischen Fabrikbesitzer den Webern für ihre Stoffe immer weniger Geld.

T3 Der Protestzug

Am 3. Juni 1844 protestierten etwa 3 000 Weber vor den Gebäuden des Fabrikbesitzers Zwanziger gegen die Hungerlöhne. Doch ihre Forderungen nach besserer Bezahlung stießen auf taube Ohren. Daraufhin kam es zu den Gewalttaten, die in dem Zeitungsartikel geschildert werden.

T4 Das blutige Ende

Das herbeigerufene preußische Militär beendete den Aufstand mit einem Blutbad. Ohne Rücksicht schossen die Soldaten in die Menge, die sich mit Knüppeln und Steinen zur Wehr setzte. 11 tote und 24 schwer verletzte Demonstranten wurden gezählt. Die Polizei verhaftete 150 Weber. Sie wurden verurteilt zu Strafen bis zu 9 Jahren Haft und zu 20 bis 30 Peitschenhieben.

M2 Auszug aus Heinrich Heines Gedicht „Die schlesischen Weber" von 1844:

„Im düsteren Auge keine Träne,
Sie sitzen am Webstuhl und fletschen die Zähne:
Deutschland, wir weben dein Leichentuch,
Wir weben hinein den dreifachen Fluch –
Wir weben, wir weben! (…)
Ein Fluch dem König, dem König der Reichen,
den unser Elend nicht konnte erweichen,
Der den letzten Groschen von uns erpresst
Und uns wie Hunde erschießen lässt –
Wir weben, wir weben (…)“

M3 Sturm (Radierung der deutschen Malerin Käthe Kollwitz, 1897)
Das Bild stammt aus der Bildfolge „Ein Weberaufstand".

M4 Der Journalist Wilhelm Wolff berichtet 1845 unter dem Titel „Das Elend und der Aufruhr in Schlesien" über die Gründe für den Weberaufstand:

„Inzwischen wurde die Not und das Drängen nach Arbeit von einzelnen Fabrikanten möglichst benutzt, um für geringen Lohn viel Ware zu erhalten. Unter diesen ragten die Gebrüder Zwanziger in Peterswaldau besonders hervor. Für ein Webe Kattun von 140 Ellen, woran ein Weber 9 Tage zu arbeiten hat und wofür andere Lohnherren 32 Silbergroschen zahlten, gaben sie nur 15 Silbergroschen. Für 160 Ellen* Barchent, welches 8 volle Tage angestrengter Arbeit erfordert, entrichteten sie 12 ½ und 12 Silbergroschen Lohn. Ja, sie erklärten sich bereit, noch 300 Weber in Arbeit zu nehmen, wofern diese ebensoviel für 10 Silbergroschen arbeiten wollten. Das bitterste Elend zwang die Armen, auch unter dieser Bedingung zu arbeiten. Von seinen 12 oder 10 Silbergroschen musste der Weber noch 2 ½ bis 3 Silbergroschen an den Spuler entrichten, alle Staats-, Gemeinde- und gutsherrlichen Lasten tragen und – leben.“

*Elle: Alte Längeneinheit für Tuche.
Eine Elle entsprach etwa der Länge des Unterarms.

5. Setzt die Szene auf dem Gemälde M1 in ein Rollenspiel um.

* **6.** Erkläre den Zusammenhang zwischen den Löhnen der schlesischen Weber und der Textilproduktion in England. (T2)

* **7.** Welche Gründe nennt der Journalist Wilhelm Wolff für den Aufstand der Weber? (M4)

Deutschland wird Industrieland

Kohle, Eisen und Stahl bringen den Aufschwung.
Das Ruhrgebiet wird zum wirtschaftlichen Motor Deutschlands.

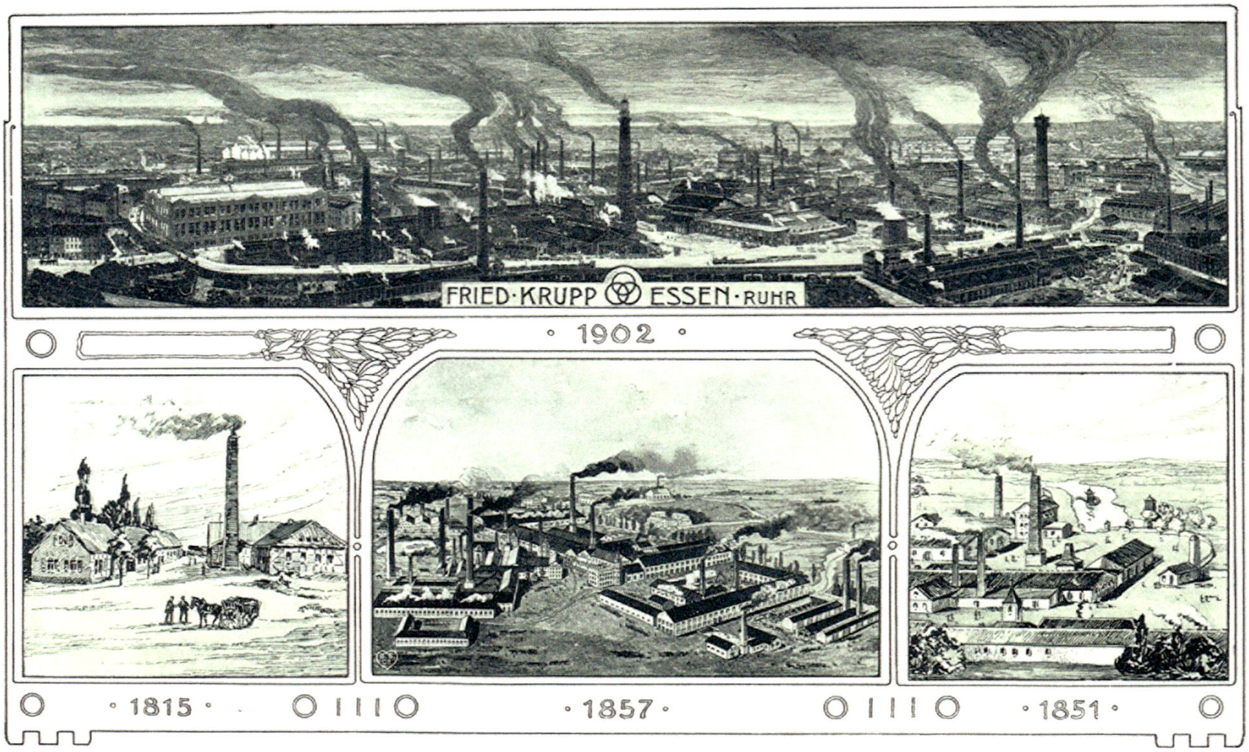

M1 Entwicklung der Gussstahlfabrik Krupp in Essen (Postkarte Anfang des 20. Jh.)
1852 meldete Alfred Krupp ein Patent an, das zum großen Aufstieg der Firma führte. Es war gelungen, Eisenbahnräder ohne Schweißnaht herzustellen. Radbrüche kamen deshalb kaum noch vor. Das Firmenzeichen mit den drei verschlungenen Ringen erinnert heute noch an die Erfindung der neuartigen Eisenbahnrädern.

»

1. Suche auf dieser Doppelseite nach den Begriffen „Kohle",„Eisen" und „Stahl".

2. Erkläre mit eigenen Worten die Redensarten „Kohle machen", „unter Dampf stehen" und „hart wie Kruppstahl sein". (T1)

3. Auch auf dieser Doppelseite spielen die Dampfmaschinen eine wichtige Rolle. Kannst du sie erklären?

4. Mit welchen Produkten begann 1852 der rasante Aufstieg von Krupp? Ein Zeichen auf dem Bild erinnert daran. (M1)

T1 Aufstieg durch Kohle

Sicherlich kennst du die Redensarten: „Kohle machen", „unter Dampf stehen" oder „hart wie Kruppstahl sein". Sie stammen alle aus dem 19. Jahrhundert, als in Deutschland die Industrialisierung einsetzte.
Kohle wurde bereits im Mittelalter in offenen Gruben abgebaut. Doch im Zuge der Industrialisierung benötigte man immer größere Mengen. Erst 1839 gelang es Bergleuten auf der Zeche „Kronprinz" in Essen, einen so tiefen Stollen zu graben, dass sie Fettkohle fördern konnten. Diese Kohle wurde zu Koks weiterverarbeitet, um damit Eisenerz zu schmelzen. Gleichzeitig setzte man Dampfmaschinen ein, mit denen das Grundwasser besser abgepumpt werden konnte.

T2 Das Ruhrgebiet – eine große Industrieregion

Die Zahl der Fabriken im Ruhrgebiet nahm ständig zu. Da diese auf Kohle und Eisen angewiesen waren, mussten ständig neue Bergwerke erschlossen werden. Immer mehr Menschen fanden deshalb Arbeit. Als Alfred Krupp im Jahre 1826 die Gussstahlfabrik in Essen von seinem Vater übernahm, hatte die Firma sieben Arbeiter. Bereits 1884 waren mehr als 10 000 Menschen in der Stahlfabrik beschäftigt.

M3 Dietrich Baedeker, der auch eine Lebensgeschichte von Krupp verfasste, schreibt über das gesamte Kruppwerk:

» 1 195 Öfen, 92 Dampfhämmer, 21 Walzstraßen, 73 km Eisenbahnschienen mit 28 Lokomotiven, 992 Waggons, 31 Telegrafenstationen und 140 km Telefonleitungen befinden sich auf dem Werksgelände der Gussstahlfabrik. In unmittelbarer Nähe zu den Industrieanlagen liegen mehrere Wohnsiedlungen, in denen rund 30 000 Menschen leben, nur Beschäftigte der Krupp'schen Fabrik mit ihren Familien (...). Den Bewohnern der Siedlung stehen werkseigene Schulen, Märkte, Gas- und Wasserversorgungseinrichtungen sowie eine Badeanstalt zur Verfügung. Die Versorgung mit Lebensmitteln geschieht über die Krupp'sche Konsumanstalt. «

Lexikon

Pütt

Der Begriff „Pütt" bedeutet Schacht bzw. Brunnen. Im Ruhrgebiet wird eine Zeche oder ein Bergwerk „Pütt" genannt. Von diesem Begriff ist auch die Bezeichnung „Ruhrpott" für das Ruhrgebiet abgeleitet worden.

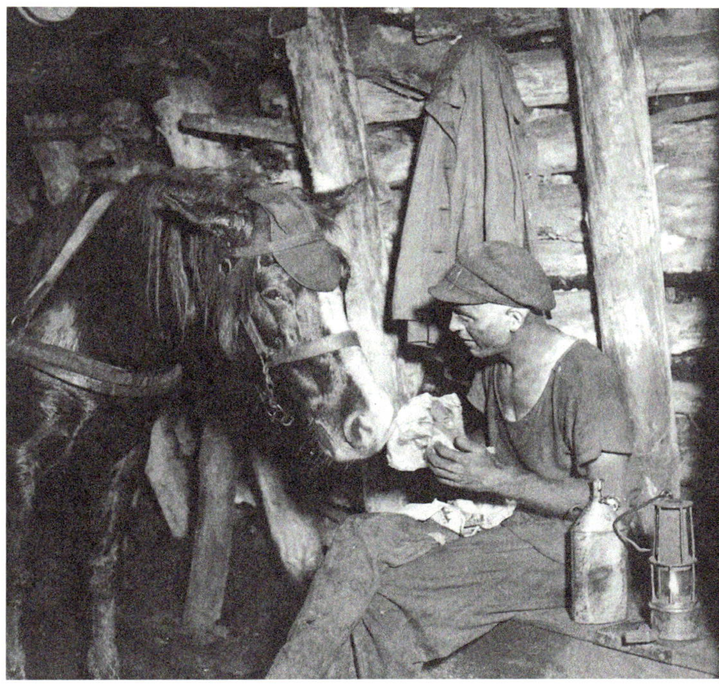

M2 Butterbrot für den vierbeinigen Kumpel
Die Pferde arbeiteten unter Tage im Pütt jahrelang, ohne das Tageslicht zu sehen. Um 1910 waren allein im Ruhrgebiet etwa 8 000 Pferde unter Tage „beschäftigt".

*
5. Beschreibe die Entwicklung der Gussstahlfabrik mithilfe der Bilder (M1: 1815, 1851, 1857, 1902).
Du kannst folgende Stichworte verwenden: Bauten, Landschaft, Flächen.

*
6. Überlege, warum wohl die Familie Krupp 1864 ihren Wohnsitz auf dem Fabrikgelände aufgab.

*
7. Plant den Besuch eines Industriemuseums in eurer Umgebung.

Leben in einer Arbeitersiedlung

Arbeiter und ihre Familien lebten in Zechenwohnungen und Mietskasernen. Wie sah es dort aus?

M1 Diese Häuser mit zahlreichen Hinterhöfen wurden um 1900 erbaut.

T1 Ordentliche Werkswohnungen

Unternehmer wie Krupp in Essen ließen Wohnungen für ihre Arbeiter bauen. Zu solchen Reihenhaussiedlungen gehörten Gemeinschaftsanlagen wie Versammlungsräume und Sportplätze. Die einzelnen Wohnungen hatten zwei bis vier Räume mit einem eigenen Wasseranschluss. Die Arbeiter sollten mit Fleiß und Ausdauer arbeiten, sowie treu und dankbar sein. Darum bezahlte Krupp sie besser und gab ihnen ordentliche Wohnungen.

»

1. Erkläre den Begriff „Kostgänger" mit eigenen Worten. Nutze ein Lexikon.

2. Erkläre deinem Mitschüler/deiner Mitschülerin den Begriff „Mietskasernen".

3. Stellt euch vor, eine Familie mit vier Kindern teilt sich ein Zimmer mit einem Kostgänger. Welche Schwierigkeiten könnten sich ergeben?

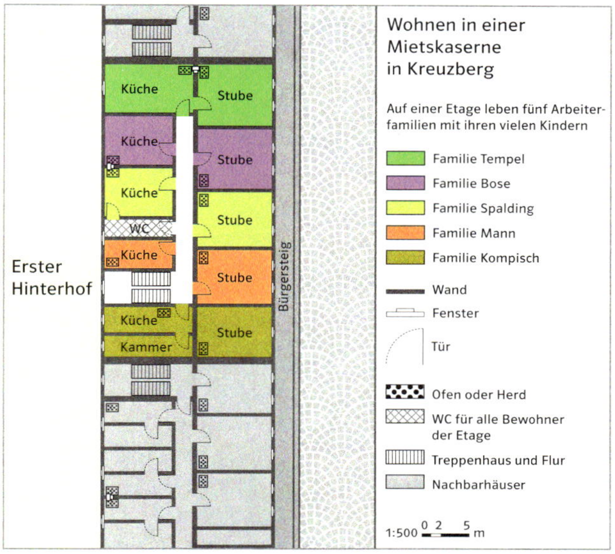

M 2 Plan einer Mietskaserne in Berlin

M 4 Auf engstem Raum lebten ganze Großfamilien, die oft ihre Schlafplätze auch noch vermieteten. Viele unverheiratete Arbeiter konnten sich keine eigene Wohnung leisten. Sie lebten oft bei Familien als Untermieter, als so genannte Kostgänger. Es kam vor, dass zwei oder drei sich ein Bett teilten.

M 3 Die Wissenschaftlerin Li Fischer-Eckert untersuchte 1911 in Duisburg Hamborn Arbeiterhaushalte. Sie schreibt:

» Es ist Mittagszeit. In der freundlichen, sauberen Küche steht ein blanker gescheuerter Küchenherd, auf dem in einer Pfanne 5 Setzeier (Spiegeleier) gebacken werden. Zwei für den Vater, eins für die Mutter und zwei für die drei Kinder von 5, 6 und 8 Jahren. Dazu gibt es Spinat, der im Garten selbst gezogen wird. (...) So traf ich bei einer anderen Familie, wo ich gerade um die Mittagszeit einkehrte, die Mutter mit ihren 4 Kindern auf der Erde sitzend, wie sie alle aus einem schwarzen Topf die soeben gekochten Kartoffeln als Mittagsmahl ohne irgendwelche Beigaben verzehrte. Die Kinder waren im Alter von 14 Monaten, 2, 4 und 6 Jahren. «

M 5 Diese Werkswohnungen der Firma Krupp wurden ab 1872 im Westen der Gusstahlfabrik errichtet.
Etwa 1500 Familien wohnten damals dort. (Stich aus der Leipziger Illustrierten vom November 1890)

T 2 Dunkle Arbeiterwohnungen

Die Städte waren auf den großen Zuzug der Arbeitsuchenden nicht eingerichtet. Die meisten Arbeiterfamilien lebten deshalb in vier- bis sechsgeschossigen Mietskasernen. Viele Familien hatten nur einen Raum, in dem sie kochten, aßen und schliefen. Die Kinder spielten auf den Straßen oder in den Hinterhöfen.

4. Eine Familie mit vier Kindern lebt in einer Mietskaserne. Wo können eigentlich die Kinder spielen?

5. Schildere mit eigenen Worten die Unterschiede, die Frau Fischer-Eckert bei den Arbeiterhaushalten erlebte. (M 3)

* **6.** Beschreibe das Bild der Krupp'schen Wohnungen. Bewerte die Motive des Fabrikherrn.

Schwere Kindheit und Jugend

Jungen und Mädchen mussten schon immer auf Bauernhöfen und in Werkstätten ihrer Eltern mitarbeiten. Aber wie war ihre Situation im Zeitalter der Industrialisierung?

M1 Kinder und Jugendliche bei der Arbeit in einer Buntpapierfabrik in Aschaffenburg (1858)
Als man feststellte, dass Jugendliche durch ihre Arbeit oft für den Militärdienst untauglich waren, erließ der Staat Gesetze. Ab 1891 wurde festgelegt, dass Kinder das 14. Lebensjahr vollendet haben mussten, um in Fabriken zu arbeiten.

T1 Kinder arbeiteten wie Erwachsene
Die Fabrikbesitzer stellten gerne Kinder ein. Sie mussten die Maschinen bedienen und arbeiteten genau so lange wie Erwachsene. Jedoch war ihr Lohn viel geringer. Tausende von Mädchen und Jungen arbeiteten zwölf Stunden am Tag und mehr. Einige der Kinder waren kaum älter als zehn Jahre. Besonders hart war die Arbeit im Bergbau. Die Kinder sahen oft wochenlang nicht die Sonne. Sie wurden krank und viele starben sehr früh.

T2 Kinderarbeit nur in der Vergangenheit?
Im Juni 2006 fand in Genf ein Aktionstag gegen Kinderarbeit statt. Die Kinderhilfswerke „terre des hommes" und „UNICEF" beklagten wieder, dass immer noch etwa 200 Millionen Kinder unter 15 Jahren arbeiteten. Einige Experten waren aber der Meinung, dass man Kinderarbeit auch heute nicht so einfach „abschaffen" kann. Die wirtschaftliche Not in manchen Ländern ist immer noch zu groß. Viele Familien sind so arm, dass sie ohne den Verdienst der Kinder nicht überleben könnten.

»

1. Erkläre, warum Kinder von Fabrikbesitzern eingestellt wurden. (T1)

2. Beschreibe M3 und erläutere, warum oft nur Kinder und nicht Erwachsene im Bergwerk arbeiteten.

3. Beschreibe M1 und erkläre, warum ein Gesetz die Kinderarbeit einschränkte.

M 2 Adelheid Popp (geb. 1869, gestorben 1939) berichtet über Erlebnisse, die sie im Alter von etwa 12 Jahren hatte:

» Wir zogen in die Stadt zu einem alten Ehepaar in eine kleine Kammer, wo in einem Bett das Ehepaar, im andern meine Mutter und ich schliefen. Ich wurde in einer Werkstätte aufgenommen, wo ich Tücher häkeln lernte; bei zwölfstündiger fleißiger Arbeit verdiente ich 20 bis 25 Kreuzer im Tage. Wenn ich noch Arbeit für die Nacht nach Hause mitnahm, so wurden es einige Kreuzer mehr. Wenn ich frühmorgens um 6 Uhr in die Arbeit laufen musste, dann schliefen andere Kinder meines Alters noch. Und wenn ich um 8 Uhr abends nach Hause eilte, dann gingen die anderen gut genährt und gepflegt zu Bette. Während ich gebückt bei meiner Arbeit saß und Masche an Masche reihte, spielten sie, gingen spazieren oder sie saßen in der Schule. «

M 3 Kinder arbeiten in einem Kohlebergwerk in England.
(Ausschnitt einer Zeichnung um 1885)

M 4 Der Bürgermeister von Ratingen erklärt 1824:

» Die Kinder arbeiten 12 Stunden. Die nicht in den Fabriken arbeiten, betteln. Die meist gehend oder stehend verrichtete Arbeit in luftigen Gebäuden erhält die Kinder gesund. Die nicht darin Arbeitenden sind krank vor Elend. «

M 5 Fotoaufnahme des Fotografen Akash aus dem Jahre 2005

M 6 Der Fotograf Akash aus Bangladesch hat schockierende Bilder zum Thema Kinderarbeit aufgenommen. In Bangladesch wollte keiner das Foto veröffentlichen. Der Fotograf erzählt:

» Ich sah jemanden mit einem Knüppel auf einen Jungen einschlagen, der an einer Nähmaschine saß. Das Gesicht des Jungen war um die Augen herum schon von vorherigen Schlägen blutunterlaufen und dick angeschwollen. Der Junge war geschlagen worden, weil er zu langsam nähte. Ich trat in den Raum und sagte dem Mann mit dem Knüppel: „Wenn du den Jungen nochmals schlägst, bringe ich dich ins Gefängnis. «

4. Was sagt der Bürgermeister von Ratingen über Kinderarbeit? Was würdest du ihm entgegnen? (M 4)

5. Die zwölfjährige Adelheid hat ein schweres Los. Sie möchte das Leben der Nachbarkinder führen. Warum? (M 2)

* **6.** Vergleiche M 5 mit dem dazugehörenden Bericht und beschreibe deine Gefühle. Erkläre außerdem, warum der Fotograf großen Mut bewiesen hat.

Das Ruhrgebiet boomt

Zahlen zeigen uns, wie sich ein ländliches Gebiet innerhalb weniger Jahrzehnte in eine große Industrielandschaft verwandelte.

T1 Kohle und Stahl von der Ruhr

Mit der Industrialisierung entstanden in Deutschland große Fabriken. Für sie waren Kohle und Stahl von der Ruhr lebensnotwendig. Deshalb wurde das Ruhrgebiet schnell zum wichtigsten Industriezentrum Deutschlands. Jahr für Jahr wurde im Ruhrgebiet mehr Kohle gefördert und mehr Stahl gekocht.

T2 Mehr Arbeit – mehr Menschen

Deshalb gab es dort auch gute Chancen, Arbeit zu finden. So zogen viele Menschen aus ganz Deutschland und sogar aus Europa ins Ruhrgebiet. Während 1818 nur 158 000 Menschen in dem Gebiet zwischen Ruhr und Lippe lebten, waren es um 1900 schon über 1,6 Millionen.

M1 Das können Tabellen und Diagramme:

Zahlentabellen
bieten die größte Genauigkeit, da sie exakte Zahlenangaben liefern.

Säulendiagramme
eignen sich besonders zum Vergleich von Mengenangaben zu einem ganz bestimmten Zeitpunkt.

Kurvendiagramme
verschaffen einen raschen Überblick; Entwicklungen lassen sich gut und schnell ablesen.

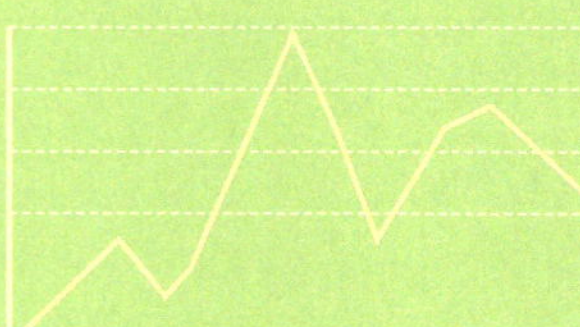

Kreisdiagramme („Tortendiagramme")
eignen sich besonders gut, um Prozentwerte darzustellen.

M2 Einwohner im Ruhrgebiet 1818–1905

	1818	1871	1885	1905
Bochum	2 107	21 192	40 767	118 467
Dortmund	4 289	44 420	78 435	175 577
Duisburg	5 364	30 533	47 517	192 346
Essen	4 496	51 513	65 064	231 360
Gelsenkirchen	505	7 625	20 289	147 005

»

1. Ordne die Begriffe den Materialien M 2 – M 4 zu:
- Kurvendiagramm
- Zahlentabelle
- Säulendiagramm

2. Betrachte die Entwicklung der Einwohnerzahl im Ruhrgebiet. Was sind die Gründe für diese Veränderung? (M 2)

3. Wähle eine Stadt aus M 2 aus. Veranschauliche die Entwicklung der Einwohnerzahl in dieser Stadt durch Säulendiagramm und Kurve. An welchem Diagramm kannst du die Entwicklung besser ablesen?

T 3 Statistiken geben Auskunft ...
Wie sich das Ruhrgebiet entwickelte, können uns auch Zahlen zeigen. In der zweiten Hälfte des 19. Jahrhunderts begann man damit, Zahlen über die verschiedensten Lebensbereiche zu sammeln: Produktionsergebnisse, Preise und Löhne, Familiengrößen und anderes mehr. Solche Zahlenreihen nennen wir Statistiken.

T 4 ... wenn man sich auskennt
Wer aus den Zahlenangaben die gewünschten Informationen erhalten will, muss die Tabellen und Schaubilder (Diagramme) allerdings richtig „lesen". Um statistische Angaben richtig auszuwerten, solltest du die methodischen Arbeitsschritte auf dieser Doppelseite beachten.

M 3 Steinkohleförderung 1840 – 1910 (in Mio. t)

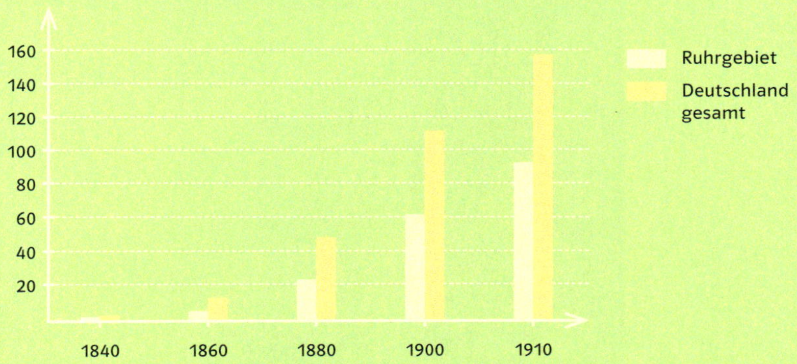

M 4 Eisenerzförderung im Ruhrgebiet 1854 – 1869 (in 1000 t)

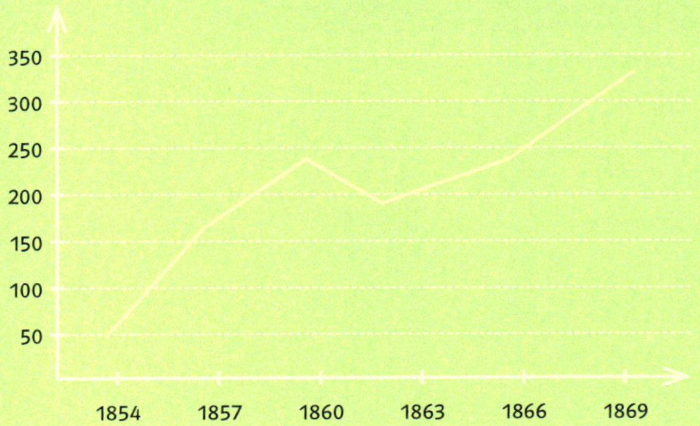

Methode: Statistiken auswerten

1. Thema erkennen:
- Worum geht es in der Statistik? (Meistens steht es in der Überschrift oder in der Legende.)
- Welchen Zeitraum umfassen die Zahlenangaben?

2. Statistik beschreiben:
- Wie wird das statistische Material dargestellt: als Tabelle oder als Diagramm?
- Enthält die Statistik absolute Zahlen oder Prozentangaben?

3. Statistik auswerten:
- Was sagen die angegebenen Daten genau aus?
- Lassen sich Entwicklungen ablesen?

4. Werte die Statistiken M 2 – M 4 mithilfe der methodischen Arbeitsschritte aus.

*
5. Welchen Eindruck vermittelt die Statistik zur Eisenerzförderung im Ruhrgebiet?
Inwiefern verändert sich der gewonnene Eindruck, wenn man die Abstände zwischen den Jahreszahlen verdoppelt bzw. halbiert? (M 4)

Der Traum von Gerechtigkeit

Die Ideen von Karl Marx und Friedrich Engels gaben vielen Menschen Hoffnung auf eine bessere Zukunft ...

T1 Die soziale Frage lösen
Es war nicht nur unmenschlich, sondern für den Staat auch gefährlich, die Millionen Arbeiter ihrem Elend zu überlassen. Immer mehr Menschen suchten Ende des 19. Jahrhunderts eine Antwort auf die „soziale Frage": Was muss getan werden, um die katastrophalen Arbeits- und Lebensbedingungen der Fabrikarbeiter zu verbessern?

T2 Für eine bessere Zukunft
Zwei von ihnen waren die deutschen Gelehrten Karl Marx und Friedrich Engels. Beide beschrieben nicht nur das Elend der Arbeiter. Sie untersuchten auch die Ursachen hierfür. Aus diesen Erkenntnissen entwickelten sie ihre Theorie, den Marxismus. Sie sollte den Menschen den Weg weisen, wie man eine gerechtere Gesellschaft schaffen kann.

T3 Für eine gerechtere Gesellschaft
Marx und Engels sahen die Ursachen allen Übels darin, dass die Produktionsmittel – die Fabriken, Maschinen und Werkzeuge, der Boden und die Rohstoffe – einigen wenigen gehören. Sie meinten, wer die Produktionsmittel besitzt, der kann diejenigen, die für ihn arbeiten, auch von sich abhängig machen. Deshalb sei es notwendig, die Produktionsmittel in Gemeinschaftseigentum zu überführen. Dann könnten die Unternehmer die Arbeiter nicht mehr zwingen, für niedrige Löhne zu schuften. Die Arbeiter müssten auch den Staat selbst regieren. Sie sollten deshalb in einer Revolution diejenigen stürzen, die die politische und wirtschaftliche Macht besitzen. Ziel sei die Schaffung einer „klassenlosen Gesellschaft", die Marx und Engels als Kommunismus bezeichneten.

M1 „Hört die Signale" (Plakat der Maizeitung zum 1. Mai 1898)

1. Welche Folgen hatte die Industrialisierung für die Arbeiter und ihre Familien? (T1, M2, M3, Lexikon)

2. Beschreibe M1. Wie sieht der Maler die Lage des Arbeiters im Kapitalismus und welchen Weg weist er zur Befreiung des Proletariats?

3. Wie beschreibt der Journalist Wilhelm Wolff das Leben der Kinder im Armenviertel von Breslau? Wie sieht er ihre Zukunft? (M2)

T4 Ein unerfüllter Traum

Die Ideen von Karl Marx und Friedrich Engels gaben vielen Arbeitern im 19. Jahrhundert Hoffnung auf eine bessere Zukunft. Im 20. Jahrhundert entstanden in Europa und in anderen Gebieten der Erde kommunistische Staaten. Doch eine für alle Menschen gerechtere Gesellschaft blieb ein unerfüllbarer Traum. Zur erhofften Befreiung der Menschheit kam es auch in den kommunistischen Staaten nicht. Im Jahr 1989 wurden viele kommunistische Regierungen gestürzt.

M2 Der Journalist Wilhelm Wolff schreibt über die Zukunft der Kinder in den Armenvierteln der Stadt Breslau:

„In jener Ecke sitzen ein Knabe und ein Mädchen; sie haben ihre Mutter verloren; der Vater, ein Tagearbeiter, dem Trunke ergeben, kümmert sich nicht um sie. Beide Geschwister sind von Ungeziefer überschüttet; der eine ist barfuß, die andere ohne Hemd; das wenige, was sie um sich haben, sind Fetzen. Sie sind 8 und 10 Jahre alt; da für sie (...) niemand sorgt, so gehen sie betteln; sie werden auch stehlen! (...) Das winkende Ziel ist das Zuchthaus; für das Mädchen noch vorher die Prostitution. (...) Die Behausungen des Elends muss man aufsuchen, um (...) zu entdecken, (wo) das junge Leben für die Strafanstalten heranreift. Es ist hier bloß auf einen Haufen zusammengedrängt, was sonst vereinzelt in tausend und abertausend Wohnungen des Mangels überall in unserer Stadt zu schauen ist.“

M3 Elendsquartiere in Berlin (Foto)

Lexikon

Soziale Frage
Die soziale Frage bezeichnet die schlimmen Folgen für die Arbeiter, die mit der Industrialisierung entstanden: Kinderarbeit, lange Arbeitszeiten, unmenschliche Wohnverhältnisse, Elend der Arbeiterfamilien.

4. Karl Marx und Friedrich Engels gaben sich nicht damit zufrieden, das Elend der Arbeiter zu beschreiben. Was taten sie noch? (T2)

*
5. Lies dir T3 genau durch. Danach beantworte folgende Fragen:
a) Wo sehen Marx und Engels die Ursachen für das Elend der Arbeiter?
b) Wie wollen sie eine gerechtere Gesellschaft für die Arbeiter schaffen?
c) Wozu fordern sie die Arbeiter auf?

Sachtexte analysieren

Arbeiter kämpfen für ihre Rechte

Wer alleine ist, findet oft kein Gehör für seine Probleme. Wer sich mit anderen zusammentut, wird viel mehr beachtet. Das erkannten auch die Arbeiter in den Fabriken.

M 1 Proletarier (Arbeiter) aller Länder vereinigt euch! Dieses Flugblatt zum 1. Mai 1896 hat Otto Marcus gestaltet. Der 1. Mai wurde 1889 zum „Kampftag der Arbeit" erklärt. 1890 wurde er erstmals mit Massendemonstrationen auf den Straßen gefeiert.

T 1 Angst vor der Entlassung

Die meisten Fabrikbesitzer kümmerten sich wenig um ihre Arbeiter. Schließlich warteten genügend Menschen vor den Fabriktoren, die Arbeit suchten. So konnten die Unternehmer die Löhne, die ohnehin kaum zum Leben reichten, noch weiter senken. Wer krank wurde, wer zu alt war, wer die langen Arbeitszeiten nicht durchhielt, musste gehen. Wer sich den Anordnungen der Vorarbeiter widersetzte oder aufgrund neuer Maschinen überflüssig war, wurde einfach entlassen.

T 2 Aufstände und Streiks

Das Elend und die Not der Arbeiterfamilien führte an manchen Orten zu gewalttätigen Aktionen. Viele Arbeiter und Handwerker machten die Maschinen für ihre Lage verantwortlich. In England stürmten sie deshalb häufig Fabriken und zerstörten die Einrichtungen. Solche Aufstände blieben in Deutschland aber die Ausnahme. Vielmehr setzten die Arbeiter gewaltlose Streiks ein, um höhere Löhne und bessere Arbeitsbedingungen zu erkämpfen.

T 3 Arbeiter organisieren sich ...

Allmählich erkannten die Arbeiter, dass sie die gleichen Probleme und Interessen hatten: Tagsüber schufteten sie unter ähnlichen Bedingungen in den Fabriken und Bergwerken. Nachts hausten sie in den gleichen elenden Wohnungen. Immer mehr Arbeiter schlossen sich in Vereinen zusammen. Sie tauschten Erfahrungen aus, bereiteten Aktionen vor und richteten Notkassen ein. Auf Druck der Arbeitervereine mussten die Behörden 1869 sogar das Streikverbot aufheben und Gewerkschaften zulassen.

T 4 ... und gründen Parteien

In Leipzig gründeten Arbeitervertreter aus ganz Deutschland 1863 den „Allgemeinen Deutschen Arbeiterverein" (ADAV). Zum Präsidenten wählten sie den Politiker und Journalisten Ferdinand Lassalle. Er kämpfte unter anderem für das allgemeine Wahlrecht – allerdings nur für Männer. Sechs Jahre später riefen August Bebel und Wilhelm Liebknecht in Eisenach die „Sozialdemokratische Arbeiterpartei" ins

»

1. Beschreibe, wie sich die Arbeiter nach und nach immer besser organisierten. (T 3, T 4)

2. Wie reagierten die Unternehmer auf die politischen Aktivitäten ihrer Arbeiter? (M 4)

3. Mit welchen Mitteln sollen sich die Arbeiter laut Flugblatt und Lied gegen die Unterdrückung durch die Unternehmer wehren? (M 1, M 2)

Leben. Sie vereinigte sich 1875 mit dem ADAV. Seit 1890 heißt diese Partei „Sozialdemokratische Partei Deutschlands" oder kurz: SPD.

T5 Verdächtige Sozialdemokratie
Viele Politiker und Unternehmer misstrauten den Sozialdemokraten zutiefst. 1878 setzte Reichskanzler Bismarck das „Gesetz gegen die gemeingefährlichen Bestrebungen der Sozialdemokratie" durch. Den Sozialdemokraten war nun jede öffentliche Arbeit verwehrt, Versammlungen und Zeitungen wurden verboten, ihre Anhänger überwacht. Diese Maßnahmen sollten die SPD schwächen, doch das Gegenteil war der Fall: Viele Arbeiter hielten nun noch stärker zur Sozialdemokratie. 1890 musste das „Sozialistengesetz" wieder aufgehoben werden.

Extra

M3 „Der Streik" (Gemälde von Robert Koehler, 1886)
Arbeiter und ihre Familien strömen zur Villa des Fabrikanten. Vielleicht hat dieser den Lohn gekürzt oder die Arbeitszeiten verlängert. Ein Streik bahnt sich an, aber nicht alle Versammelten sind damit einverstanden.

M2 Zur Gründung des „Allgemeinen Deutschen Arbeitervereins" 1863 schrieb der Dichter Georg Herwegh:

„Mann der Arbeit, aufgewacht!
Und erkenne deine Macht!
Alle Räder stehen still,
wenn dein starker Arm es will."

M4 Aus einer Bekanntmachung der Direktion des Märkisch-Westfälischen Bergwerk-Vereins (1878):

„An unsere Arbeiter.
Wir erklären hiermit, dass wir fortan jedem sofort kündigen werden, der sich an sozial-demokratischen (...) Bestrebungen beteiligt, sei es durch Besuch ihrer Versammlungen, oder von Lokalen, wo solche Blätter ausliegen, oder durch Halten und Verbreiten solcher Blätter, Geldunterstützung oder andere Handlungen ähnlicher Art. Fleiß, Ordnung, Nüchternheit und Sparsamkeit sind die einzigen Mittel, um zu einer gesicherten Existenz zu gelangen und seine Lage zu verbessern."

4. Beschreibe das Verhalten der einzelnen Figuren auf dem Bild M3. Wer ist wohl für den Streik, wer dagegen?

Bildquellen betrachten

* **5.** Lies dir die Legende zu M3 nochmals durch. Worauf hoffen die Befürworter des Streiks wohl? Wovor könnten die Streikgegner Angst haben?

* **6.** Steht der Maler des Bildes M3 auf der Seite des Fabrikanten oder auf der Seite der Arbeiter? Begründe deine Meinung.

G wie Gewerkschaften

Kennst du diese Situation? Man hat ein Wort zwar schon mal gehört, weiß aber trotzdem nicht so genau, was es bedeutet. In so einem Fall hilft dir ein Lexikon.

T1 Lexikon = Nachschlagewerk

In Lexika (so heißt die Mehrzahl) findest du zu jedem Stichwort, nach dem du suchst, einen kurzen Text (Artikel). Darin wird die Bedeutung des Wortes erklärt. Darüber hinaus beantwortet der Lexikonartikel weitere Fragen rund um das Stichwort, wie du in dem Beispiel auf dieser Seite erkennen kannst.

M1 Auszug aus einem Lexikonartikel zum Stichwort

„**Gewerkschaften**, Organisationen, in denen sich Arbeitnehmer (Arbeiter, Angestellte, Beamte) zur Durchsetzung v. a. wirtschaftlicher und sozialer Interessen zusammenschließen. Ihre Ziele sind u. a. gerechte Entlohnung, Verminderung der Arbeitszeit, ausreichender Schutz am Arbeitsplatz gegen Unfälle und Krankheit, Sicherung gegen Arbeitslosigkeit, Mitbestimmung im Betrieb, Humanisierung der Arbeitswelt. (...)
Die meisten Ziele (wie z. B. Lohn- und Gehaltsforderungen) versuchen die G. heute beim Abschluss eines neuen Tarifvertrages durchzusetzen. Gelingt dies nicht, so ist der ↑ Streik ein gesetzlich erlaubtes Druckmittel. Eine wesentliche Rolle spielen die G. bei der Bildung von Betriebsräten und bei der innerbetrieblichen ↑ Mitbestimmung. (...)
Geschichte: Im Zuge der Industrialisierung des 19. Jh. entstanden G. im Protest gegen die unzumutbaren Arbeitsbedingungen (z. B. 12- bis 17-Stunden-Tag) und die schlechten sozialen Verhältnisse zuerst in Großbritannien (Trade Unions). (...)
Die größte gewerkschaftliche Organisation ist heute der Deutsche Gewerkschaftsbund (DGB), der acht Einzelgewerkschaften mit insgesamt rund 8 Mio. Mitgliedern umfasst."

Was sind Gewerkschaften?

Welche Ziele haben Gewerkschaften?

Mit welchen Mitteln versuchen Gewerkschaften, ihre Ziele durchzusetzen?

Wie können Gewerkschaften auf die Arbeitsverhältnisse in einem Betrieb Einfluss nehmen?

Wann und warum entstanden die ersten Gewerkschaften?

Was ist der DGB?

»

1. Was unterscheidet ein Jugendlexikon von einem Lexikon für Erwachsene? (Tipp)

2. Suche zu den fünf Punkten in der Methodenbox jeweils ein Beispiel in den Lexikonartikeln M1 und M2.

3. Auf den Seiten 86/87 findest du in diesem Buch wichtige Begriffe zum Thema „Fortschritt im 19. Jahrhundert". Schlage ihre Bedeutung nach und erstelle dann auf Karteikärtchen ein kleines Fachlexikon zu diesem Thema.

4. Schlage die Begriffe „Lexikon" und „Wörterbuch" nach. Erkläre anschließend, was ein Lexikon von einem Wörterbuch unterscheidet.

Tipp

Jugendlexikon
Es gibt Lexika, die extra für Jugendliche geschrieben wurden. In ihnen sind die Artikel meist nicht so umfangreich und einfacher zu verstehen.

M 2 Auszug aus einem Lexikonartikel zum Stichwort

„**Streik** (engl.) der, die gemeinsame, planmäßige Einstellung der Arbeit durch eine Gruppe von Arbeitnehmern, um den Arbeitgeber zu veranlassen, bestimmten Forderungen (z. B. nach mehr Lohn oder kürzerer Arbeitszeit) nachzugeben. Die Arbeitgeber können ihrerseits als äußerstes Mittel die Aussperrung einsetzen, indem sie den Zugang zum Betrieb vorübergehend schließen.
Die Gewerkschaften organisieren einen S., wenn vorangegangene Verhandlungen ergebnislos geblieben sind und sich in einer Abstimmung der Gewerkschaftsmitglieder (↑ Urabstimmung) ein bestimmter Teil für den S. ausgesprochen hat.
Die Arbeitsniederlegung ohne gewerkschaftliche Leitung wird als wilder Streik bezeichnet. Ohne Urabstimmung kann nur ein Warnstreik (in der Regel) erfolgen. Der Schwerpunktstreik beschränkt sich nur auf ausgesuchte Betriebe. Beim Bummelstreik werden die Dienstvorschriften so genau befolgt, dass die Arbeit nur schleppend vorangeht. (...)“

- Aus welcher Sprache stammt ... ?
- Heißt es der, die oder das ... ?
- Wer beteiligt sich ... ?
- Wofür streiken ... ?
- Mit welchen Mitteln ... ?
- Unter welchen Voraussetzungen ... ?
- Wie nennt man ... ?
- Was für unterschiedliche Arten ... ?

Methode: Ein Lexikon benutzen

1. Die Stichwörter sind fett gedruckt und nach dem Alphabet geordnet.
2. Bei Fremdwörtern wird nach dem Stichwort der Artikel angegeben: der (männlich), die (weiblich), das (sächlich).
3. Bei Fremdwörtern wird angegeben, aus welcher Sprache das Wort stammt (z. B. engl. = englisch, frz. = französisch, lat. = lateinisch).
4. Der Pfeil ↑ steht vor Begriffen, zu denen es im Lexikon einen eigenen Artikel gibt.
5. Häufig werden Zeichen und Abkürzungen verwendet. In der Anleitung zur Benutzung des Lexikons steht, was sie bedeuten.

*
5. Partnerarbeit: Lest den Lexikonartikel M 1 zwei- bis dreimal durch. Stellt euch danach abwechselnd die sechs Fragen, die ihr am Rande des Artikels findet.

*
6. Vervollständige in deinem Heft die Fragen am Rande des Lexikonartikels M 2.
Notiere auch die richtigen Antworten.

Kirchen und Staat

In wirtschaftlich schweren Zeiten kümmerten sich einzelne Männer und Frauen, aber auch Institutionen, um die Arbeiter und deren Familien.

T1 Christliche Nächstenliebe
Den Arbeitern und ihren Familien ging es sehr schlecht. Die beiden christlichen Kirchen sahen dies Elend und forderten Verbesserungen: die Verkürzung der täglichen Arbeitszeit, einen gerechten Arbeitslohn, das Verbot der Kinderarbeit.
Um in den Arbeiterfamilien unmittelbar helfen zu können, gründeten die Kirchen eigene Organisationen: 1848 die evangelische „Innere Mission" und 1897 die katholische „Caritas".

T2 Auch Unternehmer wurden aktiv
Manche Unternehmer sahen ein, dass die Vergrößerung des Gewinns nicht das einzige Ziel ihrer Tätigkeit sein konnte. Sie hatten erkannt, dass ein Betrieb ein besseres Ergebnis erwirtschaftet, wenn die Menschen, die darin arbeiten, zufrieden sind.
So gründete beispielsweise der Essener Fabrikant Alfred Krupp eine Betriebskrankenkasse und ließ Werkswohnungen für Arbeiterfamilien bauen. Er erwartete dafür Betriebstreue und politisches Wohlverhalten.

M1 Der Pfarrer Johann Hinrich Wichern richtete für verwahrloste und verwaiste Kinder das „Raue Haus" ein. Hier wohnten die Kinder in Gruppen zusammen. Sie lernten lesen und schreiben und konnten in Lehrbetrieben eine Ausbildung erlernen. (zeitgenössischer Stich)

1. Welche Organisationen gründeten die christlichen Kirchen, um den Arbeitern und ihren Familien zu helfen? (T1)

2. Unternehmer wurden aktiv. Beschreibe deren Maßnahmen. Versuche anschließend mithilfe von T2 und M4 ihre Motive herauszufinden.

3. Auch der Staat reagierte. Wie sahen seine Maßnahmen aus? (T3, M3)
Hatte der Staat einen besonderen Grund für sein Handeln?

T3 Staatliche Sozialpolitik

Die Regierung fürchtete, dass sich die Arbeiter noch stärker den Sozialdemokraten zuwenden würden. Deshalb erließ Reichskanzler Otto von Bismarck Sozialgesetze. 1883 trat die Krankenversicherung, 1884 die Unfallversicherung und 1889 die Invaliditäts- und Altersversicherung in Kraft.

M4 Karikatur aus dem Jahre 1905
Die Unterschrift lautete: „Der Kapitalist: So! Der läuft mir nicht mehr davon !"

M2 Auszug aus einem Zeitungsartikel vom 12.1.1866:

„Gestern wurde uns ein Schreiben eines Arbeiters überbracht, in welchem mehrere Fälle zusammengestellt sind, die beweisen, wie schlecht bis jetzt für die Invaliden der Arbeit gesorgt wird.
1. Ein Arbeiter, welcher in einer Fabrik eine Reihe von Jahren gearbeitet hat, ist jetzt über ein halbes Jahr krank. Dieser erhält aus der städtischen Unterstützungskasse kein Geld mehr, seine Kameraden legen wöchentlich einen Betrag zusammen, damit er nicht vor Hunger und Elend umkommt.
2. Ein Arbeiter, der über ein Brett muss, gleitet aus und fällt mit einem Bein in heiße Lauge. Er kommt ins Krankenhaus und die Kosten, welche dadurch erwachsen, werden ihm später monatlich von seinem verdienten Lohne abgehalten.
Es ist in neuerer Zeit mehrfach ausgesprochen worden, dass die Fabrikanten durch ein Gesetz gezwungen werden müssten, für ihre Invaliden ausreichend zu sorgen. Andere haben gemeint, der Staat müsste dies tun."

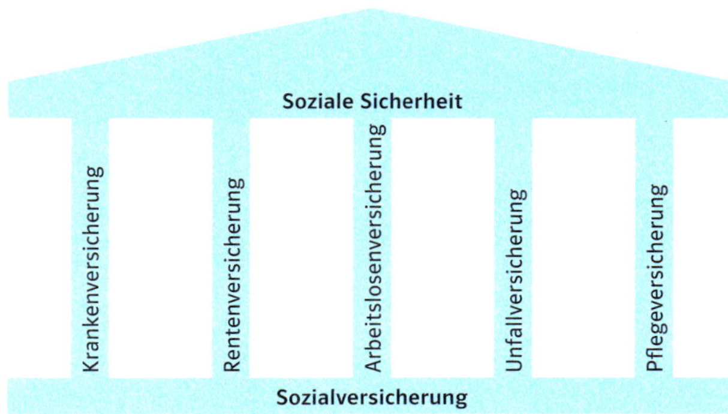

M5 Soziale Sicherheit heute. Nach dem Grundgesetz ist die Bundesrepublik Deutschland ein „demokratischer und sozialer Bundesstaat". Ein wichtiger Eckfeiler des Sozialstaates ist die gesetzliche Sozialversicherung.

M3 Sozialversicherung im deutschen Kaiserreich

Versicherungsart	Leistungen
Krankenversicherung 1883 für gewerbliche Arbeiter und (freiwillig ab 1882) Angehörige	ärztliche Behandlung und Medizin, Krankenhauskosten; nach zweitägiger Wartezeit Krankengeld (50 % des Durchschnittslohns, max. 2 Mark/Tag)
Unfallversicherung 1884 für gewerbliche Arbeiter	Heilungskosten; bei Erwerbsunfähigkeit 2/3 des Einkommens, 1/3 für Witwen
Invaliden- und Altersversicherung 1889 für Gewerbe- und Landarbeiter (ab 1911 auch für Familienangehörige)	Invalidenrente bei Erwerbsunfähigkeit (1911): 1,1 Mio. Rentenbezieher von durchschnittlich 187 Mark/Jahr; Altersrente ab 70. Lebensjahr und nach 30 Beitragsjahren (ab 1900: 24 Beitragsjahre)

4. Erkläre mit eigenen Worten, warum eine Invalidenversicherung im Industriezeitalter dringend nötig war. (M3)

5. Die christlichen Kirchen kümmerten sich auch um Kinder und Jugendliche. Beschreibe mithilfe von M1 ihre Maßnahmen und bewerte sie. Frage deinen Religionslehrer nach weiteren Frauen und Männern, die sich für die Arbeiter und deren Familien einsetzten.

*
6. „Die deutsche Sozialversicherung steht in der ganzen Welt vorbildlich und unerreicht da", so heißt es in einer Schrift von 1913.
Finde Argumente für diese Behauptung. Vergleiche anschließend M3 mit M5. Was stellst du fest?

Umwelt im Industriezeitalter

Die Industrie boomte. Es änderte sich viel. Aber wie ging es den Menschen? Und wie sah ihre Umwelt aus?

M 1 Essen 1829 (zeitgenössisches Gemälde)

M 2 Essen um 1900 (Foto)

T 1 Rauchende Fabrikschlote – Zeichen für Arbeit und Wohlstand?
Fabriken, Stahlwerke und Bergbauzechen brachten Fortschritt und Wohlstand. Aber was brachten sie den Menschen und der Umwelt noch? Die Industrialisierung bereitete den Menschen auch Probleme. Es gab Unfälle in den Fabriken, Explosionen in den Bergwerken. Kohle und Koks setzten Ruß, Rauch und giftige Abgase frei. Darunter litten nicht nur die Arbeiter und deren Familien, sondern vor allem die Armen. Ihre Wohnungen lagen meist in unmittelbarer Nähe der Fabriken und Zechen. Die Abwässer aus den Fabriken, sogar aus den Chemiebetrieben, wurden direkt in die Flüsse geleitet. Die Gewässer waren noch lange Zeit „natürliche" Entsorgungswege.

»

1. Erkläre mit eigenen Worten, warum rauchende Fabrikschlote nicht nur Zeichen für Arbeit und Wohlstand waren. (T 1)

2. Beschreibe mithilfe von M 3 und M 6, welchen Gefahren die Menschen während ihrer täglichen Arbeit ausgesetzt waren.

3. Vergleiche die Bilder M 1 und M 2 miteinander.

Bilder verstehen

M 3 Helga Jungblut aus Oberhausen lebte von 1924 bis 1999. Sie erinnert sich an die Schilderungen ihrer Großmutter. Diese erzählte:

❞ Ich hatte immer Angst, die Angst wird man nicht los. Meine Brüder und ich waren Bergmannskinder. Mein Vater und auch dessen Brüder arbeiteten auf der Zeche Radbod in Hamm. Wenn sie zur Schicht gingen, wünschten wir ihnen immer „Glück auf" und hofften, dass sie gesund wiederkommen. Ich weiß noch ganz genau, dass ich oft aus dem Fenster schaute, wenn ihre Schicht beendet war und sie nach Hause kommen mussten. Aber im November 1908 passierte ein Unglück. Es gab eine Explosion und Feuer breitete sich in den Untertageanlagen der Zeche aus. Über 340 Bergleute starben, darunter auch mein Onkel. Als Brandursache vermutete man eine defekte Benzinsicherheitslampe. Als eine Folge dieser Katastrophe wurden elektrische Sicherheitslampen vorgeschrieben. Jedoch die Angst blieb. ❝

M 4 Unfall in einer Maschinenfabrik (Gemälde von J. Bahr, 1889)

M 5 In einem Zeitungsbericht von 1905 heißt es:

❞ Ein widerlicher Anblick bot sich am Himmelfahrtstage den zahlreichen Spaziergängern dar, die ihre Schritte nach den jenseits der Nahe gelegenen Waldanlagen gelenkt hatten, um dort Ruhe und Erholung zu suchen. In kalkmilchartiger Färbung floss das Wasser der Nahe langsam dahin – die lange Dürre hat das Nahebett an manchen Stellen trockengelegt – Tausende und Abertausende toter und sterbender Fische, darunter Hechte und Forellen trieben in der Flut. (...) Die Angelegenheit ist der Staatsanwaltschaft zur näheren Untersuchung übergeben worden. Hoffentlich gelingt es dieser, hier endlich einmal einen Wandel zu schaffen. ❝

M 6 Stark demolierte Benzin-Grubenlampe, die nach dem Unglück auf der Zeche Radbod gefunden wurde. (Foto von 1908)

4. Es war schon damals schwer, die Verursacher für Umweltzerstörungen herauszufinden. Gib den Bericht M 5 mit eigenen Worten wieder. Sind dir ähnliche Berichte von heute bekannt?

*
5. Betrachte M 4 genau. Was ist passiert? Wie verhalten sich die verschiedenen Personen? Welche Gedanken könnten ihnen durch den Kopf gehen?

Ein Rückblick auf den Fortschritt

1. Eine Antwort auswählen

Entscheide, welche der drei Antwortmöglichkeiten stimmt.

1. Die erste deutsche Eisenbahn fuhr von …
a) … Dortmund nach Köln.
b) … Nürnberg nach Fürth.
c) … Rostock nach Rügen.

2. „Adler" hieß …
a) … die erste deutsche Lokomotive.
b) … das erste deutsche Segelflugzeug.
c) … das erste deutsche Dampfschiff.

3. „Caritas" und „Innere Mission" sind …
a) … staatliche Hilfsorganisationen.
b) … gewerkschaftliche Hilfsorganisationen.
c) … kirchliche Hilfsorganisationen.

4. Die „Spinning Jenny" war …
a) … eine berühmte Erfinderin.
b) … eine handbetriebene Spinnmaschine.
c) … ein mechanischer Webstuhl.

5. James Watt erfand 1769 …
a) … die Glühlampe.
b) … die Dampfmaschine.
c) … das Bügeleisen.

2. Wörter finden

a) Hier lebten viele Arbeiterfamilien.
b) Untermieter in der Wohnung einer Arbeiterfamilie.
c) Industriegebiet, das in der Zeit der Industrialisierung entstand.
d) Benötigt man zur Herstellung von Stahl.
e) Bergleute nennen sie auch „Grubengold" oder „Schwarzes Gold".
f) Ein anderes Wort für ein Bergwerk/eine Zeche.
g) Name einer Stadt im Ruhrgebiet.
h) Weiterverarbeitete Kohle, um Eisenerz zu schmelzen.

K	O	S	T	G	Ä	N	G	E	R	H	A
A	J	P	B	Q	G	M	F	K	P	C	H
Y	D	K	O	H	L	E	L	O	B	N	D
J	Z	B	J	E	S	J	C	A	G	E	K
P	G	O	D	B	O	C	H	U	M	R	A
M	I	E	T	S	K	A	S	E	R	N	E
V	Y	I	U	F	O	Q	E	T	I	K	J
L	I	S	D	K	K	R	A	P	E	X	D
I	P	E	W	H	S	M	G	P	Ü	T	T
R	M	N	O	L	N	D	K	B	L	C	O
B	E	H	A	F	S	E	Q	P	G	I	B
N	X	R	U	H	R	G	E	B	I	E	T

Wichtige Begriffe:

Erfindungen

Kinderarbeit

Industrielle Revolution

Weberaufstand

Dampfmaschine

Gewerkschaften

3. Begriffe einsetzen

Setze die Begriffe an der richtigen Stelle ein.

a) … bieten die größte Genauigkeit, da sie genaue Zahlenangaben liefern.
b) … eignen sich besonders dazu, Mengenangaben zu einem ganz bestimmten Zeitpunkt miteinander zu vergleichen.
c) … verschaffen einen schnellen Überblick. Entwicklungen lassen sich besonders gut ablesen.
d) … eignen sich besonders dazu, Prozentwerte darzustellen.

KURVENDIAGRAMME

SÄULENDIAGRAMME

KREISDIAGRAMME

ZAHLENTABELLEN

4. Sätze vervollständigen

Schreibe die Satzanfänge ab und vervollständige sie.

a) Viele unverheiratete Arbeiter konnten sich keine eigene Wohnung leisten und lebten bei Familien als …
b) Die Gründer der „Sozialdemokratischen Arbeiterpartei" hießen …
c) Gewerkschaften haben die Aufgabe, …
d) Bismarcks Sozialgesetze umfassten folgende drei Versicherungsarten: …
e) Ein Lexikon kann hilfreich sein, wenn …

5. Begriffe zuordnen

Ordne den drei Versicherungsarten aus dem deutschen Kaiserreich die richtigen Leistungen zu.

1. Krankenversicherung (1883)
2. Unfallversicherung (1884)
3. Invaliden- und Altersversicherung (1889)

a) Diese Versicherung übernahm die Heilungskosten nach einem Unfall. Wenn der Arbeitnehmer nach einem Unfall erwerbsunfähig wurde, zahlte sie $^2/_3$ des vorherigen Einkommens.
b) Diese Versicherung zahlte die ärztliche Behandlung sowie die Medizin und übernahm die Kosten für einen Krankenhausaufenthalt. Sie zahlte auch nach zweitägiger Wartezeit Krankengeld.
c) Diese Versicherung zahlte eine Invalidenrente bei Erwerbsunfähigkeit und eine Altersrente ab dem 70. Lebensjahr. Voraussetzung für die Altersrente war aber, dass der Arbeitnehmer 30 Jahre (ab 1900: 24 Jahre) Beiträge in die Versicherung eingezahlt hatte.

Streik

Lexikon

Sozialversicherung

Statistik

Mietskaserne

Sozialgesetze

Sozialdemokratie

4 Das deutsche Kaiserreich

Im Januar 1871 wurde im Schloss Versailles bei Paris der preußische König Wilhelm I. zum deutschen Kaiser ausgerufen. Deutschland war wieder ein Nationalstaat. Die meisten Deutschen jubelten. Was war das für ein Staat? Wer regierte und wie lebten die Deutschen?

Bezug zu heute

Reichsadler, Wappen des deutschen Kaiserreiches, seit 1949 in veränderter Form auch Wappen der Bundesrepublik

Geschichte erleben

Chronologie

1871

Deutschland wird unter Preußens Führung als Kaiserreich geeint.

1888

Der Motorwagen von Carl Benz wird von einem Benzinmotor angetrieben.

Der Internationale Frauentag findet zum ersten Mal am 19. März 1911 statt.

1908

In Berlin gibt es bereits Straßenbahnen, Telefonleitungen und elektrische Straßenlaternen.

Die Deutschen finden zur Einheit

Im Schloss von Versailles wurde der preußische König zum deutschen Kaiser ausgerufen. Warum dort?

»

1. Ergänze den Text mithilfe von T1 und schreibe ihn in dein Heft.
Otto von … leitete ab … als … die Politik des Staates … . Sein wichtigstes Ziel war es, Preußen zur führenden Macht in … zu machen. Deshalb war es für ihn wichtig, … zu schwächen.

2. Beantworte die Fragen:
a) Gegen wen führte Preußen 1866 Krieg, gegen wen 1870/71?
b) Wer wurde 1871 zum deutschen Kaiser ausgerufen?
(T1, T2, M1)

3. Arbeite mit der Karte M2.
a) Wie groß ist Preußen im Vergleich zu den übrigen deutschen Staaten?
b) Welcher Staat, der bis 1866 Mitglied des Deutschen Bundes war, gehört nicht zum Deutschen Reich?

T1 Unter Preußens Führung

Seit 1862 war Otto von Bismarck Ministerpräsident von Preußen. Sein Ziel war es, Preußen zum stärksten deutschen Staat zu machen. Vor allem wollte er den Rivalen Österreich aus Deutschland herausdrängen. 1866 führten die beiden Staaten Krieg gegeneinander. Die preußische Armee siegte. Nun war klar: Wenn Deutschland geeint werden sollte, konnte das nur unter preußischer Führung geschehen.

T2 Krieg gegen Frankreich

1870 kam es erneut zu einem Krieg, diesmal gegen Frankreich. Bismarck konnte die süddeutschen Staaten, die noch 1866 mit Österreich gegen Preußen gekämpft hatten, als Verbündete gewinnen. Ihre Armeen drangen mit dem preußischen Heer schnell in Frankreich vor und siegten in mehreren großen Schlachten. In ganz Deutschland begeisterten sich Menschen nun für die nationale Sache. Dieser Begeisterung konnten sich auch die Fürsten nicht mehr widersetzen.

M1 links: König Wilhelm I. von Preußen wurde am 18. Januar 1871 im Spiegelsaal des Schlosses von Versailles zum deutschen Kaiser ausgerufen. Diese Szene hat der Maler Anton von Werner in einem Gemälde festgehalten. Er hat die Szene aber nicht so gemalt, wie sie wirklich war. Denn das Bild war ein Geschenk Kaiser Wilhelms I. zu Bismarcks 70. Geburtstag im Jahr 1885. Bismarck trägt eine weiße Uniform, obwohl sie in Wirklichkeit blau war.

M2 Das Deutsche Reich, 1871–1918

T3 Im Spiegelsaal von Versailles

Am 18. Januar 1871 riefen die deutschen Fürsten in Versailles den preußischen König Wilhelm zum deutschen Kaiser aus. Zu diesem Zeitpunkt belagerten deutsche Truppen die Stadt Paris.
In Deutschland feierten Menschen aus allen Volksschichten die Einigung ihres Vaterlandes. Aber für die Franzosen war es demütigend, dass die Deutschen ihr Kaiserreich ausgerechnet auf französischem Boden gegründet hatten. Noch mehr erbitterte sie die Abtretung von Elsass-Lothringen an Deutschland. Viele Franzosen sprachen von „Raub" und forderten „Revanche".

M3 Über die Reichsgründung äußerte sich der ehemalige Bundespräsident Gustav Heinemann 1971:

» Als das Deutsche Reich vor 100 Jahren in Versailles ausgerufen wurde, war keiner von den 1848ern zugegen (…). Um den Kaiser standen in Versailles allein die Fürsten, die Generäle, die Hofbeamten, aber keine Volksvertreter (…) Was 1871 erreicht wurde, war eine äußere Einheit ohne volle innere Freiheit der Bürger. Die Staatsgewalt ging nicht vom Volke aus, sie lag bei den Fürsten. «

4. Betrachte M1.
a) Wer steht im Mittelpunkt des Gemäldes?
b) Warum hat der Maler diese Person in die Mitte gerückt?
c) Wer steht auf dem Podest vorn?
d) Was fällt dir an der Kleidung der Personen auf? (vgl. auch T3)

*
5. Untersuche die Aussage in M3 und vergleiche sie mit M1:
a) Wen meint Heinemann mit den „1848ern"?
b) Wie beschreibt er die Szene in Versailles?
c) Welchen Teil der Bevölkerung vermisst Heinemann?
d) Wodurch wurde das Verhältnis Deutschlands zu Frankreich belastet? (vgl. auch T3)
e) An welches Bild könnte Heinemann bei seiner Aussage gedacht haben?

Wer bestimmt die Politik?

1848 sollte Deutschland vom Volk, also „von unten" geeint werden. 1871 erfolgte die Einheit „von oben", also durch die Fürsten. Welche Auswirkungen hatte das auf die Verfassung des Reiches?

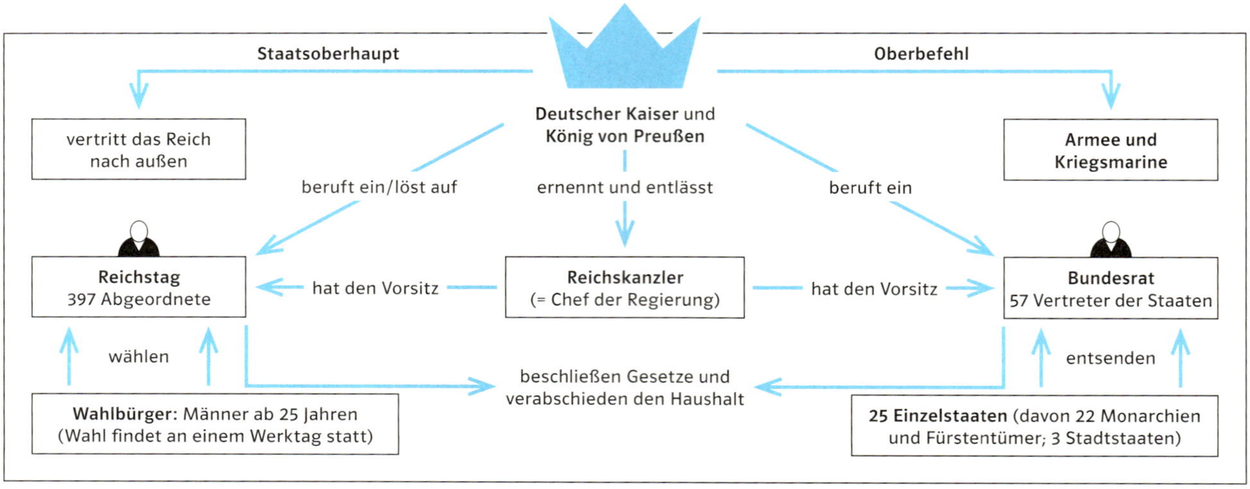

M1 Die Verfassung des Deutschen Reiches von 1871

T1 Ein schwacher Reichstag

Das Deutsche Reich besaß die stärkste Armee Europas, und es war auch wirtschaftlich sehr erfolgreich. Die meisten Deutschen schauten daher voller Stolz auf ihr Land. Sie vergaßen dabei, dass sie in diesem Staat nur begrenzt mitbestimmen durften. Immerhin: Es gab das Wahlrecht für Männer; sie bestimmten in freier, geheimer und gleicher Wahl die Zusammensetzung des Reichstages. Doch die Abgeordneten des Reichstages hatten wenig Rechte. Sie durften eigentlich nur über Steuern, Gesetze und die Ausgaben des Reiches beschließen.

T2 Eine starke Regierung

Vor allem konnte der Reichstag die Regierung nicht kontrollieren. Sie war nur dem Kaiser verantwortlich. Der Kaiser setzte den Reichskanzler in sein Amt ein und entließ ihn auch wieder, wenn er mit dessen Politik nicht einverstanden war. Reichskanzler Otto von Bismarck nannte das Parlament geringschätzig eine „Schwatzbude", manche Parteien bezeichnete er sogar als „Reichsfeinde". Trotzdem musste er immer wieder Mehrheiten im Reichstag suchen, wenn er Gesetze einbrachte oder den Haushalt des Reiches bewilligen ließ.

T3 Parteien

Politische Parteien bildeten sich in Deutschland seit 1848. Zu Beginn des Kaiserreiches waren die Nationalliberalen und die Konservativen die stärksten Parteien. Sie unterstützten die Politik Bismarcks: die Nationalliberalen, weil sie mit der Einheit Deutschlands ihr wichtigstes Ziel erreicht sahen; die Konservativen, weil Bismarck für ein starkes Königtum eintrat. Eine Partei bekämpfte Bismarck: die Sozialdemokraten. Sie forderten als Arbeiterpartei, die Vorrechte des Adels abzuschaffen und dem Reichstag mehr Rechte zu geben.

»

1. Beantworte die Fragen aus M1, T1 und T2.
a) Wer war im Deutschen Reich das Staatsoberhaupt?
b) Wie nannte man das Parlament? Wer wählte die Abgeordneten?
c) Welcher preußische Politiker war der erste Reichskanzler?

2. Nenne drei politische Parteien aus der Kaiserzeit. Wofür traten sie jeweils ein? (T3)

3. Arbeite mit T2, M3 und M5.
a) Welche Einstellung hatte Bismarck zu den Parteien?
b) Warum musste er dennoch mit ihnen zusammenarbeiten?
c) Wie stellt M5 Bismarck dar, wie die Abgeordneten des Reichstages?

Extra

M 2 Kaiser Wilhelm I. und Reichskanzler Otto von Bismarck

M 4 Die Bronzestatue Kaiser Wilhelms I. wird 1993 am Deutschen Eck in Koblenz auf ihren Sockel gesetzt.
Sie war im Zweiten Weltkrieg zerstört worden. Bis zum Ende des Kaiserreiches (1918) wurden solche Denkmäler in vielen deutschen Städten für Wilhelm I. und Otto von Bismarck errichtet.

Extra

M 3 Der Historiker Manfred Görtemaker schreibt über die Haltung Bismarcks zu den politischen Parteien:

„Bismarck hat sich (...) bis an sein Lebensende nie mit den Parteien befreunden können. (...) So wie er das allgemeine Wahlrecht „gewissermaßen als ein Erbteil der Entwicklung der deutschen Einheitsbestrebungen" (Rede vom 28. März 1867) (...) hinnahm, so duldete er auch die politischen Parteien als etwas Vorgegebenes, mit dem man irgendwie zurechtkommen würde, sofern sich die Herren Abgeordneten nur einigermaßen ordentlich betrugen. Wenn sie aber seine Absichten behinderten, gar sein Werk zu gefährden drohten, kannte er mit ihnen keine Geduld mehr und keine Gnade. Die Parteien als etwas Eigenständiges, als notwendige Strukturelemente (Bausteine) betrachten, die es zu pflegen und zu fördern gelte, lag ihm fern."

M 5 Bismarck als Raubtierbändiger im Reichstag (ungarische Karikatur, 1879)

*
4. Erarbeite dir zusätzliche Informationen zur Verfassung des Deutschen Reiches. (M 1)

a) Nenne die Aufgaben und Rechte des Kaisers.
b) Welche Rechte hatte der Reichstag? Warum waren diese Rechte eingeschränkt?
c) Warum war der Reichskanzler vom Kaiser stärker abhängig als vom Reichstag? (vgl. auch T 2)
d) Wer hatte in der Politik mehr zu bestimmen: das Volk oder die Monarchen (= Kaiser und Fürsten)?

*
5. Betrachte M 2 und M 4.
a) Wie werden die beiden Personen in M 2 dargestellt (Beachte die Kleidung, die Haltung, ...)?
b) Welchen Eindruck soll der Betrachter bekommen?
c) Warum hat man Wilhelm I. und Bismarck Denkmäler errichtet?

„Die da oben“ – „die da unten“

„Haben Sie gedient?“
Diese Frage bekam so mancher junge Mann um 1900 gestellt, wenn er Arbeit suchte. Was bedeutete das?

M1 Abschiedsrede des Ausbilders am Ende der Militärzeit: „... und dann müsst ihr bedenken, als Zivilisten seid ihr hergekommen, und als Menschen geht ihr hier fort.“ (aus der Zeitschrift „Simplizissimus“, 1910)

T1 „Schule der Nation“

Wenn ein junger Mann vor 100 Jahren seinen Wehrdienst abgeleistet hatte, sagte man: „Er hat gedient.“ Damit meinte man den Dienst für den Kaiser und das Vaterland. Wer des „Kaisers Rock“, also die Soldatenuniform, getragen hatte, galt etwas in der Gesellschaft. Denn der Soldat lernte beim Militär nicht nur den Umgang mit der Waffe, sondern auch Ordnung und Pflichterfüllung, vor allem aber Gehorsam gegenüber den Vorgesetzten.

T2 Das Militär – ein Spiegel der Gesellschaft

Beim Militär kamen junge Männer aus allen Schichten der Bevölkerung zusammen. Doch schon bald bekam jeder „seinen Platz“ zugewiesen. Wer aus einfachem Hause kam, musste zwei Jahre Soldat sein. Er gehörte zu den „Mannschaften“, die den größten Teil des Heeres stellten. Leichter war es für einen jungen Mann, der mindestens zehn Schuljahre ein Gymnasium besucht hatte. Er brauchte nur ein Jahr zu „dienen“ und konnte nach einigen Wehrübungen Leutnant der Reserve werden. Das war gut, wenn man bei einer Behörde Karriere machen wollte. Auch sonst hatte man als Reserveoffizier bessere Chancen. Die Söhne des Adels genossen besondere Vorrechte. Sie wurden Offiziere und hatten es bei Beförderungen leichter. Hohe Kommandoposten besetzte man meistens mit Adligen.

T3 Standesunterschiede

Im Kaiserreich gab es eine strenge Rangordnung. Der Adel stand an der Spitze der Gesellschaft. Er war das Vorbild für das Bürgertum, das in dieser Zeit sehr erfolgreich Industrie- und Handelsbetriebe aufbaute. Beide Gruppen konnten sich einen besonderen Lebensstil mit Kutschern, Gärtnern, Köchinnen und weiteren Hausangestellten leisten. Einfache Menschen mussten für wenig Geld arbeiten. Arbeiter hatten es schwer, ihre Familie zu ernähren. Ihnen war es fast unmöglich, Kindern eine gute Ausbildung zu ermöglichen. Doch es gab auch eine breite Mittelschicht, die um 1900 schnell größer wurde. Zu dieser Schicht gehörten vor allem Ingenieure, Handwerksmeister, Lehrer und Beamte.

»

1. Das Militär nannte man im Kaiserreich auch „Schule der Nation“. Was konnte man dort lernen? (T1)

2. „Haben Sie gedient?“, fragte ein Arbeitgeber vor 100 Jahren, wenn er jemanden einstellen wollte. Was hieß „gedient“? (T1)

* **3.** Arbeite mit Karikatur M1.

Karikaturen deuten

a) Wie sieht der Ausbilder das Militär?
b) Wer ist ein „Zivilist“? Wie denkt der Ausbilder über „Zivilisten“?

M 2 Prinz Herrmann von Sachsen-Weimar-Eisenach auf dem Rennplatz (Foto um 1900)

M 3 Im Salon einer reichen Bürgerfamilie erzählt „Herr Leutnant" Geschichten aus seinem Soldatenleben. (Gemälde, 1890)

M 4 Kleinbürgerliche Familie im Schrebergarten (Foto, 1900)

M 5 Arbeiterfamilie in der Wohnküche. (Foto, 1907)
Die Küche war oft auch noch Schlafraum.

< Extra >

M 6 Erziehung „höherer Töchter" um 1900
Aus den Erinnerungen des Schriftstellers Stefan Zweig:

» Um die jungen Mädchen zu schützen, ließ man sie nicht einen Augenblick allein. Sie bekamen eine Gouvernante (= Erzieherin), die dafür zu sorgen hatte, dass sie, gottbewahre, nicht einen Schritt unbehütet vor die Haustür traten, sie wurden zur Schule, zur Tanzstunde, zur Musikstunde gebracht und ebenso abgeholt. Jedes Buch, das sie lasen, wurde kontrolliert, und vor allem wurden die jungen Mädchen unablässig beschäftigt, um sie von möglichen gefährlichen Gedanken abzulenken. «

c) Überlege: Was waren die jungen Männer, bevor sie zum Militär kamen? Was werden sie nach ihrer Entlassung sein?

* **4.** Betrachte die Bilder M 2 bis M 5. Ordne ihnen die folgenden Begriffe zu: Unterschicht, Oberschicht, Mittelschicht, Spitzen der Gesellschaft, luxuriöses Leben, einfache aber gesicherte Verhältnisse, ärmliches Leben, großer Wohlstand.

* **5.** Arbeite mit den Bildern M 2 bis M 5. Welchen Lebensweg könnte ein Kind in den unterschiedlichen Schichten gehabt haben? Denke dabei an die Umgebung des Kindes, seine Ausbildung, die spätere Arbeit, die Gestaltung der Freizeit, die Wahl des Ehepartners …

Auf dem Weg zur Gleichberechtigung

Gleicher Lohn für gleiche Arbeit – diese Forderung der Frauen blieb lange unerfüllt. Und wie sieht es heute aus?

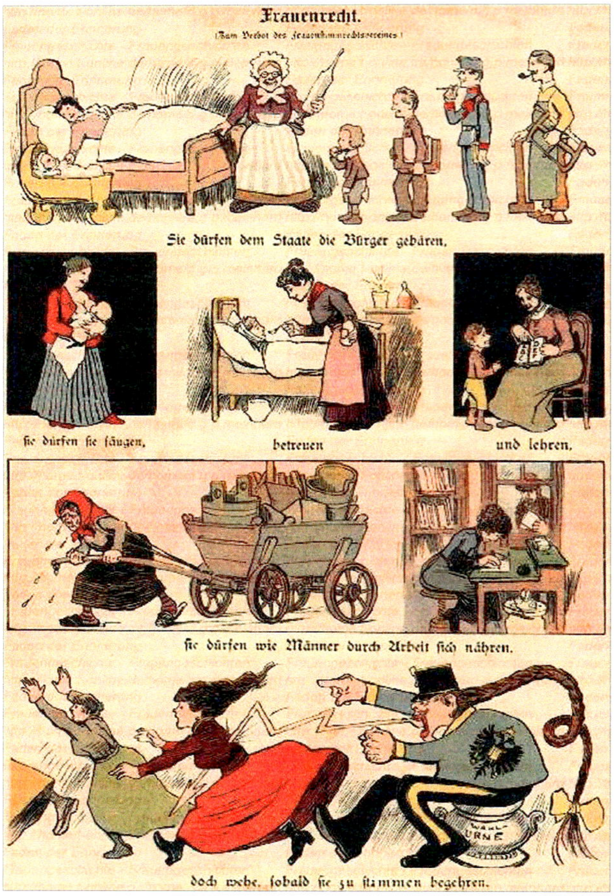

M1 Frauenrecht: Die zeitgenössische Karikatur zeigt, welche Aufgaben und Pflichten eine Frau hatte. Die Bildunterschriften lauten: Sie dürfen dem Staat die Bürger gebären, sie dürfen sie säugen, betreuen und lehren, sie dürfen wie Männer durch Arbeit sich nähren, doch wehe, sobald sie zu stimmen begehren.

T1 Frauen in den Fabriken

Viele Mädchen und Frauen waren gezwungen, in den Fabriken zu arbeiten. Der Verdienst der Männer reichte nicht aus, um die Familien zu ernähren. Dabei lagen die Löhne der weiblichen Arbeiterinnen erheblich unter denen der Männer. Die Arbeitszeit der Mädchen und Frauen betrug 11 bis 14 Stunden. Viele Arbeiterinnen schlossen sich der Frauenbewegung an. Sie kämpften für einen 10-Stunden-Tag, für besseren Arbeitsschutz, für gute Bildung sowie für das Frauenwahlrecht.

M2 Löhne der Frauen und Männer 1888 in Mark

Industriezweig	Männer	Frauen
Walzwerk	2,46	0,98
Stahlwerk	2,54	1,33
Zuckerfabrik	1,73	0,53
Porzellanfabrik	1,32	0,34
Wollwarenfabrik	1,65	0,98
Baumwollspinnerei	1,34	0,63
Tabak- und Zigarrenfabrik	2,08	1,06
Pulverfabrik	1,86	0,61

T2 Internationaler Frauentag

Der erste Internationale Frauentag fand am 19. März 1911 statt. Millionen von Frauen in Dänemark, Deutschland, Österreich, der Schweiz und den USA beteiligten sich. Sie stellten die Forderung nach neuen Arbeitsschutzgesetzen auf. Sie verlangten einen 8-Stunden-Tag, gleichen Lohn für gleiche Arbeit, ausreichenden Mutter- und Kinderschutz, die Festsetzung von Mindestlöhnen und ein Wahl- und Stimmrecht für Frauen. Diese Forderungen von 1911 sind teilweise auch heute noch aktuell.

1. Erkläre mit eigenen Worten, warum Mädchen und Frauen in den Fabriken arbeiten mussten (T1).

2. Beschreibe die einzelnen Bilder der Karikatur (M1). Welche Meinung hat wohl der Zeichner zu den Forderungen der Frauen?

3. Die Löhne für Männer und Frauen waren sehr unterschiedlich. Sieh dir M2 an. Fertige eine Tabelle an, die den jeweiligen Unterschied deutlich macht, z. B. verdienten die Frauen im Walzwerk 1,48 Mark weniger als die Männer.

4. Ist die Forderung der Frauen „gleicher Lohn für gleiche Arbeit" verständlich? Fertigt Plakate und Protestbriefe an, die die Forderung der Frauen unterstützen.

M 3 Zigarrenmacher (Gemälde von J. Marx, 1889)

M 5 Am 8. März 1975 feierte der Frauentag seinen 75. Geburtstag. Seit dieser Zeit ist es üblich, Frauen an diesem Tag eine Rose zu schenken. Auf einer Frauenkonferenz im Jahr 1921 hatte man festgelegt, den Internationalen Frauentag immer am 8. März eines Jahres zu feiern.

M 4 Diesen Bericht einer Fabrikarbeiterin druckte die Zeitung im Jahre 1909:

„Wenn der Morgen grau heraufdämmert, so eilen wir (...) mit unseren kleinen Kindern in Scharen durch die Gassen, um die Kleinen tagsüber unterzubringen. (...) Sind die Kinder versorgt, so laufen die Mütter hastig zur Fabrik, um an surrenden Maschinen ein Stück Brot zu verdienen. (...) Um ½ 12 Uhr mittags geht es im Laufschritt (...) nach Hause, um das berühmte Proletarieressen, Kartoffeln und Hering, zu richten. (...) Um 1 Uhr geht es dann wieder im Trab in die Fabrik, wo wir müde und gehetzt bis halb 6 oder halb 7 schanzen. (...) Sobald wir gegessen haben und die Kinder zu Bett gebracht sind, beginnt für uns Frauen die Quälerei von neuem. (...) Wir hasten an den Bach, um zu waschen. Gar manchmal wird es 12 Uhr und noch später, bis wir damit fertig sind.“

‹Extra›

M 6 DGB-Aufruf zum Internationalen Frauentag 2007 – Auszug:

„Frauen sehen jedes Jahr den Internationalen Frauentag als Gelegenheit, ihre Anliegen öffentlich darzustellen. Sie weisen immer wieder darauf hin, dass die Themen nicht nur für einen Tag bestimmt sind. Am 8. März 2007 fordern die Frauen u. a.

- den gleichen Zugang zu Karriere- und Weiterbildungschancen
- gleichen Lohn für gleiche Arbeit
- sicheres Einkommen statt Dumpinglohn, Dauerpraktikum und Minijob
- einen Mindestlohn, der deutlich über der Armutsgrenze liegt
- Bildungs- und Betreuungseinrichtungen für Kinder aller Altersstufen“

5. Aus Berichten wissen wir, dass die schwer arbeitenden Menschen mit etwa 45 Jahren aussahen wie alte Greise. Lies M 4 genau. Kannst du begründen, warum Frauen so schnell alterten?

6. Beschreibe M 3. Beachte auch den Arbeitsplatz bzw. Raum. Kannst du erklären, warum der Maler nur von Zigarrenmachern spricht?

* **7.** Beschreibe den Aufruf des Deutschen Gewerkschaftsbundes zum Frauentag mit eigenen Worten. Kannst du das Motto erklären? Vergleiche dann die Forderungen von 1911 (T 2) mit denen von 2007.

Deutschland um 1900

Wer um die Jahrhundertwende auf Deutschland schaute, sah Adlige, Militärs und Beamte, die den Ton angaben. Es gab aber auch tüchtige Unternehmer, Ingenieure und Facharbeiter.

M1 Fernsprechvermittlung um 1900 in Berlin (zeitgenössisches Foto)
Neben New York und London hatte Berlin damals das modernste Telefonnetz der Welt.

T1 Moderne Welt um 1900
Wer Berlin 1871 und später wieder 1910 besucht hätte, wäre sicher aus dem Staunen nicht herausgekommen. Da gab es elektrische Straßenbahnen und Autos, die scheinbar von alleine fuhren, weil sie nicht von Pferden gezogen wurden. Man begeisterte sich an Maschinen mit Elektromotoren, an Glühbirnen und Telefonen. In fast allen Lebensbereichen hatte die Technik das Leben leichter gemacht.

T2 Ein führendes Industrieland
Um 1900 produzierte Deutschland fast so viel Stahl und Kohle wie England und verfügte über ein größeres Eisenbahnnetz. In den neuen Zukunftsindustrien, wie der Chemie, der Elektroindustrie und dem Motorenbau, war Deutschland führend. Fast 90 % aller künstlichen Farbstoffe, Düngemittel und Medikamente kamen aus deutscher Produktion. Nur die USA stellten noch mehr Güter her.

T3 Großunternehmen
Das Elektrounternehmen Siemens hatte Fabriken in vielen Ländern. Zwischen 1890 und 1910 wuchs die Zahl der Beschäftigten von 3 000 auf 65 000. Jahr für Jahr stiegen die deutschen Ausfuhren an. Produkte mit dem Stempel „made in Germany" (= hergestellt in Deutschland) hatten einen ausgezeichneten Ruf: Sie waren billig, aber trotzdem von guter Qualität.

T4 Wissenschaftliche Leistungen
In Universitäten und Unternehmen arbeiteten Forscher gezielt an Verbesserungen und Neuerungen. Besonders in der Medizin gab es große Fortschritte. Robert Koch entdeckte 1882 den Tuberkelbazillus, den Erreger einer Lungenkrankheit, und ein Jahr später den Erreger der Cholera, den Erreger einer Darmkrankheit. 1895 entdeckte Wilhelm Conrad Röntgen die später nach ihm benannte Strahlung. Viele Erkrankungen konnte man nun auf dem „Röntgen-Schirm" deutlich erkennen.

»

1. Welche technischen Neuerungen veränderten das Leben der Menschen um 1900 von Grund auf? (T1, M1, M3, M5)

2. Deutschland war um 1900 ein Industrieland.
a) In welchen Bereichen war es führend in der Welt?
b) Wie lautet die englische Bezeichnung für Produkte aus Deutschland?
c) Warum wurden sie überall gerne gekauft? (T2, T3)

*
3. Robert Koch und Conrad Röntgen bekamen für ihre Entdeckungen den Nobelpreis. Erkundige dich, was das bedeutet. (T4, Internet, Lexikon)

M 2 Größere Warenhäuser waren um 1900 neu in den Großstädten. In einem Zeitungsartikel von 1903 wird sogar vor ihnen gewarnt:

„Noch gefährlicher gestaltet sich dieses „Herumbummeln“ in den Warenhäusern für die heranwachsende Jugend. Sie gewöhnen sich schon frühzeitig an dieses gewissermaßen so spielend vor sich gehende Einkaufen und werden wohl in neunzig von hundert Fällen es vorziehen, ihre Einkäufe hier zu machen als in mittleren Geschäften, in denen es so ehrbar und demnach „langweilig“ vor sich geht. Die Jugend, bei vernachlässigter Erziehung ohnehin zu Ausschreitungen leicht geneigt, wird hier systematisch zur „Oberflächlichkeit“ herangebildet.“

M 4 Über die Lebensverhältnisse östlich der Elbe berichtet der ehemalige Landarbeiter Franz Rehbein:

„Etwa um 11 Uhr sahen wir einen Reiter vom Gut auf uns zukommen. Mit ungezwungener Eleganz saß er im Sattel, die rechte Hand leicht auf die Lende gestemmt. „De gnä Herr!“, murmelte es allgemein, und fleißiger noch rührten sich die Hände. Jetzt setzte der Vogt (= Aufseher) seine Kartoffelkiepe auf die Erde, wischte sich schnell die Hände an den Hosen ab und ging seinem Gebieter entgegen. Sechs Schritte vor ihm blieb er stehen, nahm kurz die Hacken zusammen und zog ehrerbietig seine Mütze. Wie das ausah! Dort der Herr, hoch zu Ross, jeder Zug (adlige) Vornehmheit; hier der Vogt, barhäuptig.“

M 5 Werbeplakat der Deutschen Luftschifffahrtsgesellschaft um 1900
Im Jahr 1900 fand der erste Flug eines „Zeppelin“ statt. So wurden Luftschiffe genannt, die Graf Zeppelin entworfen hatte und in eigenen Werkstätten bauen ließ. Luftschiffe flogen bald nach New York und Rio de Janeiro. Das größte Luftschiff war 245 Meter lang und erreichte eine Geschwindigkeit von 12 km pro Stunde.

M 3 Potsdamer Platz in Berlin (Foto, 1914)
In Berlin konnte man Dinge sehen, die es in den meisten Städten Deutschlands noch nicht gab, z. B. Straßenbahnen, Telefonleitungen und elektrische Straßenlaternen.

*
4. Beschreibe das Foto vom Potsdamer Platz in Berlin. Welche Verkehrsmittel erkennst du nebeneinander? Wie wird die Hauptstadt des Reiches auf Menschen gewirkt haben, die vom Lande kamen? (M 3)

*
5. Arbeite mit M 4.

Arbeit mit schriftlichen Quellen

a) Wer hat den Text geschrieben?
b) Welche beiden Personen stellt er gegenüber?
c) Schreibe alle Textstellen heraus, die die beiden kennzeichnen, z. B.:
   - Gutsherr: „hoch zu Ross“, …
   - Vogt: „ehrerbietig“, …
d) In welcher Beziehung steht der Schreiber des Textes zu den Menschen, die er beschreibt?

Das Museum – ein Ort der Erinnerung

Historische Museen sammeln Zeugnisse und Quellen der Vergangenheit. Heute wollen viele Museen nicht nur Orte der Bildung sein, sondern auch Orte der Unterhaltung. In ihnen erfährt man Interessantes über unsere Vergangenheit.

T1 Welche Aufgaben hat ein Museum?
Museen erfüllen mehrere Aufgaben gleichzeitig. Die vier wichtigsten Bereiche sind:

a) Sammeln
Während Archive hauptsächlich schriftliche Quellen sammeln (Dokumente, Akten, Briefe, …), versuchen Museen, auch Sachgegenstände aus der Vergangenheit zusammenzutragen (Bekleidung, Münzen, Schulbücher, Haushaltsgegenstände, …).

b) Bewahren
Museen haben meist große Lager oder Speicher. Dort werden die gesammelten Objekte unter besonderen Bedingungen dauerhaft gelagert. Man will verhindern, dass sie etwa durch zu hohe Luftfeuchtigkeit oder zu helles Licht zerstört werden. So können auch spätere Generationen die Dinge unserer menschlichen Entwicklung sehen.

c) Erforschen
In Museen forschen auch Wissenschaftlerinnen und Wissenschaftler. Meist bereiten sie so auch neue Ausstellungen vor. Damit wird sichergestellt, dass die gesammelten Objekte einen aktuellen Nutzen für die Gesellschaft haben.

d) Ausstellen und Informieren
Die Ausstellungen in Museen wecken Interesse für Neues und informieren über Forschungsergebnisse. So können Themen präsentiert werden, die Orientierung geben oder zum Nachdenken anregen.

M1 Sammeln – Einige Museen haben Sammlungen zu bestimmten Themen. So hat zum Beispiel das Deutsche Historische Museum in Berlin eine Textilsammlung zur deutschen Ereignisgeschichte. Hier ein Dirndl einer Hostess der 20. Olympischen Sommerspiele (München 1972).

M2 Bewahren – In einem Archiv werden die Bücher aufbewahrt, die nicht gerade in einer Ausstellung sind.

»

1. Welche Aufgaben hat ein Museum? (T1)

2. Warst du schon einmal in einem historischen Museum? Berichte darüber, was dort ausgestellt war.

3. Betrachte M1: Was kann man über die Kleidung von damals erfahren?

Historische Museen

- Deutsches Historisches Museum
- Auswanderermuseum
- Heimatmuseum
- usw.
- Dorf-/Stadtmuseum
- Landesmuseum
- Freilichtmuseum
- Firmenmuseum

M 3 Neben naturkundlichen Museen (Natur) und kunsthistorischen Museen (Kunst) gibt es auch historische Museen (Geschichte).

M 4 Ausstellen – Das Schulmuseum in Leipzig sammelt alles aus der alten Schule. In diesem Klassenzimmer werden auch DDR-Unterrichtsstunden nachgespielt.

M 5 Freilichtmuseum Molfsee in Schleswig-Holstein
In solchen Museen werden ganze Gebäude ausgestellt und geben Einblicke in das Alltagsleben zu einem bestimmten Zeitpunkt.

4. Gruppenarbeit:
Was wird in den unterschiedlichen historischen Museen ausgestellt? Welchen Zweck erfüllen sie? (T1, M 1 – M 5)

*
5. Viele Museen sammeln bereits Dinge aus dem 21. Jahrhundert, um Ausstellungsstücke für die Zukunft zu haben. Listet Objekte auf, die für eueren Alltag typisch sind und die man unbedingt aufbewahren sollte.

*
6. Betrachtet eure Liste von Aufgabe 5. Wenn man euren Alltag nur über die von euch genannten Gegenstände erforschen würde, welches Bild würde man von euch bekommen?

Das Kaiserreich unter der Lupe

1. Richtig oder falsch?

Verbessere die falschen Aussagen und schreibe sie richtig auf.
Es können auch mehrere Fehler in einer Aussage sein.

- In der „Schule der Nation" lernten die Kinder schreiben und lesen.
- Deutschland war um 1900 ein rückständiges Land.
- Mit dem Zeppelin konnte man bis Südamerika fliegen.
- Um 1900 hatten Adlige keine Vorrechte mehr.
- Der Reichskanzler wurde vom Reichstag gewählt.
- Der bayerische König Wilhelm I. wurde 1971 in Berlin zum Kaiser ausgerufen.
- Der erste Reichskanzler hieß Friedrich von Bismarck.
- Werner von Siemens baute die erste Dampfmaschine.
- Das Deutsche Reich besaß nach 1871 die stärkste Armee Europas.
- Die Söhne des Adels hatten in der Armee keine Vorteile.
- Wilhelm Conrad von Röntgen entdeckte im Jahre 1912 den Tuberkelbazillus.

2. Silbenrätsel

Löse mithilfe der Silben folgende Aufgaben.

MENS MARCK REICH TER SIE TRO FAS DE LIN BER FRANK KRA E TAG DUS TRIE TEN ÖS LEUT AL REICHS NANT SUNG BIS SO LEK IN MO REICH VER ZI

1) Dieser Staatsmann wurde 1862 Ministerpräsident von Preußen.
2) Gegner Preußens und seiner Verbündeten im Krieg 1870/1871.
3) So wurde das Parlament im Deutschen Reich genannt.
4) Sie waren politische Gegner Bismarcks und traten für die Rechte der Arbeiter ein.
5) Im Jahre 1866 kam es zum Krieg zwischen Preußen und …
6) So bezeichnet man das Grundgesetz eines Staates.
7) Offiziersrang in der deutschen Armee.
8) Hauptstadt des Deutschen Reiches, hier tagte der Reichstag.
9) In diesem Industriezweig war Deutschland führend in der Welt.
10) Ein deutsches Großunternehmen, das im Jahr 1910 65 000 Mitarbeiter beschäftigte.

Wichtige Begriffe:

Preußen

Mittelschicht

Deutsches Reich

Freilichtmuseum

Museum

Reichstag

Schule der Nation

3. Weißt du es?

Welche Rechte besaßen nach der Verfassung von 1871 der Kaiser und der Reichskanzler? Schau dir dazu das Schaubild und den Text auf Seite 92 an. Ergänze die Sätze. Wähle dabei unter folgenden Begriffen aus.

Kaiser, Oberbefehl, Regierung, Reichstages, Staatsoberhaupt, Vorsitz

Kaiser
- Nach der Verfassung von 1871 war der deutsche Kaiser das ...
- Er hatte über die Armee und Kriegsmarine den ...
- Der Kaiser besaß das Recht zur Auflösung des ...

Reichskanzler
- Der Reichskanzler war der Chef der ...
- Im Reichstag und im Bundesrat hatte er den ...
- Zu verantworten hatte er seine Politik nur gegenüber dem ...

4. Wer war das noch mal?

Hier findest du vier berühmte Personen. Ordne ihnen die richtigen Begriffe und Aussagen zu.

Wilhelm I., Wilhelm Conrad Röntgen, Otto von Bismarck, Werner von Siemens
- Physiker
- preußischer Ministerpräsident
- leitete ein Elektrounternehmen
- Erfinder
- deutscher Kaiser 1871–1888
- besaß Fabriken in vielen Ländern
- Nobelpreisträger
- erster Reichskanzler 1871–1890
- beschäftigte in seinem Unternehmen 1910 65 000 Mitarbeiter
- Reichsgründer
- ein nach ihm benanntes medizinisches Gerät benutzt der Arzt noch heute

5. Verlorene Wörter

Der damalige Bundespräsident Gustav Heinemann hielt zum hundertsten Jahrestag der Reichseinigung eine Rede. Ein Auszug findest du auf der Seite 91. Daraus sind einige Wörter verschwunden, die unten stehen.
Setze sie ein und schreibe den vollständigen Text in dein Heft. Die Zahl der Striche hilft dir bei der Suche nach dem richtigen Wort.

Demütigung, Deutsche Reich, Frankreich, französischen, Fürsten, Hofbeamten, Kaiser, Versailles, Volksvertreter

Als das -------- ----- vor 100 Jahren in ---------- ausgerufen wurde, war keiner von den 1848ern zugegen (...). Um den ------ standen in Versailles die -------, die Generäle, die ----------, aber keine ------------- (...). Für unsere ------------ Nachbarn war es eine tiefe ----------, dass unser Nationalstaat in ihrem Lande ausgerufen (...) wurde. Diese Demütigung konnte ---------- nicht vergessen.

Reichskanzler

Zukunftsindustrien

aristokratisch

Sozialdemokraten

Reichsgründung

Archiv

Standesunterschiede

Reserveoffizier

5 Imperialismus und Erster Weltkrieg

Nach 1870 teilten die europäischen Industriestaaten, später auch die USA und Japan, die Welt unter sich auf. Der Wettlauf um Kolonien in der Welt, an dem sich auch Deutschland beteiligte, war um die Jahrhundertwende beendet. Mit dem Wettrüsten der europäischen Großmächte wuchs die Gefahr militärischer Auseinandersetzungen. Im Jahre 1914 begann eine Katastrophe für die europäischen Völker. Der Erste Weltkrieg brach aus.

Bezug zu heute

Denkmal für die Gefallenen im Ersten Weltkrieg der Stadt Hildesheim

Afrikanische Kunst: Gesichtsmaske, bemaltes Holz, Kongo, 19. Jh.

Geschichte erleben

Bekanntmachung

Gemäß § 9 der Verordnung über die Anmeldung des Speisefettbezuges vom 20. Dezember 1916 wird für den Bezirk der Fettstelle Groß Berlin bestimmt:

Die Wochenmenge an Butter und Margarine beträgt vom 29. Jan. 1917 ab

für Butter 50 Gramm und
für Margarine 30 Gramm

Berlin, den 24. Januar 1917.

Fettstelle Groß Berlin

Chronologie

ab 1875
Die europäischen Staaten beginnen den Wettlauf um Kolonien in Afrika.

1904
Die Herero in Deutsch-Südwestafrika erheben sich gegen die deutsche Kolonialherrschaft.

Eisernes Kreuz:
Für Tapferkeit erhalten deutsche Soldaten im Ersten Weltkrieg diese Auszeichnung.

Gratis. Extra-Blatt. Gratis.

Vossische Zeitung

Der österreichische Thronfolger und seine Gattin ermordet.

1914

Das Attentat von Sarajevo (Bosnien) am 28. Juni löst den Ersten Weltkrieg aus.

1918

Mit der Unterzeichnung des Waffenstillstandes von Compiegne endet der Erste Weltkrieg.

Die Europäer verteilen die Welt

Im Jahr 1914 sahen die Landkarten Asiens und Afrikas ganz anders aus als 1870. Was war geschehen?

T1 Europäische Kolonialmächte
Nachdem die Europäer in Amerika angekommen waren, begannen sie damit, Gebiete außerhalb Europas von sich abhängig zu machen. Diese Gebiete wurden Kolonien der europäischen Mutterländer. Kaufleute aus Europa errichteten in den Kolonien Handelsniederlassungen. Missionare bauten Kirchen und Missionsstationen, um die Einheimischen zum christlichen Glauben zu bekehren. Mitte des 19. Jahrhunderts gab es drei große Kolonialreiche: Großbritannien, Frankreich und Russland.

T2 Aufteilung der Welt
Nach 1870 begann ein Wettlauf zwischen einigen Staaten um die Kolonien in Afrika und Asien. Neben den bisherigen Ländern beteiligten sich nun auch die USA, Japan, Deutschland, Italien und Belgien daran. Das Zeitalter des Imperialismus hatte begonnen.

1. Was ist eine Kolonie? (T1, Lexikon)

2. Wie entstanden Kolonien? (T1)

3. Was ist mit dem Wettlauf zwischen europäischen Staaten nach 1870 gemeint? (T2)

Lexikon

Kolonie
Darunter versteht man ein Gebiet außerhalb Europas, in dem eine fremde Macht die Herrschaft über die einheimische Bevölkerung ausübt. Im 19. Jahrhundert waren große Gebiete außerhalb Europas Kolonien.

Imperialismus
Der Begriff ist vom lateinischen Wort Imperium abgeleitet, das auf Deutsch Herrschaftsbereich heißt. Imperialismus ist das Streben von Staaten, andere Länder in der Welt von sich abhängig zu machen. Sie wollen ihre wirtschaftliche und politische Macht auf große Teile der Erde ausdehnen.

M1 Kolonialmächte im Jahre 1914

4. Vervollständige folgende Sätze:
Imperialismus heißt auf Deutsch … .
Darunter versteht man … .

5. Arbeite mit Karte M1:

Arbeit mit historischen Karten

a) In welchen Erdteilen gab es Kolonien?
b) Welche Staaten besaßen Kolonien?

6. Betrachte den Erdteil Afrika genauer (M1) und vervollständige folgende Tabelle im Heft:

Kolonialmacht	Zwei Kolonien
Großbritannien	Nigeria, Rhodesien
…	…

Europäer wollen Kolonien

Was versprachen sich die Europäer vom Besitz vieler Kolonien?

T1 Wirtschaftliche Interessen ...
Ende des 19. Jahrhunderts waren Länder wie Großbritannien, Frankreich und Deutschland durch die Industrialisierung wirtschaftlich und politisch stark geworden. Ihre Regierungen waren der Ansicht, dass der Besitz von Kolonien für ihre Staaten wichtig sei. Unterstützt wurden sie von Fabrikanten und Unternehmern. Diese wollten dringend benötigte Rohstoffe billig aus den Kolonien einführen. Ihre eigenen Erzeugnisse, wie z. B. Stahl und Baustoffe, Gleisanlagen und Lokomotiven, konnten sie in die Kolonien ausführen, denn diese wurden dort gebraucht. Auch Plantagenbesitzer, Kaufleute und Reeder konnten durch den Anbau, Transport und Verkauf von Südfrüchten, Kaffee, Kakao, Baumwolle und Tee große Gewinne erzielen.

M1 Eisenbahnbau in der deutschen Kolonie Togo
Das Geld für den Bau kam von deutschen Banken.
Die Schienen lieferten deutsche Unternehmen. (Foto von 1905)

1. Warum strebten die europäischen Staaten nach Kolonien? Nenne zuerst die wirtschaftlichen, anschließend die politischen Gründe. (T1, T2)

2. Beschreibe das Bild M1.

3. Warum haben deutsche Banken und Unternehmen den Eisenbahnbau in Togo wohl finanziert? (T1, T2)

M 2 Der französische Politiker Georges Clemenceau in einer Rede 1885 zum Rassenproblem:

❞ Überlegene Rassen! Minderwertige Rassen! Das ist leicht gesagt! Ich für meinen Teil bin da vorsichtig, seit ich erlebt habe, wie deutsche Gelehrte wissenschaftlich nachgewiesen haben, dass Frankreich den Krieg gegen Deutschland (1870/1871) verlieren musste, weil die Franzosen gegenüber den Deutschen eine minderwertige Rasse seien. Die Hindus (in Indien) eine minderwertige Rasse? (...) Die Chinesen? (...) Nein! Nein, es gibt kein Recht für so genannte überlegene Nationen gegenüber unterlegenen Nationen. ❝

M 3 Cecil Rhodes plante eine Eisenbahn von Südafrika nach Ägypten. (englische Karikatur, 1892)

M 4 Der englische Politiker Cecil Rhodes erläuterte die Aufgaben der „englischen Rasse" in Afrika, 1877:

❞ Ich behaupte, dass wir die erste Rasse der Welt sind und dass es für die Menschheit umso besser ist, je größere Teile der Welt wir bewohnen. (...) Da (Gott) sich die Englisch sprechende Rasse offensichtlich zu einem ausgewählten Werkzeug geformt hat, (...) muss es auch seinem Wunsch entsprechen, dass ich alles in meiner Macht Stehende tue, um jener Rasse so viel Spielraum und Macht wie möglich zu verschaffen. Wenn es einen Gott gibt, denke ich, so will er daher eines gern von mir getan haben: nämlich so viel von der Karte Afrikas britisch-rot zu malen. (...) ❝

T 2 ... und politische Gründe

Europäische Politiker und Wissenschaftler meinten, dass der Besitz vieler Kolonien die Macht und das Ansehen ihrer Staaten in der Welt erhöhen würde. Auch sei die „weiße Rasse" den Menschen anderer Hautfarbe überlegen. Deshalb sei es Aufgabe der Europäer, die Völker in Asien, Afrika und Amerika zu zwingen, ihre Lebensweise, Kultur und Religion zu übernehmen. Wenn das nicht auf friedlichem Wege möglich sei, müsse man auch Gewalt anwenden. Solche Vorstellungen nennt man Rassismus.

Lexikon

Rassismus
Rassisten leiten aus der unterschiedlichen Hautfarbe, Religion und Kultur der Menschen bestimmte Eigenschaften ab. Angeblich sollen sie den Wert eines Menschen ausmachen. So behaupten Rassisten, dass die „weiße Rasse" den anderen Rassen überlegen sei. Das ist falsch.

4. Arbeite mit Karikatur M 3.
a) Beschreibe die Einzelheiten.
b) Leite aus der Zeichnung die Ziele Großbritanniens in Afrika ab.

* **5.** Welche Meinung hat Rhodes zu den Aufgaben der „englischen Rasse" gegenüber den Kolonialvölkern? (M 4)

* **6.** Quellenarbeit:
a) Wie sieht Clemenceau die Beziehungen der menschlichen Rassen zueinander? (M 2)
b) Wie begründet er seine Meinung?
c) Wessen Ansicht schließt du dich an: der von Rhodes oder Clemenceau? Begründe deine Meinung.

In Afrika wird vieles anders

Die Europäer behaupteten, den Afrikanern helfen zu wollen. Wie sah ihre Hilfe aus?

Lieutenant von Strehlau, frisch zur Schutztruppe in Afrika angekommen: „Nette Gegend soweit! —

M1 **„Da muss Ordnung rein. Deutsche Tüchtigkeit in den Kolonien"** (Karikatur aus der Zeitschrift „Jugend", 1896) – Die Bilder zeigen Afrika vor und nach der Ankunft der Deutschen.

T1 Wie die Afrikaner lebten

Im 15./16. Jahrhundert hatten Portugiesen und Spanier an den Küsten Afrikas Stützpunkte und Handelsniederlassungen errichtet. Erst viel später unternahmen Forscher und Kaufleute Reisen in das Innere des Kontinents. Sie berichteten, dass die Afrikaner überwiegend in Stammesgemeinschaften lebten. Einige Völker gingen auf Jagd oder waren als Nomaden auf ständiger Suche nach neuen Weideplätzen für ihre Tiere. Andere waren Bauern, Handwerker und Händler. Die Afrikaner hatten ihre eigene Religion und Kultur. Sie lebten in Dörfern, aber auch in alten Städten, die an Handelswegen lagen.

T2 Ausbeutung statt Hilfe

Als die Europäer im 19. Jahrhundert Afrika unter sich aufteilten, nahmen sie auf das Leben der Einheimischen wenig Rücksicht. Ihnen ging es oft nur darum, schnell reich zu werden. Die Einheimischen mussten auf Plantagen, in Bergwerken oder beim Bau von Straßen und Eisenbahnlinien oft unter unerträglichen Bedingungen arbeiten.

»

1. Beschreibe die Lebensweise und Kultur der Afrikaner, bevor die Europäer kamen. (T1, M3, M5)

2. Wie verhielten sich die Europäer gegenüber den Einheimischen? (T2)

3. Was änderte sich in der Lebensweise der Afrikaner? (T3)

T3 Vieles wird anders

Die Großfamilie, die bisher den Stammesmitgliedern Schutz und Geborgenheit bot, verlor immer mehr an Bedeutung. Alte Bräuche und Gewohnheiten wurden kaum noch gepflegt.
Missionare verbreiteten den christlichen Glauben. Sie bauten Kirchen und Krankenstationen. Einige Missionare und Schwestern halfen als Ärzte den Einheimischen.

M3 Afrikanische Kunst, Gesichtsmaske, bemaltes Holz
(Kongo, 19. Jh.)

M5 Salzfassdeckel aus Elfenbein in der Form eines Schiffes
(Fundort: Nigeria, 16. Jh.)

M2 Ein Afrikaner beschreibt die Arbeit beim Bau von Verkehrswegen:

„Die Deutschen begannen die Leute zu quälen, indem sie sie zwangen, sehr hart zu arbeiten. Sie mussten sehr schwere Baumstämme von den Matimira-Wäldern bis zur Boma tragen, um dort Bauholz daraus zu machen. Das ist eine Strecke von ungefähr 32 Kilometern. Das Ergebnis war, dass viele von ihnen umkamen, bevor sie mit ihren Traglasten das Ziel erreicht hatten. Jeder Versuch, von der harten Arbeit zu entkommen, wurde sehr schwer bestraft: oft mit dem Tod.“

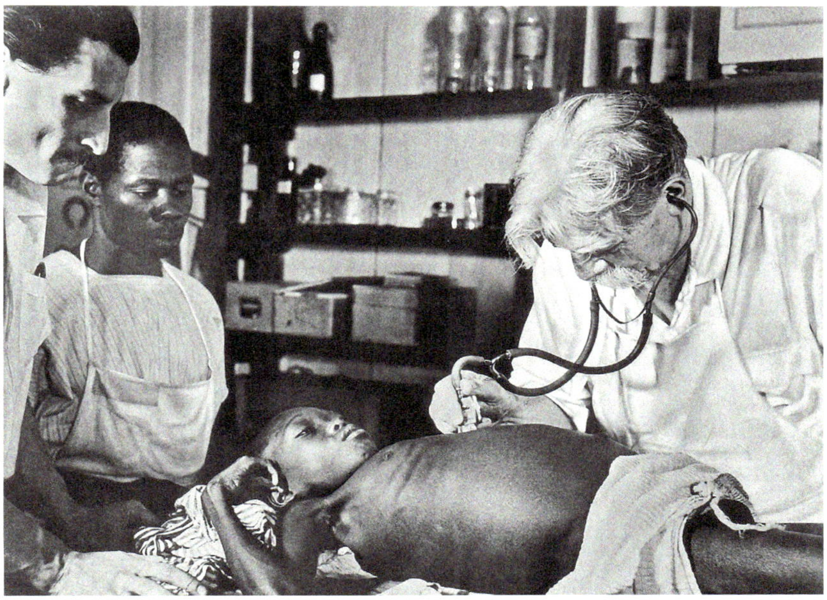

M4 Albert Schweitzer im Hospital in Lambarene im Staat Gabun
Der Arzt war ein großer Freund der Afrikaner und setzte sich selbstlos für sie ein.

4. Vergleiche das Bild M1 auf Seite 108 mit den Aussagen des Afrikaners in M2. Nenne Unterschiede.

5. Beschreibe, wie der Karikaturist die Veränderungen im Leben der Afrikaner durch die deutsche Herrschaft sieht. (M1)

* **6.** Vergleiche das Verhalten der Europäer in M2 mit dem von Albert Schweitzer. (M2, M4)

Der Hereroaufstand

Historiker bezeichnen die Niederschlagung des Hereroaufstandes als den ersten Völkermord des 20. Jahrhunderts.

T1 Unerträgliche Lage für die Herero

Die 1884 gegründete Kolonie Deutsch-Südwestafrika (heute Namibia) war etwa doppelt so groß wie Deutschland. Der Volksstamm der Herero lebte am Rande der Wüste. Die Herero waren Viehzüchter, die mit ihren Herden ständig auf der Suche nach neuen Weideplätzen waren.

Im Jahre 1903 wies die Kolonialverwaltung den Herero ein unfruchtbares Gebiet zu, in dem es keine Weideplätze gab. Die Lage für die Herero wurde unerträglich, als eine Eisenbahnlinie von der Küste in das Landesinnere gebaut wurde. Jetzt waren sie auch von den lebensnotwendigen Wasserlöchern abgeschnitten.

M1 Vor den deutschen Truppen geflüchtete Herero nach ihrer Rückkehr aus der Omaheke-Wüste

1. Wer waren die Herero und wo lebten sie? (T1, M4)

2. Warum waren die Hereo auf Weideland angewiesen? (T1, M4)

3. Nenne Gründe für den Aufstand der Herero. (T1, M4)

T2 Völkermord

Im Januar 1904 erhoben sich die Herero. Die Krieger überfielen Farmen, Handelsniederlassungen und Militärstationen. Sie töteten 123 Siedler – Frauen und Kinder verschonten sie. Die deutschen Soldaten gingen mit Maschinengewehren und Kanonen gegen die Aufständischen vor. Sie trieben diese in die Omaheke-Wüste und riegelten das Gebiet ab. Etwa 60 000 Herero, darunter viele Frauen und Kinder, starben an Durst und Hunger oder wurden erschossen. Am 16. März 1904 druckte die deutsche Zeitung „Vorwärts" den Brief eines deutschen Soldaten ab. Er schrieb: „Wir dürfen keine Gefangenen machen, alles, was lebend ist und schwarze Farbe hat, wird niedergeschossen."

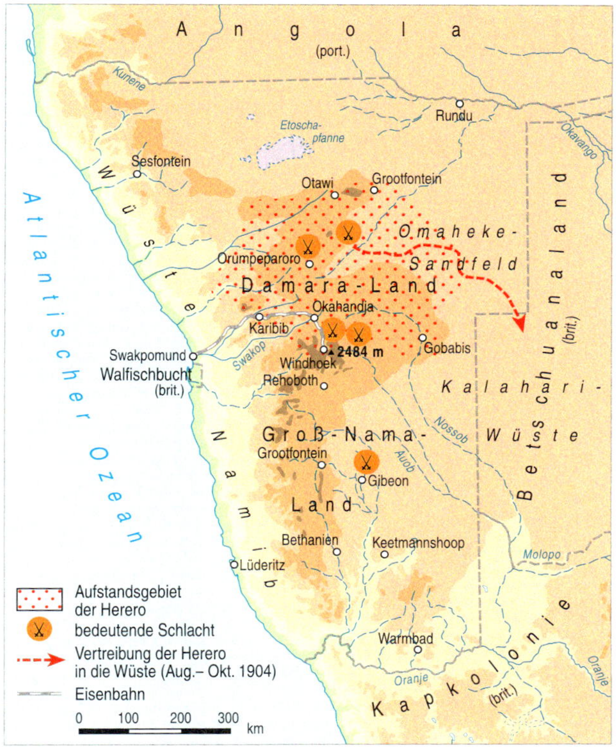

M4 **Deutsch-Südwestafrika und der Aufstand der Herero, 1904/1905**

M2 Ein Farmer schrieb nach einem Überfall der Hererokrieger:

„Für solch unbarmherziges Rauben, Morden und Schänden kann es nur eine Strafe geben: den Tod (...). Wer da von Schonung spricht, ist ein Verräter an seiner Rasse. (...) Von den überlebenden Mördern müssen für jeden erschlagenen Weißen mindestens fünf Stück aufgehängt werden. (...) Für die Überlebenden: Frondienst, bis diese sich (...) bewusst sind, der Weiße, und ganz speziell der Deutsche, ist Herr und nicht gesonnen, seine Herrschaft abzutreten."

M3 Der Afrikaner Jan Omaruru, der in der deutschen Schutztruppe kämpfte, sagte unter Eid aus:

„Ich war dabei, als die Herero bei Hamakiri, in der Nähe des Waterberges, in einer Schlacht besiegt wurden. Nach der Schlacht wurden alle Männer, Frauen und Kinder ohne Gnade getötet, die, ob verwundet oder nicht, den Deutschen in die Hände fielen."

Lexikon

Völkermord
Darunter versteht man die vollständige oder teilweise Vernichtung von Menschen, die einer nationalen, religiösen oder sozialen Gruppe angehören. In der Bundesrepublik Deutschland steht auf Völkermord eine lebenslange Freiheitsstrafe, die nicht verjährt.

4. Beschreibe das Vorgehen der deutschen Truppen gegen die Herero.
(T2, M1, M3, M4)

*
5. Sage deine Meinung zum Brief des deutschen Farmers. (M2)
a) Welche Strafen fordert er für die Herero?
b) Wie begründet er die Strafen?
c) Welche Einstellung hat er zu den Afrikanern?

*
6. War die Niederschlagung des Hereroaufstandes durch die deutschen Kolonialtruppen Völkermord? Begründe deine Meinung.
(T2, Lexikon)

Die Kriegsgefahr wächst

Anfang des 20. Jahrhunderts beherrschten Misstrauen und Angst die Beziehungen zwischen den europäischen Völkern.

T1 Bismarcks Bündnispolitik
Das Deutsche Reich war eine starke Militärmacht, die ständig weiter aufrüstete. Daher fürchteten sich die europäischen Völker vor einem möglichen neuen Krieg zwischen Frankreich und Deutschland. Reichskanzler Bismarck gelang es, das Ausland vom Friedenswillen Deutschlands zu überzeugen. Die deutsche Regierung schloss mit Österreich-Ungarn, Italien und Russland Bündnisse ab. Nur Frankreich hatte keinen Bündnispartner.

T2 Wachsendes Misstrauen
1890 trat Reichkanzler Bismarck zurück. Kaiser Wilhelm II. hatte wenig Interesse daran, den Frieden durch Bündnisse zu sichern. Er trieb die militärische Aufrüstung voran. Der Deutsche Reichstag beschloss 1900 den Ausbau der Kriegsflotte auf 36 Großkampfschiffe. Großbritannien und Frankreich beobachteten dies mit Misstrauen und Sorge. Großbritannien sah zudem seine Vormachtstellung auf den Weltmeeren schwinden. Frankreich befürchtete, den Einfluss in Europa zu verlieren.

T3 Neue Bündnisse
1904 schlossen Frankreich und Großbritannien ein Bündniss, das sie „Entente" nannten. Jetzt standen sich in Europa zwei Bündnisse feindlich gegenüber:
- der 1882 gegründete „Dreibund" mit Deutschland, Österreich-Ungarn und Italien,
- die „Entente" mit Großbritannien und Frankreich unter Einbindung Russlands.

Das Deutsche Reich sah sich nun vom Westen und vom Osten her bedroht. Die Spannungen zwischen den Großmächten nahmen zu. Ein Krieg war nicht mehr ausgeschlossen.

M1 Kaiser Wilhelm II. in Admiralsuniform
(Ausschnitt einer Ansichtskarte, um 1900)
Im Hintergrund sind deutsche Kriegsschiffe zu sehen.

»

1. Mit welchen Staaten schloss Bismarck Bündnisse? (T1)

2. Was erreichte er damit in Europa? (T1)

3. Arbeite mit der Karikatur M4.
a) Was wird dargestellt?
b) Sage in einem Satz, wie der Zeichner die Politik Bismarcks einschätzt.

4. Welche Folgen hatte der Rücktritt Bismarcks für die deutsche Außenpolitik? (T2)
Was sagt M1 über die Ziele Wilhelms II. aus?

M 4 **Europäische Balance** (Karikatur im „Kladderadatsch", 8. Juli 1888)
In der Mitte Reichskanzler Bismarck, links ein Franzose, rechts ein Russe.

M 2 Ansichten zur deutschen Flottenaufrüstung

a) Admiral von Tirpitz, Chef des deutschen Marineamtes, erklärte im Jahre 1900:

„Deutschland muss eine Flotte von solcher Stärke haben, dass selbst für die größte Flotte (gemeint ist die englische) ein Krieg mit ihm ein solches Risiko in sich schließen würde, dass ihre eigene Überlegenheit gefährdet wäre. Für diesen Zweck ist es nicht absolut notwendig, dass die deutsche Flotte ebenso groß ist wie die der größten Seemacht, weil in der Regel eine große Seemacht nicht in der Lage sein wird, ihre ganze Kraft gegen uns zu konzentrieren. (…)"

b) Der SPD-Abgeordnete Karl Liebknecht sagte im Juni 1900 vor dem Deutschen Reichstag:

„Es ist keine Flottenbegeisterung, es ist ein Flottenschwindel (…). 5 000 Millionen werfen wir ins Wasser für die Flotte, nach diesem Gespenst von Weltmachtpolitik und Weltherrschaft, aber für das Elend vor unseren Türen haben wir kein Geld."

M 3 Der Bau schwerer Kampfschiffe

	1889 bis 1900	1900 bis 1910	1910 bis 1913
England	38	36	20
Deutschland	12	25	13
Frankreich	15	11	11
Russland	15	6	4

M 5 Rüstungsausgaben (in Millionen Mark)

	1905	1910	1913
Frankreich	991	1177	1327
Russland	1069	1435	2050
England	1263	1367	1491
Deutschland	1064	1377	2111
Österreich-Ungarn	460	660	720

5. Nenne die beiden Bündnisse und deren Mitgliedsstaaten, die sich seit 1904 gegenüberstanden. (T 3)

* **6.** Flottenaufrüstung: ja oder nein? (M 2)
a) Warum ist Admiral von Tirpitz dafür?
b) Warum ist Karl Liebknecht dagegen?

* **7.** Berechne den Zuwachs der Rüstungsausgaben der Staaten von 1905 bis 1913 und des Baus schwerer Kampfschiffe von 1900 – 1910 gegenüber 1889 – 1900 in Prozent. (M 3, M 5)

Die ersten Schüsse fielen in Sarajevo

Ein Attentat löst einen Krieg aus, an dem viele Staaten beteiligt sind.

T1 Attentat in Sarajevo

Der Balkanstaat Bosnien wurde seit 1908 von Österreich-Ungarn regiert. Am 28. Juni 1914 geschah in der bosnischen Hauptstadt Sarajevo etwas, was weitreichende Folgen haben sollte. Ein serbischer Student erschoss den österreichisch-ungarischen Thronfolger und dessen Frau auf offener Straße. Der Attentäter begründete seine Tat mit der Unterdrückung der Serben in Österreich-Ungarn.

M1 Deutsche Soldaten fahren an die Westfront (Foto, August 1914)

»

1. Was geschah am 28. Juni 1914 in Sarajevo? (T1)

2. Erkläre, warum das Attentat von Sarajevo einen Weltkrieg auslöste. (T2)

3. Sage mit eigenen Worten, wie der Student Walter Wimmer den Einberufungsbefehl aufnahm. (M2)

T2 Der Krieg bricht aus

Vielen war klar: Das Attentat konnte schnell einen Krieg auslösen, der große Teile Europas erfassen würde. Das lag daran, dass die europäischen Großmächte zwei gegnerischen Bündnissen, Dreibund und Entente, angehörten. Diese wiederum hatten auch Verträge mit anderen Staaten. Im Kriegsfall waren alle Bündnispartner verpflichtet, sich gegenseitig zu unterstützen. Am 28. Juli 1914 erklärte Österreich-Ungarn Serbien den Krieg. Daraufhin stellte sich Russland, das mit Frankreich und Großbritannien verbündet war, an die Seite Serbiens. Nun erklärte Deutschland am 1. August 1914 Russland und zwei Tage später Frankreich den Krieg. Der Erste Weltkrieg war ausgebrochen.

T3 Kriegsbegeisterung überall

In Deutschland, Frankreich, Großbritannien und Russland jubelten viele Menschen bei Kriegsausbruch. Junge Männer meldeten sich freiwillig zur Front. Frauen und Kinder verabschiedeten stolz ihre Männer und Söhne an die Front. Die meisten Soldaten waren davon überzeugt, für eine gerechte Sache zu kämpfen. Sie glaubten, Weihnachten als Sieger wieder zu Hause zu sein. Die Politiker und Heerführer ließen sich weniger von ihren Gefühlen leiten. Ihnen ging es um Eroberungen und um die Erweiterung der Macht.

M2 Der 24-jährige Jura-Student Walter Limmer schrieb 1914 an seine Eltern:*

» Leipzig (leider immer noch!), 3. August 1914
Hurra!
Endlich habe ich meine Beorderung (=Einrufungsbefehl): morgen Vormittag 11 Uhr in einem hiesigen Lokal. Stunde um Stunde habe ich auf meinen Befehl gewartet (...). Auch Ihr, meine guten Eltern, werdet mir Recht geben: Ich gehöre nicht mehr ins friedliche Leipzig (...). Denken wir an unser Volk, ans Vaterland, an Gott, an alles Unfassbare, so werden wir mutig und stark. «

*Am 24. September 1914 starb W. Limmer nach einer Verwundung in Frankreich.

M3 Vernichte diese wildgewordene Bestie. Tritt in die USA-Armee ein. (amerikanische Lithographie, USA 1917/18)

M4 „Europäischer Dreschplatz". (deutsche Propagandapostkarte, 1914, Altonaer Museum Hamburg) Ein deutscher und ein österreichischer Soldat „bearbeiten" gemeinsam ihre Gegner.

4. Wie reagierten die Menschen in den Ländern auf den Ausbruch des Krieges? (T3)

*
5. Arbeite mit M1:
a) Beschreibe die Stimmung der Soldaten auf dem Foto.
b) Sieh dir die Schriftbilder an dem Waggon an. Was sagen sie aus über die Erwartungen und Hoffnungen der Soldaten?

*
6. Gruppenarbeit
Gruppe 1: M3, Gruppe 2: M4
a) Beschreibe die Karikatur.
b) Welche Meinung hat der Karikaturist darüber, wer einen gerechten und wer einen ungerechten Krieg führt?

Kriegspropaganda

Nicht nur die Soldaten an der Front, sondern das ganze Volk sollte für den Krieg begeistert werden.

T 1 Unterstützung des Krieges
Der Krieg hatte begonnen. Die Regierungen der Krieg führenden Länder versuchten ihre Bevölkerung davon zu überzeugen, dass der Krieg gerecht sei. Deshalb müsse jeder Opfer bringen und den Krieg unterstützen.

T 2 Kriegspropaganda
In allen Staaten lief die Kriegspropaganda auf Hochtouren: Die Zeitungen veröffentlichten täglich den Heeresbericht. Er enthielt Angaben über den Gefechtsverlauf: wie viele Waffen erbeutet, welche Gebiete erobert und wie viele Kriegsgefangene gemacht wurden. Oft entsprachen die Angaben nicht der Wahrheit, denn es kam darauf an, im Volk den Glauben an den Sieg zu stärken. Auf vorgedruckten Feldpostkarten und Propagandaplakaten wurden die Kriegsgegner als gefährliche Ungeheuer dargestellt, die aber trotzdem gegen die eigenen Soldaten chancenlos sind. Der Hass auf andere Völker wurde geschürt.

T 3 Erziehung für den Krieg
In den Schulen fanden Gedenkveranstaltungen statt, wenn Lehrer oder ehemalige Schüler an der Front gefallen waren. Kriegsspielzeug, vor allem Bleisoldaten, war ein beliebter Geschenkartikel. Die Kinder nahmen sich die Soldaten zum Vorbild und „spielten Krieg".

M 1 Aufruf zum Eintritt in die Jugendkompanie:

» Wohlan, Ihr deutschen Jünglinge von 16 bis 22 Jahren! Ihr habt vernommen, mit welchem Löwenmut Eure kriegsfreiwilligen Kameraden die feindlichen Reihen gestürmt haben, das Triumphlied „Deutschland, Deutschland über alles"! auf den Lippen. (…) Ihr werdet Euren Brüdern nicht zurückstehen und in gleichem Geiste kämpfen, wenn Euch das Vaterland ruft. (…) Tretet ein, Mann für Mann in die Jugendkompanien! Stählt Eure Kraft. Schärft Eure Sinne! Übt Euren Mut! Überwindet Euch selbst! Große Scharen sind dem Rufe schon gefolgt. «

M 2 Die deutschen Soldaten und ihre harmlosen Feinde (Postkarte, 1914)

1. Welches Ziel hatte die Propaganda für den Krieg? (T 1)

2. Was wurde getan, damit die Menschen in der Heimat den Krieg unterstützen? (T 2, M 1 – M 5)

3. Welche Einstellung hat die Mutter zum Krieg? Belege deine Meinung an Stellen aus dem Text. (M 4)

Der Weltkrieg im Kleinen

Wir tragen unſer Schießgewehr
Wie richtige Soldaten.
Weithin ſchallt unſer Kriegsgeſchrei
Und kündet unſre Taten.
Die Mädchen aber müſſen ſtricken
Und den Soldaten Strümpfe ſchicken!

M 3 **Kinderspiele** (deutsche Postkarte, 1916)

M 4 Eine Zeitung veröffentlichte am 8. August 1914 den Leserbrief einer Mutter:

„Deutsche Frauen, auf zur Königstreue, zum Krieg gegen die weiche Stimmung in Euch selbst, womit ihr den von Gott erwählten Kämpfern für König und Vaterland, für unser liebes blühendes Deutschland, den Gang zur größten heiligsten Pflicht so schwer macht. (...)
Wir wollen sie anspornen, begeistern, die jetzt unseres so großen, allseitig so hochverehrten Kaisers und Herzogs Rock tragen dürfen, um Brust an Brust dem verhassten Feind zu zeigen, was es heißt, deutschen Zorn und Feuer zu entfachen.“

M 5 Schüler demonstrieren für Kriegsanleihen. Da die Kriegskosten sehr hoch waren, sollten die Deutschen ihre Ersparnisse in Kriegsanleihen anlegen. Nach dem Sieg sollte alles mit hohen Zinsen zurückgezahlt werden.

*
4. Beschreibe M 2.
a) Welche deutschen Kriegsgegner sind zu sehen?
b) Wie werden sie im Einzelnen dargestellt?
c) Was will der Zeichner aussagen? Vervollständige dazu den Satz: Die Deutschen sollen davon überzeugt werden, dass ...

*
5. Auf dem Bild M 3 siehst du verschiedene Gruppen von Kindern.
a) Was „spielen" die einzelnen Gruppen?
b) Was könnte der Grund dafür sein, warum der Maler das Bild nennt: „Der Weltkrieg im kleinen"?
c) Was denkst du darüber, wenn Kinder „Krieg spielen"?

Ist der Krieg noch zu gewinnen?

Schon bald war klar:
Die Militärführung hatte die Kampfkraft des deutschen Heeres und ihrer Verbündeten überschätzt.

T1 Stellungskrieg im Westen
Im August 1914 eroberten die deutschen Truppen in wenigen Wochen Belgien und drangen nach Nordfrankreich vor. Eine Gegenoffensive der französischen und englischen Truppen brachte den Einmarsch zum Stehen. Auf einer Länge von 700 Kilometern gruben sich die deutschen Soldaten und ihre Gegner in Schützengräben ein. Der Stellungskrieg begann.

Beide Seiten versuchten, mit Artilleriegeschützen und Maschinengewehren die Stellungen des Gegners zu erobern, ohne dass der Frontverlauf sich wesentlich veränderte. Im Jahre 1916 kam es zu gewaltigen Schlachten bei der französischen Stadt Verdun und am Fluss Somme. Über Monate hinweg tobten die Kämpfe. Mehr als eine Million deutsche, französische und englische Soldaten fielen.

M1 Grabenkrieg an der Westfront

M2 Der Soldat Friedel Oehme schreibt am 21. August 1916 von der Westfront:

» Am 17. abends erhielten wir Befehl, die vierte Stellung zu besetzen. Bald wurden wir in die dritte und schließlich in die zweite Stellung vorgezogen. Der Weg dahin ist schon unbeschreiblich. (...) Der ganze Himmel ist ein unaufhörliches Zucken und Leuchten. Die Luft ist erfüllt vom Krachen und Donnern der Abschüsse, vom Platzen berstender Granaten, vom Heulen und Pfeifen der Geschosse, die hin- und herfliegen. (...)
Endlich sind wir genügend weit vor, und jetzt heißt´s eingraben. Von einem Granatloch zum anderen wird nach der Seite gearbeitet, bis ein zusammenhängender Graben entsteht. (...) In Regen und Kälte, ohne Mantel und Decke, ohne etwas Warmes zu trinken, (...) haben wir dann drei Tage vorn zugebracht. «

»

1. Beschreibe M3. Welche Vorstellungen hat der Zeichner zu Kriegsbeginn über den Krieg?

2. Verfolge den Kriegsverlauf in der Karte M4. Nimm einen Atlas zu Hilfe. (T1, T2).

3. Welche Auswirkungen hatten für das Kriegsgeschehen
a) die Revolutionen in Russland,
b) der Eintritt der USA in den Krieg?
(T2, T3)

M3 „Das Sprungbrett“.
(12. Kriegsnummer der „Lustige(n) Blätter“, Oktober 1914)

T2 Der Krieg im Osten

Im Osten besiegten die deutschen Truppen 1914 zwei russische Armeen in Ostpreußen und drangen weiter nach Russland vor. Aber auch hier kam der Vormarsch zum Stehen und es begann, wie an der Westfront, der Stellungskrieg. Das änderte sich erst 1917: Im März wurde der russische Zar durch eine Revolution gestürzt.
Im November übernahmen die Kommunisten unter Führung Lenins durch eine zweite Revolution die Macht. Sie beendeten den Krieg mit Deutschland durch den Abschluss eines Friedensvertrages.

T3 Die USA treten in den Krieg ein

Auch der Seekrieg gegen England scheiterte. Trotz anfänglicher Erfolge war die deutsche U-Boot-Flotte den Engländern unterlegen. Im April 1917 traten die USA als Gegner Deutschlands in den Krieg ein. Dadurch verschlechterte sich die Kriegslage Deutschlands und der verbündeten Mittelmächte weiter. Der Krieg war für die Deutschen nicht mehr zu gewinnen.

Lexikon

Stellungskrieg
Das ist ein Krieg, der an einer starren Frontlinie stattfindet. Die Gegner liegen sich in Schützengräben gegenüber. Sie versuchen, durch Geländegewinn „ihre Stellung“ auszubauen. Um wenige Meter zu erobern, sterben oft Tausende Soldaten.

M4 Frontenverlauf des Ersten Weltkrieges

*
4. Stellungskrieg an der Westfront (T1, M1, M2, Lexikon)
a) Gib mit eigenen Worten wieder, wie der Soldat Oehme in M2 den Stellungskrieg erlebt.
b) Beschreibe seine Gefühle.

*
5. Vergleiche die Vorstellungen in M3 mit dem Kriegsverlauf.
Bewerte die Kriegslage 1917/1918 für das deutsche Heer und die Verbündeten.
Ist der Krieg noch zu gewinnen? (T1–T3, M3, M4)

Das Gesicht des Krieges

Kriege gab es vorher schon viele.
In den Jahren 1914 bis 1918 bekam der Krieg jedoch ein neues Gesicht ...

T1 Technik im Dienste des Krieges
Im Ersten Weltkrieg war vieles anders als in den Kriegen zuvor. Wissenschaftler und Ingenieure hatten modernste Erkenntnisse der Naturwissenschaften und Technik genutzt, um neue todbringende Waffen zu entwickeln. Diese wurden nun erstmalig eingesetzt: Maschinengewehre, Flammenwerfer, Handgranaten, weitreichende Geschütze und Tanks (Vorläufer der Panzer). Mit dem Einsatz von Jagd- und Bombenflugzeugen nahm der Luftkrieg seinen Anfang. Neu war auch der Einsatz von Unterseebooten im Seekrieg.

T2 Materialschlachten
Im Ersten Weltkrieg wurden ungeheure Mengen an Waffen, Munition und „Menschenmaterial" benötigt. Der Krieg wurde immer mehr zu einer Materialschlacht. Die gewaltige Zerstörungskraft der neuen Waffen führte dazu, dass Millionen Soldaten getötet oder verwundet wurden. Städte und Dörfer wurden in Schutt und Asche gelegt, Landschaften verwüstet.

T3 Einsatz von Giftgas
Am 22. April 1915 setzte das deutsche Heer erstmalig Giftgas ein. An der Westfront bei Ypern in Flandern wurden um 17 Uhr auf sechs Kilometer Frontlänge 146 Tonnen Chlor aus Gasflaschen abgeblasen. 5 000 englische und französische Soldaten starben unter entsetzlichen Schmerzen an verätzten Lungen. Auch die französische und die englische Armee setzten von nun an Giftgas als Kampfmittel ein.

M1 Schlachtfeld bei Arras in Nordfrankreich (Foto, 1917)

1. Zähle auf, welche neuen Waffen im Ersten Weltkrieg eingesetzt wurden. (T1, T3, M4)

2. Was unterschied die neuen von den bisherigen Waffen? (T1, T3)

*
3. Sage deine Meinung zum Giftgaseinsatz im Ersten Weltkrieg. Analysiere dazu M2 nach folgenden Fragen:

Schriftliche Quellen auswerten

M 3 **Gefallener Soldat des Ersten Weltkrieges** (Foto aus dem Ersten Weltkrieg)
Der deutsche Generalfeldmarschall Hindenburg sagte einmal: „Mit Sentimentalitäten (Gefühlen) kann man keinen Krieg führen. Je unerbittlicher die Kriegsführung ist, umso menschlicher ist sie in Wirklichkeit."

M 2 Der französische General Mordacq berichtet, was er am 22. April 1915 nach dem Giftgaseinsatz in Flandern (Belgien) sah:

„Ich stieg sofort zu Pferde und galoppierte in die Gräben. (…) Man konnte am Ufer des Kanals nur noch einige gelbliche Rauchschwaden erkennen. Als wir uns aber Boesinghe auf 300 oder 400 Meter genähert hatten, fühlten wir heftiges Prickeln in der Nase und Kehle; in den Ohren sauste es; das Atmen fiel schwer, ein unerträglicher Chlorgeruch umgab uns. (…) In der Nähe des Dorfes war das Bild, das sich uns bot, mehr als bedauernswert – es war tragisch. Überall Flüchtende: (…) ohne Waffe – verstört, mit ausgezogenen oder weit geöffneten Röcken und abgenommener Halsbinde – liefen wie Wahnsinnige ins Ungewisse, verlangten laut schreiend nach Wasser, spuckten Blut, einige wälzten sich sogar am Boden und versuchten vergeblich, Luft zu schöpfen. (…) Seit Kriegsbeginn war ich leider in Lothringen und bei Arras Zeuge vieler Paniken, aber nie musste ich ein ähnliches Schauspiel einer so vollkommenden Auflösung mit ansehen. Der Versuch, die Flüchtenden aufzuhalten, war vergebliche Mühe. (…)"

M 4 **Englische Soldaten mit Gasmasken und Maschinengewehren** (Foto, 1916)

a) Was sah General Mordacq bei der Besichtigung des Schlachtfeldes nach dem Gasangriff?
b) Welche Folgen hatte das Einatmen des Giftgases für die Soldaten?
c) Was empfand der General, als er die Soldaten sah?

*
4. Sieh dir M 3 an und sage deine Meinung zum Ausspruch von Generalfeldmarschall Hindenburg unter dem Bild.

*
5. Sieh dir zunächst die Bilder M 1, M 3 und M 4 genau an.
Schreibe anschließend einen Bericht zum Thema „Das Gesicht des Ersten Weltkrieges". Beschreibe, wie der Krieg das Leben der Soldaten veränderte.

„Es war die Hölle!“ – Feldpostbriefe

Wie haben die Soldaten den Krieg erlebt?
Was haben sie gedacht und gefühlt?
Ihre Briefe von der Front sagen es uns.

T1 Feldpostbriefe

Eine wichtige Verbindung der Soldaten an der Front zu ihren Angehörigen und Freunden in der Heimat war die Feldpost. Auf Feldpostkarten und in Feldpostbriefen beschrieben sie das Leben an der Front – wie sie kämpften, wie stark der Feind war, ob das Essen schmeckte oder wie das Verhältnis zu den Vorgesetzten war. Die Soldaten schrieben über ihre Zuversicht an einen endgültigen Sieg, wenn sie den Gegner bei einer Schlacht besiegt hatten. Sie schrieben aber auch über ihre Trauer, wenn Kameraden im Kampf gefallen waren. Und viele Soldaten machten sich auch Gedanken darüber, ob es sich lohnen würde, in diesem Krieg sein Leben zu opfern.

T2 War alles wirklich so?

Die Briefe der Soldaten vermitteln ein persönliches Bild über den Kriegsalltag. Nicht alles, was nach Hause geschrieben wurde, entsprach der Wahrheit. Das hatte seinen Grund: Manchmal wurden Feldpostbriefe kontrolliert. Und oft erlebten die Soldaten viel Grausames, das sie verschwiegen, um die Angehörigen nicht zu beunruhigen.

< Extra >

M1 Ein Offizier schreibt von der Ostfront in Galizien am 25. April 1915 seinen Eltern:

» Lieber Vater!
Auf den Zusammenstoß mit dem Feinde freue ich mich, das darf ich dir ohne Übertreibung wirklich sagen. Und es übertrifft meine kühnsten Erwartungen, dass ich eine Truppe führen darf. – Gott gebe, dass ich es zum Nutzen unseres Vaterlandes tun werde. (...) Ich bin in meinem ganzen Leben nie so glücklich gewesen wie jetzt, und ich danke dir, lieber Vater, und ich danke es auch Mutter, dass ich vor allem an eurem Beispiel gelernt habe, dass eure Erziehung mich doch letzten Endes dazu befähigt hat, ein preußischer Soldat und Offizier zu werden. «

M2 Der Maler August Macke schreibt am 21. September 1914 an seine Frau von der Westfront.
Tage später fällt er in einem Gefecht:

» Vorgestern hatten wir ein Gefecht. (...) Einer nach dem anderen schrie auf und fiel. Ich führte die Kompanie sofort aus diesem Loch, und wir kratzten uns mit Händen, Kochgeschirren und Spaten Deckungen, die allmählich größer wurden, sodass wir bis an die Knie eingegraben waren. Da lagen wir den ganzen Tag, schossen vorsichtig. Manch einer, der leichtsinnig sich zu hoch aufrichtete, fiel hinten über. Dabei schlugen die Granaten ein, dass die Tornister, die dicht hinter den Gräben lagen, haushoch emporflogen. Wir sahen das, wussten nicht, welcher von uns lieben Kameraden jetzt wieder getroffen war, und so ging es fort bis zum Abend. (...) «

»

1. Worüber berichteten die Soldaten von der Front in den Feldpostbriefen? (T1)

2. Warum schrieben die Soldaten nicht immer die Wahrheit?

* **3.** Lest zunächst alle die Briefe M1, M2, M4.

Schriftliche Quellen auswerten

Bildet anschließend drei Gruppen. Jede Gruppe befasst sich mit einem Feldpostbrief.

Extra

M 3 Ein deutscher Soldat schreibt nach Hause.

M 4 Der Offizier Eugen Johann Müller aus Forst an der Weinstraße schreibt an seine Eltern:

„Schützengraben,
den 25. Februar 1915
Liebe Eltern!
(...) Hier auf dem Berg sind große Massengräber. (...) Jetzt weiß ich, was Krieg ist. Es ist trauriges Elend. Heute Nacht hat unsere Artillerie ein Dorf zusammengeschossen, da brennen viele Häuser, und so nachts ist das arg, so etwas anzusehen. Die Granaten pfeifen einem über den Kopf und brausen. Jetzt sitzen wir schon 8 Tage hier im Schützengraben, und es ist so kalt. Ich friere arg und bin doch dick angezogen. Etwas Warmes haben wir schon zehn Tage nicht mehr gegessen, nichts als Zwieback und Büchsenfleisch, denn die Feldküche kann nicht herfahren. (...) Mein einziger Wunsch ist, ich wollte der Krieg ist vorbei! Aber wie lange wird er noch dauern! (...)“

Ein Schüler der Gruppe liest zunächst den Brief vor.
Arbeit mit den Texten:
a) Worüber schreibt der Soldat?
b) Was schreibt er darüber?
c) Wie ist seine Gefühlslage?
d) Welche Haltung hat er zum Krieg, an welchen Textstellen wird das deutlich?

*
4. In den Briefen stellen drei Soldaten unterschiedlich dar, was sie an der Front erlebten und wie sie darüber dachten.
Was findest du aus den Berichten richtig, was fragwürdig?

Schreibe eine Kurzreportage, in der du deine Vorstellungen erläuterst (etwa 15 Zeilen) unter dem Titel: Das Leben an der Front.

An der Heimatfront

Je länger der Krieg dauerte, desto mehr wirkte sich das auf das Leben der Deutschen in der Heimat aus.

T1 Hunger und Kriegsmüdigkeit
Zu Beginn des Krieges glaubten viele Deutsche an einen schnellen Sieg. Aber es kam anders. Der Krieg zog sich in die Länge, ein Ende war nicht in Sicht. Die englische Flotte blockierte die deutschen Häfen. Der Handel mit dem Ausland wurde immer schwieriger. Die Wirtschaft war nicht auf einen langen Krieg eingestellt. Die Waren wurden knapp. Brot und andere Lebensmittel konnten nur noch gegen Lebensmittelkarten gekauft werden. Zwischen 1914 und 1918 starben in Deutschland 800 000 Menschen an Hunger.

T2 Frauen im Arbeitsprozess
Die deutsche Wirtschaft produzierte fast nur noch für den Krieg. Es fehlte an Rohstoffen für Waffen, vor allem war Kupfer knapp. Deshalb wurden Gegenstände aus Kupfer eingeschmolzen, so auch Kirchenglocken, Fenstergriffe und Türklinken.
Da die Männer an der Front waren, fehlte es auch an Arbeitskräften. Die Lücke mussten die Frauen ausfüllen. Sie arbeiteten in der Rüstungsindustrie, in Lebensmittelbetrieben, als Postbotinnen, Straßenbahnschaffnerinnen, in der Verwaltung und auch in der Landwirtschaft.

M1 Hungernde Berliner schlachten einen Pferdekadaver aus.
Eine schlechte Ernte und der strenge Winter 1916 führten dazu, dass Kartoffeln und Fleisch kaum noch zu erhalten waren. Besonders hungerten die Menschen in den Städten. Kohlrüben wurden zum wichtigsten Nahrungsmittel.
(Foto, 1918)

1. Beschreibe das Bild M1. Was sagt es über die Lebensmittelversorgung in Deutschland im Kriegsjahr 1918 aus?

2. Wie verändert der Krieg das Leben vieler Frauen in Deutschland? (T2, M2)

3. Sage deine Meinung zum Bild M2. Denke daran, dass mit dem Bild für die Frauenarbeit geworben wird.

M 2 Rüstungsbetriebe werben für Frauenarbeit

M 3 Eine sozialdemokratische Zeitung aus Hannover schreibt am 25. Dezember 1915 zur Arbeit der Frauen in den Kriegsjahren:

» Frauenarbeit war bei uns immer schon eine sehr begehrte Ware. Denn sie ist erheblich billiger als Männerarbeit; selbst bei gleichen Leistungen. (...) Viele der Arbeiten, die Frauen verrichten, galten bei uns unumstößlich als ausgesprochene Männerarbeiten, obschon sie jetzt von den Frauen ebenso gut, wenn nicht vollendeter, ausgeführt werden. (...)

Sobald der Krieg vorüber ist, muss die Nachtarbeit wieder abgeschafft werden. (...) «

T3 Immer mehr sind gegen den Krieg

Je länger der Krieg dauerte, desto mehr verflog die Kriegsbegeisterung. Immer mehr Familien erhielten Briefe, dass der Mann oder Sohn an der Front gefallen sei. Viele Deutsche glaubten nicht mehr an den Sieg und hofften auf ein schnelles Kriegsende. 1916 kam es zu ersten Streiks und Demonstrationen gegen den Krieg und für Frieden. Diese nahmen in den folgenden Jahren zu.

M 4 Anna Kohns (1883 – 1977) aus Bonn schrieb ihre Erlebnisse in den Kriegsjahren in ein Schulheft, das sie als Tagebuch benutzte:

» 14. September 1915

Jetzt werden die dauernd Untauglichen gemustert, das wird wohl das Ende sein, denn wen wollen sie dann holen. Ich glaube, wenn alle fort sind, ist der unselige Krieg von selbst zu Ende. Man könnte verzweifeln darüber (...) .

21. März 1916

Die Soldaten sind missmutig – aber auch alle – und sind nahe dran, den Gehorsam zu verweigern. Und erst die Stimmung im Volk! Die ist nicht zu beschreiben. Es ist bald kein Haus, wo nicht ein Angehöriger gefallen ist, und dann die ungeheure Teuerung der Lebensmittel, wir sind von aller Welt abgeschnitten und müssen uns selbst ernähren. Wenn man bei Fett- und Butterverkauf die Menschenmenge sieht, die sich drängt, dann die Polizisten, die die Ordnung halten, dann weiß man, wie es mit uns steht. Ich glaube sicher, dass unser Heer den Sieg nicht herbeiführen kann, die können so viel siegen, wie sie wollen, der verdammte Engländer will keinen Frieden (...). «

4. Was erfährst du in M 3 über
a) die Arbeitsbedingungen und die Löhne der Frauen,
b) die Veränderungen, was das Ansehen der berufstätigen Frauen in der Gesellschaft betrifft?

*
5. Werte den Bericht von Anna Kohns aus Bonn aus. (M 4)
a) Wie beschreibt sie die Stimmung in der Bevölkerung?
b) Was hat sich 1918 gegenüber 1914 in der Einstellung vieler Deutscher zum Krieg geändert?
c) Was sind die Gründe für den Stimmungswandel?

Das Ende des Krieges

Die Niederlage des deutschen Heeres im Ersten Weltkrieg hatte weitreichende Folgen für den deutschen Staat.

T1 Der Krieg ist verloren
Im März 1918 scheiterte eine letzte Großoffensive des deutschen Heeres an der Westfront. Die erschöpften deutschen Truppen mussten vor dem Gegenangriff der französischen, englischen und amerikanischen Streitkräfte immer weiter zurückweichen. Nach schweren Niederlagen an den Fronten in Südosteuropa kapitulierten die deutschen Bündnispartner Bulgarien, Türkei und Österreich-Ungarn.

T2 Waffenstillstand und Revolution
Die Oberste Heeresleitung forderte am 29. September 1918 die deutsche Regierung auf, einen Waffenstillstand mit den Kriegsgegnern abzuschließen. Trotzdem befahl die deutsche Marineführung Anfang November 1918 den Matrosen der Kriegsflotte, gegen die überlegene englische Flotte auszulaufen. Die Matrosen meuterten. In Kiel und Wilhelmshaven kam es zum bewaffneten Aufstand. Die Revolution brach aus und breitete sich über ganz Deutschland aus. Am 9. November 1918 trat Kaiser Wilhelm II. zurück. Deutschland wurde eine Republik. Zwei Tage später unterzeichnete die neue Regierung mit den Siegermächten einen Waffenstillstand.

M2 Generalfeldmarschall von Hindenburg schreibt am 3. Oktober 1918 an Reichskanzler Prinz Max von Baden:

„(Es) besteht nach menschlichem Ermessen keine Aussicht mehr, dem Feinde den Frieden aufzuzwingen. Der Gegner seinerseits führt ständig neue frische Reserven in die Schlacht (...) Die Lage verschärft sich aber täglich und kann die OHL (Oberste Heeresleitung) zu schwerwiegenden Entschlüssen zwingen. Unter diesen Umständen ist es geboten, den Kampf abzubrechen, um dem deutschen Volke und seinen Verbündeten nutzlose Opfer zu ersparen. Jeder versäumte Tag kostet Tausenden von tapferen Soldaten das Leben.“

M1 Die deutsche Kommission mit weißen Fahnen an den Autos im französischen Ort Compiegne am 11. November 1918
Um 17 Uhr wurde der Waffenstillstand unterzeichnet.

»

1. Beschreibe die Lage für das deutsche Heer und seine Verbündeten im Sommer 1918. (T1)

2. Welche Meinung hat Soldat Falkenhain in M3 zum Krieg? Vervollständige die beiden Sätze:
a) Karl Falkenhain bezeichnet den Krieg ...
b) Er hofft, dass der Krieg ...

3. Wie beschreibt der Kronprinz in M5 den Zustand des deutschen Heeres? Nenne Einzelheiten.

4. Wie kennzeichnet Hindenburg die Lage für das deutsche Heer und was fordert er? (M2)

M3 Von der Front schreibt am 16. September 1918 Karl Falkenhain an seine Frau und Kinder:

„Meine Lieben, der 16. September ist ein schwarzer Tag. Vor vier Jahren habe ich Euch und die Heimat verlassen müssen und bin seitdem in der weiten Welt. Muss einsam und verlassen von meinen Lieben leben. Keiner hätte damals geglaubt, dass der verfluchte, elende Krieg so lange dauern würde, und keiner weiß heute, wie lange der Schwindel noch gehen soll und wann wir wieder in Liebe und Frieden zusammenleben können. Gott soll helfen, dass es bald zum Schluss kommt und das Morden endlich aufhört. Das wünscht von ganzem Herzen Dein lieber Mann, Euer lieber Vater, und dass ich und unser lieber Sohn zusammen in die liebe Heimat zurückkehren können.“

M5 Kronprinz Ruprecht, Führer einer deutschen Heeresgruppe, schreibt am 18. Oktober 1918:

„Unsere Truppen sind übermüdet und in erschreckender Weise zusammengeschmolzen. Die Kopfzahl der kampffähigen Infanterie einer Division beträgt selten 3000 Mann, Sollstärke 12 800. (…) Bei einzelnen Armeen sind 50 Prozent der Geschütze ohne Bespannung (Transportpferde). (…) Ausgebaute Stellungen haben wir nicht mehr, und es lassen sich auch keine mehr schaffen. Für die Lastwagen mangelt es an Betriebsstoff. (…) Ernsten feindlichen Angriffen können wir beim Fehlen von Reserven nicht mehr standhalten. (…) Unter allen Umständen müssen wir zum Frieden gelangen, ehe sich der Gegner den Weg nach Deutschland erzwingt.“

Lexikon

Waffenstillstand
Das ist eine Vereinbarung von Kriegsparteien, bewaffnete Feindseligkeiten zeitweilig oder dauernd zu beenden. Die Kriegsparteien sind verpflichtet, Zivilpersonen und Kriegsgefangene in ihre Länder zurückzuschicken. Meistens folgen einem Waffenstillstand Verhandlungen über einen Friedensvertrag.

M4 Revolutionäre Matrosen der deutschen Kriegsflotte, November 1918

M6 Gefallene Soldaten im Ersten Weltkrieg

Russland	2 000 000
Deutschland	1 936 000
Großbritannien	1 184 000
Frankreich	1 140 000
Österreich-Ungarn	1 000 000
Italien	650 000
Serbien	360 000
Türkei	325 000
Rumänien	250 000
USA	125 000

5. Welches Ereignis führte zum Ausbruch der Revolution in Deutschland? (T2, M4)

6. Welche Folgen hatte die Revolution für Deutschland? (T2)

*
7. Beschreibe M1: Was könnten in diesem Augenblick die auf die Autos schauenden Franzosen gedacht haben?

*
8. Der Erste Weltkrieg war eine Katastrophe ungeheuren Ausmaßes: Wie viele Soldaten fielen allein aus den genannten Ländern? (M6)

Kriegerdenkmäler

Was sagen uns Denkmäler für die gefallenen Soldaten noch heute?

T1 Denkmäler zur Erinnerung

In vielen deutschen Städten und Dörfern stehen Denkmäler, die an Gefallene der beiden Weltkriege erinnern. Du findest sie auf Friedhöfen und auf öffentlichen Plätzen. Nicht selten befindet sich auf dem Sockel des Denkmals eine Gedenkplatte mit den Namen der gefallenen Soldaten aus der Heimatgemeinde.

T2 Heldenverehrung oder Mahnung?

Nach dem Ersten Weltkrieg wurden in Deutschland viele Kriegerdenkmäler feierlich eingeweiht. Sie sahen sehr unterschiedlich aus. Das hing auch davon ab, was die Auftraggeber für den Bau des Denkmals und der Künstler, der es gestaltete, beabsichtigten: Wollten sie den Menschen sagen, dass hier Helden gefallen

M1 Schüler aus Osnabrück vor dem Kriegerdenkmal in Ibbenbüren (Nordrhein-Westfalen)

M2 Kriegerdenkmal in Hildesheim
Als die Einwohner an einem Morgen 1981 die Beschriftungen sahen, waren die meisten empört. Eine Tageszeitung berichtete darüber unter dem Titel: „Schmiererei oder sinnvolle Ergänzung?“ In den nächsten Tagen wurde die Schrift entfernt.

»

1. Welche unterschiedliche Bedeutung können Kriegerdenkmäler für die Menschen haben? (T1, T2)

2. Findet heraus, welche Kriegerdenkmäler es in eurer Umgebung gibt. (T3, M1)

3. Zur Rede des Offiziers bei der Denkmalseinweihung 1931 in M4:
a) Worin sieht er die Bedeutung des Denkmals für die „Alten und Jungen“?
b) Sage deine Meinung dazu.

sind, deren Kampf für die Jugend vorbildlich ist? Oder wollten sie daran erinnern, dass die Gefallenen junge Männer waren, die das Leben noch vor sich hatten und einen sinnlosen Tod starben?

T3 Kriegerdenkmäler befragen

Der Besuch eines Kriegerdenkmals kann euch wichtige Informationen vermitteln. Ermittelt aus der Beschreibung des Denkmals und möglichen Zusatzinformationen, welche Absichten die Erbauer hatten. Wichtig ist dabei zu untersuchen, wie zu unterschiedlichen Zeiten in Festreden und Zeitungsartikeln den Gefallenen gedacht wurde. Hinweise hierüber findet ihr vielleicht im Archiv, Museum oder in der Ortschronik.

M4 Am 12. Juli 1931 wurde in Kaiserslautern ein Ehrenmal für gefallene deutsche Soldaten eingeweiht. Der ehemalige Kommandeur des 23. bayerischen Infanterieregiments sagte bei der Einweihung:

»Ich weihe Dich, unser Denkmal an dieser hervorragenden Stätte Kaiserslauterns, als Quelle der Kraft, nicht nur für Kaiserslautern, für Alte und namentlich Junge, für das ganze deutsche Volk. Möge es erzogen werden im gleichen Geist, der uns treibt in den Tod fürs Vaterland.«

M3 Opferdenkmal in Frankfurt/Main von B. Elkan
Als das Denkmal im Oktober 1920 eingeweiht wurde, waren viele Bewohner empört und protestierten.
Ein Zeitungsleser fragte, „ob eine nackte Frau den Schmerz der Mutter Deutschland' versinnbildlichen sollte".

Methode: Ein Kriegerdenkmal hinterfragen

1. Beschreiben
Was ist dargestellt? Was steht im Mittelpunkt des Denkmals? Werden Gefühle wie Trauer und Schmerz sichtbar? Was steht auf der Gedenktafel?

2. Zusätzliche Informationen beschaffen
Wer gab den Auftrag? Ist der Künstler bekannt? Welche Bedeutung hat das Denkmal für die Bewohner?

3. Gesamteindruck
Welchen Eindruck macht das Denkmal auf dich?
Welche Aussage zum Krieg und zum Soldatentod wird vermittelt? Entspricht diese deinen Vorstellungen?

*
4. Worin unterscheiden sich die Denkmäler in M2 und M3?
a) Was wird dargestellt?
b) Was sagen sie zum Krieg und zum Soldatentod aus?
Wende dabei die Schritte „Ein Denkmal hinterfragen" an.

*
5. Setze dich mit der Beschriftung in M2 auseinander: Schmiererei oder sinnvolle Ergänzung? Sprecht darüber in der Klasse.

*
6. Wie sieht dein Denkmal für gefallene Soldaten aus? Beschreibe es in wenigen Sätzen.

Wer kennt sich aus?

1. Hier stimmt doch was nicht!

Verbessere die falschen Aussagen und schreibe sie richtig auf. Manchmal sind mehrere Fehler in einer Aussage:

- Rassisten treten für die Gleichberechtigung aller Völker ein.
- Neben Russland und Frankreich besaß die Schweiz viele Kolonien.
- Die Afrikaner hatten keine eigene Religion.
- Die Europäer berücksichtigten die Kultur und Religion der Afrikaner.
- Die afrikanischen Völker standen auf einer niedrigen Kulturstufe.
- Der Volksstamm der Herero lebte in Deutsch-Ostafrika.
- Unternehmer waren nicht an Kolonien interessiert.
- Algerien war eine englische, Togo eine spanische Kolonie.
- Die Europäer halfen den Afrikanern, die Kolonien zu verwalten.
- Die militärisch überlegenen Herero besiegten die Soldaten der deutschen Schutztruppe.
- Die Europäer behandelten die Afrikaner menschlich.
- Missionare aus Europa verbreiteten den jüdischen Glauben.

2. Wie heißt doch gleich ...

Schreibe die gesuchten Begriffe auf:

- der englische Politiker, für den die „weiße Rasse" den Afrikanern überlegen war;
- der Staat heute, der früher die Kolonie Deutsch-Südwestafrika war;
- ein außereuropäisches Land, das von einem fremden Staat abhängig ist;
- die deutsche Bezeichnung von Imperialismus;
- ein Arzt, der sich selbstlos für die Afrikaner einsetzte;
- die Wüste, in der Tausende Herero 1904 umkamen;
- jemand, der behauptet, die „weiße Rasse" sei den farbigen Völkern überlegen;
- die Familiengemeinschaft, die den Afrikanern Geborgenheit bot;
- jemand, der das Ziel hat, Menschen anderen Glaubens zum Christentum zu bekehren.

3. Alles über die Herero

Ergänze die Sätze in deinem Heft. Wähle unter folgenden Begriffen aus.

Eisenbahnlinie, Farmen, Herero, Kinder, Kolonialverwaltung, Überlebenschance, überlegen, unfruchtbar, verschonten, Viehzüchter, Waffen, Wasserlöchern, Weideplätze, Wüste, Wüste

- Der Volksstamm der ... lebte am Rande der ...
- Die Herero waren ..., die mit ihren Herden ständig neue ... suchten.
- 1903 wies die deutsche ... den Herero neue Gebiete an, die ... waren.
- Durch den Bau einer ... wurden die Herero von den lebensnotwendigen ... abgeschnitten.
- Weil die Herero keine ... mehr hatten, griffen sie zu den ...
- Die Hererokrieger überfielen deutsche ...
- Deutsche Frauen und Kinder ... sie.
- Die deutschen Soldaten waren den Herero militärisch ...
- Sie trieben die Herero in die ...
- Tausende, auch Frauen und ..., verdursteten.

Wichtige Begriffe:

Dreibund

Rassismus

Herero

Heimatfront

Großfamilie

4. Experten zum Ersten Weltkrieg

Finde die folgenden Umschreibungen.
Die Buchstaben der markierten Spalte ergeben, von oben nach unten gelesen, eine Kriegsführung, die im Ersten Weltkrieg Bedeutung erlangte.

1) Tägliche Beschreibung der Kriegslage an den Fronten.
2) Chemischer Kampfstoff, im Ersten Weltkrieg an der Westfront eingesetzt.
3) Stadt in Bosnien, in der der österreichische Thronfolger ermordet wurde.
4) Osteuropäischer Staat, ein Kriegsgegner Deutschlands;
5) Dieses Ereignis führte in Deutschland im November 1918 zum Sturz der Monarchie.
6) Name des Bündnisses der Mittelmächte Deutschland, Österreich und Italien.
7) Führender Staat in der Entente, Hauptgegner Deutschlands.
8) Südosteuropäischer Staat, im Ersten Weltkrieg Verbündeter Deutschlands.
9) Briefe, die Soldaten von der Front den Angehörigen und Freunden in der Heimat schickten.
10) So etwas baute man in vielen Städten und Dörfern zur Erinnerung an die gefallenen Soldaten.
11) In der Nähe dieser französischen Stadt fand eine der größten Schlachten des Ersten Weltkrieges statt.
12) In dieses westeuropäische Land marschierten im August 1914 deutsche Soldaten ein.
13) Bekannter deutscher General des Ersten Weltkrieges.
14) In dieser französischen Stadt wurde am 11. November 1918 der Waffenstillstand unterzeichnet.

Imperialismus

Attentat

Feldpost

Kriegerdenkmal

Waffenstillstand

Entente

6 Neue Weltmächte entstehen

Um das Jahr 1900 wurden alle wichtigen Entscheidungen der Weltpolitik in London, Paris oder Berlin getroffen. Das änderte sich. 50 Jahre später bestimmten zwei Weltmächte die Politik – die Vereinigten Staaten von Amerika (USA) und die Sowjetunion. In beiden Staaten gab es sehr unterschiedliche Vorstellungen darüber, wie die Zukunft der Menschen aussehen sollte.

Bezug zu heute

Internationale Geschäfte werden auch heute noch oft in Dollar abgewickelt.

Geschichte erleben

Chronologie

um 1900
Die USA erweitern ihr Einflussgebiet auf den Pazifischen Ozean und Lateinamerika.

April 1917
Die USA treten auf Seiten der Ententemächte in den Ersten Weltkrieg ein.

Die Brooklyn-Brücke
in New York (USA)
wird bereits 1883 erbaut.

Arbeiter und Kolchos-
bäuerin – Idealbild des
neuen sozialistischen
Menschen.

Oktober 1917

Die Bolschewiki
stürzen die alte Ordnung
und errichten eine
kommunistische
Ordnung.

nach 1924

Stalin und seine
Anhänger errichten
in der Sowjetunion
eine brutale Diktatur.

Die neue Weltmacht USA

Vor hundert Jahren nannte man die USA das „Land der unbegrenzten Möglichkeiten". Tatsächlich haben es Einzelne vom Tellerwäscher zum Millionär gebracht.

T1 Erschließung des Westens
Im 19. Jahrhundert kamen fast 30 Millionen Menschen aus Europa als Einwanderer in die Vereinigten Staaten von Nordamerika. Viele von ihnen siedelten sich in den weiten Ebenen des Westens an. Dort gab es reichlich Grasland für das Vieh und die fruchtbaren Böden brachten gute Getreideernten. Zehntausende fanden beim Bau der Eisenbahnen Beschäftigung, denn Jahr für Jahr wuchs das Schienennetz um mehrere Tausend Kilometer. Der Westen war auch reich an Silber, Gold und anderen Erzen. Das lockte viele an. Doch das erhoffte schnelle Geld machten nur wenige.

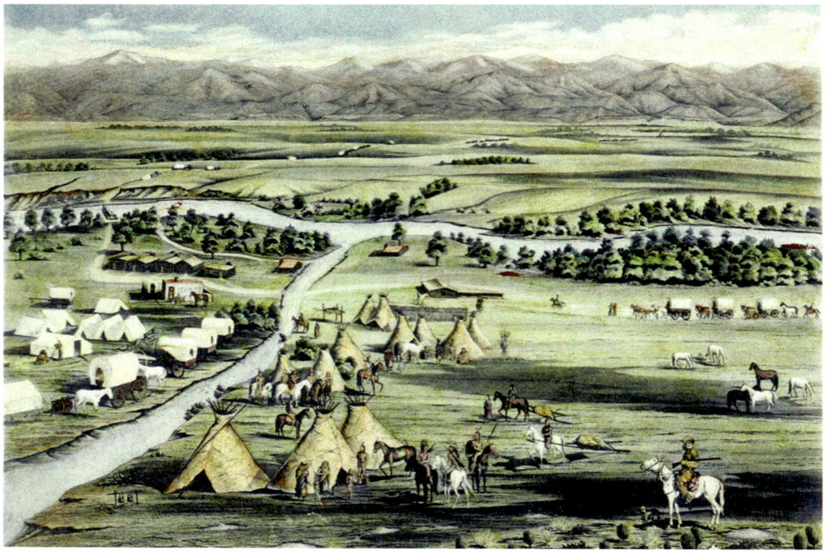
M1 Siedlerdorf im Westen der USA (amerikanische Lithografie, 19. Jh.)

T2 Industrialisierung des Ostens
Im Osten der USA fand man Kohle und Eisenerze. Dort entstand das größte Industriegebiet der Welt. In den Fabriken arbeiteten Millionen Einwanderer für geringe Löhne. Sie bauten Lokomotiven für die Eisenbahn, landwirtschaftliche Maschinen für die Farmer und Förderanlagen für die neue Ölindustrie.

T3 Der amerikanische Traum
Viele Nordamerikaner kamen durch harte Arbeit zu Wohlstand und Ansehen. Bei Millionen anderen war die Zuversicht groß, auch sie könnten es mit Fleiß und Geschick zu etwas bringen. Die US-Amerikaner waren überzeugt, dass der Tüchtige sich durchsetzt.

T4 Reichtum in wenigen Händen
Es gab Unternehmer, die in zwei oder drei Jahrzehnten riesige Vermögen anhäuften. Oft, indem sie ihre Konkurrenten in den Ruin trieben, Politiker bestachen und ihre Arbeiter rücksichtslos ausbeuteten. Den erfolgreichsten gelang es, einen ganzen Wirtschaftszweig zu beherrschen und damit die Preise zu bestimmen. Man nannte diese Unternehmer „Eisenbahnkönig", „Stahlkönig" oder „Geldkaiser".

»

1. „Geh in den Westen, junger Mann und wachse mit dem Land", hieß es 1859 in einer New Yorker Zeitung. Suche in T1 und M1 nach Begründungen für diese Aussage.

2. Drücke in ein oder zwei Sätzen aus, worin der „amerikanische Traum" besteht. (T3, Zweitüberschrift)

3. Erkläre, was man unter einem „Stahlkönig", „Eisenbahnkönig" und „Ölkönig" verstand. Warum waren sie mächtig? (T4, M2)

T5 Der Dollar regiert die Welt
Um das Jahr 1900 hatten viele Unternehmen sehr hohe Gewinne angehäuft. Sie investierten nun ihr Kapital auch in anderen Ländern: vor allem in Mittel- und Südamerika sowie in Ostasien. Dort sicherten sie sich billige Rohstoffe und hatten Absatzmärkte für ihre Waren. Die Regierung der USA unterstützte die Unternehmen.
Sie gab den betreffenden Staaten „großzügig" Kredite. So konnten diese zum Beispiel Straßen und Eisenbahnen bauen, die zur wirtschaftlichen Erschließung der Länder wichtig waren. Wer sich aber den Interessen der USA widersetzte, wurde finanziell oder sogar militärisch unter Druck gesetzt.

M3 „Rede sanft, aber trage einen dicken Knüppel bei dir", so beschrieb US-Präsident Roosevelt seine Politik gegenüber den Staaten am Karibischen Meer.
„Debt Collector" heißt „Schuldeneintreiber". (Karikatur, 1904)

M2 John D. Rockefeller wurde „Ölkönig" genannt. Er war der reichste Mann der Welt.

Extra

M4 Andrew Carnegie war als 13-Jähriger arm und ungebildet nach Amerika eingewandert. Jahrzehnte später produzierten seine Unternehmen so viel Eisen und Stahl, dass man ihn den „Stahlkönig" nannte. Über den Wettbewerb in der Wirtschaft äußerte er sich 1889 so:

„Das Gesetz des Wettbewerbs (...) mag zwar für den Einzelnen gelegentlich hart sein, für die Menschheit ist es jedoch zum Besten, weil es auf jedem Gebiet das Überleben der Tüchtigsten sicherstellt. Daher akzeptieren und begrüßen wir die große Ungleichheit der Lebensbedingungen, die Konzentration von Industrie und Handel in den Händen von wenigen, (...) da sie für den Fortschritt der Menschheit nicht nur günstig, sondern auch notwendig sind."

4. In welchen Regionen der Erde investierte die US-Industrie ihr Kapital um 1900 vor allem? Warum tat sie das? (T5)

*
5. Arbeite mit der Karikatur M3.
a) Beschreibe zunächst, was du siehst.
b) Wie stellt der Karikaturist das Karibische Meer dar, die Länder um dieses Meer, den US-Präsidenten?
c) Erkläre den Ausspruch von Roosevelt.

*
6. Arbeitet mit M4.
a) Formuliert mit eigenen Worten den Grundgedanken Andrew Carnegies.
b) Warum glaubte gerade er, dass der Tüchtige sich durchsetzt?

Ein „Kreuzzug für die Freiheit"?

Im Jahr 1914 erklärte der amerikanische Präsident, sein Land würde sich aus dem Krieg heraushalten. Doch 1918 kämpften zwei Millionen US-Soldaten gegen Deutschland.

T1 Neutralität 1914

Als der Erste Weltkrieg begann, wollten die meisten Amerikaner nicht, dass ihre Soldaten in Europa kämpfen. Die US-Regierung hatte bisher immer nach dem Grundsatz gehandelt, dass sich die Vereinigten Staaten aus europäischen Angelegenheiten heraushalten sollten. Beim Ausbruch des Krieges erklärte der amerikanische Präsident Wilson daher die USA zum neutralen Staat.

M1 Der Moloch spuckt Kriegsmaterial aus. (Karikatur aus der deutschen Zeitschrift Simplizissimus, 1917)

M2 Stapellauf eines US-Schiffes: „Auf Kiel gelegt: 15. Mai, Stapellauf: 1. Juni" (Foto, 1918)

T2 Kriegseintritt 1917

Trotzdem gehörten die Sympathien der Amerikaner überwiegend Frankreich und Großbritannien. Frankreich galt seit der Unterstützung im Unabhängigkeitskrieg (1775 – 1783) als Freund Amerikas. Außerdem war es wie die USA eine Republik. Mit England fühlten sich die Amerikaner durch ihre Sprache und Kultur verbunden.

An diese beiden Staaten lieferten die USA schon seit Kriegsbeginn Waffen und Munition. Im Jahr 1917 griffen deutsche U-Boote auch die Handelsschiffe neutraler Staaten an, wenn sie englische Häfen anliefen. Das nahm US-Präsident Wilson zum Anlass, Deutschland den Krieg zu erklären.

T3 Die USA entscheiden den Krieg

Deutschland bekam nun zu spüren, was es hieß, gegen das mächtigste Industrieland der Welt Krieg zu führen: Amerikas Fabriken produzierten bald mehr Waffen als alle übrigen Gegner Deutschlands zusammen. Allein 1918 wurden 533 Schiffe gebaut, um Truppen und Material über den Atlantik zu schaffen. Das trug entscheidend zur Niederlage des deutschen Heeres 1918 bei.

T4 Eine neue Weltordnung?

Präsident Wilson legte am 8. Januar 1918 ein Programm vor, wie die Staaten nach dem Krieg in Frieden miteinander leben könnten. Eine internationale Organisation, der Völkerbund, sollte alle Streitigkeiten friedlich regeln. Als dann der Völkerbund 1919 gegründet wurde, traten die USA ihm jedoch nicht bei. Die neue Weltmacht zog sich aus der europäischen Politik wieder zurück.

»

1. Nenne zwei Gründe, warum sich die USA 1914 aus dem Ersten Weltkrieg heraushielten. (T1)

2. Warum traten die USA 1917 in den Krieg ein? (T2)

3. Welche Folgen hatte der Kriegseintritt der USA für Deutschland und seine Verbündeten? (T3, M1, M2)

M 3 US-Exporte an die Krieg führenden Staaten 1914 und 1916 (Wert der Waren in Millionen US-Dollar)

	1914	1916
An die Entente-Mächte	825	3 214
An Deutschland und seine Verbündeten	169	1

M 4 Wilsons „Programm" aus dem Jahr 1918 enthielt unter anderem die folgenden Grundsätze und Bestimmungen:

„Gerechtigkeit und faires Handeln der anderen Völker der Welt müssen gegen Gewalt und selbstsüchtigen Angriffsgeist gesichert werden. (…) Das Programm des Weltfriedens ist daher unser Programm. Das einzig mögliche Programm, wie wir es sehen, lautet: (…)

Aufhebung sämtlicher wirtschaftlicher Schranken und gleiche Handelsbeziehungen zwischen allen Nationen. (…)

Rüstungsbegrenzung auf dem niedrigsten Stand, der mit der inneren Sicherheit zu vereinbaren ist. (…)

Bildung eines allgemeinen Verbandes der Nationen zur Garantie der Unabhängigkeit und der Unantastbarkeit aller Staaten."

M 5 Plakat der US-Kriegsmarine (=„Navy") zur Anwerbung von Kriegsfreiwilligen (1917)

M 7 Plakat der US-Armee zur Anwerbung Freiwilliger (1917)

Extra

M 6 Senator George W. Norris aus dem Bundesstaat Nebraska hatte andere Vorstellungen über den Kriegseintritt der USA als Präsident Wilson:

„Nach meiner Meinung hätten wir von Anfang an die strikteste Neutralität wahren sollen. Wenn wir das getan hätten, stünden wir jetzt nicht am Rande des Krieges (…) Der Krieg bringt Reichtum für die Spekulanten der Wall Street (die Aktienbörse von New York) (…) Sie wollen Geld verdienen durch den Krieg und die Vorbereitung des Krieges (…) Die Folgen können sein, dass Millionen unserer Brüder ihr Blut vergießen müssen, dass Millionen Frauen weinen müssen, dass Millionen Kinder frieren müssen und Millionen Säuglinge verhungern müssen – und alles nur, weil wir das Recht amerikanischer Bürger wahren wollen, Waffen an Krieg führende Staaten zu liefern."

4. Nenne aus M 4 und T 4 einige Vorschläge des US-Präsidenten Wilson für eine friedlichere Welt nach dem Ende des Ersten Weltkrieges. Sprecht darüber.

*
5. Arbeite mit M 5 und M 7.
a) Welche Einzelheiten aus M 5 lassen Deutschland als Bedrohung für die USA erscheinen?
b) Erkläre, worin die Wirkung des Plakats M 7 liegen könnte.

*
6. Arbeite mit M 3 und M 6.
a) Worin sieht Senator Norris den Grund für Amerikas Kriegseintritt?
b) Wen hält er für den Gewinner des Krieges, wen für den Verlierer?

Die Bolschewiki an der Macht

**Zwei Revolutionen erschütterten im Jahre 1917 Russland.
Am Ende übernahmen Lenins Bolschewiki die Macht.**

T1 Ein rückständiges Zarenreich
Russland reichte zu Beginn des 20. Jahrhunderts von der Ostgrenze Polens in Europa bis an den Pazifischen Ozean in Asien. Das riesige Land war fast 50-mal größer als das Deutsche Reich. Seit Jahrhunderten regierte der Zar das Land. Unterstützt von der Kirche und vom Adel bestimmte er allein die Politik. Er konnte Gesetze erlassen, Todesurteile aussprechen und über die Staatseinnahmen beliebig verfügen. Wer sich ihm widersetzte, wurde hart bestraft. In Russland lebten fast 150 Millionen Menschen. Vier von fünf Russen waren Bauern. Die meisten waren arm, viele hungerten. Nur wenige Russen konnten lesen und schreiben.

T2 Der Zar muss gehen
Im Jahre 1905 erhob sich das Volk gegen den Zaren. Doch die Revolution wurde bald niedergeschlagen. Als im Ersten Weltkrieg die russische Armee schwere Niederlagen erlitt und der Hunger im Land zunahm, kam es im Februar 1917 zu einer neuen Revolution. Zar Nikolaus II. wurde gestürzt. Russland bekam eine vom Parlament eingesetzte Regierung. Doch es änderte sich wenig: Der Krieg ging weiter und das Leben der Bevölkerung verbesserte sich nicht.

T3 Die Oktoberrevolution 1917
Nach der Februarrevolution 1917 organisierte der Rechtsanwalt Wladimir Iljitsch Lenin mit seinen Anhängern, den Bolschewiki, den Sturz der Regierung. Am 25. und 26. Oktober 1917 besetzten meuternde Soldaten und bewaffnete Bolschewiki in der Hauptstadt Petrograd (heute Sankt Petersburg) das Regierungsgebäude. Sie verhafteten die Minister. Die Bolschewiki übernahmen unter Führung Lenins die Regierung. Die Revolution hatte gesiegt.

M1 Der Sturm auf das Winterpalais in Petrograd am 25. Oktober 1917
(Ölgemälde von E. I. Deshalyt)
In Wirklichkeit fand dieses Ereignis so nicht statt.
Die Anhänger Lenins gelangten durch einen Hintereingang in das Gebäude.

1. Nenne Unterschiede zwischen Russland und dem Deutschen Reich zu Beginn des 20. Jahrhunderts. (T1, M2, M3).

2. Der Zar war allmächtig. Begründe die Aussage mit Fakten. (T1)

3. Beschreibe das Bild M3 und werte die Quelle M2 aus.
a) Was erfährst du über die Arbeits- und Lebensbedingungen der Arbeiter vor der Oktoberrevolution? (T1, M2, M3)
b) Sprecht darüber, warum viele Menschen unzufrieden waren.

M 2 Der Textilarbeiter Pjotr Alexejew sagte 1877 vor Gericht aus:

„Es wird uns keine Bildung zuteil, weil es keine Schulen gibt und weil wir für kargen Lohn über unsere Kräfte arbeiten müssen. Wenn wir als neunjährige Knaben zur Fabrikarbeit getrieben werden, was erwartet uns da? (...) Aufseher prügeln uns mit Ruten und mit Fäusten, um uns an die schwere Arbeit zu gewöhnen; wir werden unzureichend ernährt, wir ersticken in Staub und verdorbener Luft, wir schlafen auf dem nackten Boden, ohne Kissen, ohne Decke, eingehüllt in Lumpen, von zahllosem Ungeziefer geplagt.
(...) Wie sollten wir den Kapitalisten gegenüber etwa anderes empfinden als Hass?“

M 4 Wladimir Iljitsch Lenin
(Foto, 1905)

Lexikon

Bolschewiki
So nannte man die Anhänger Lenins, die sich zu einer kommunistischen Partei zusammenschlossen. Die Bolschewiki wollten die alte Gesellschaft mit Gewalt stürzen und dann selbst die Macht übernehmen.

M 3 **„Wolgatreidler“** (Gemälde des russischen Malers J. E. Repin, 1873)
Männer ziehen schwere Lastkähne auf der Wolga flussaufwärts.

4. Warum kam es im Februar 1917 in Russland zur Revolution? Was war das Ergebnis? (T 2)

5. Beschreibe, wie am 25. und 26. Oktober 1917 die Bolschewiki an die Macht kamen. (T 3, M 1)

*
6. Welche Gründe könnte der Maler von M 1 für seine Darstellung der Besetzung des Winterpalais gehabt haben?

Eine gerechtere Gesellschaft?

Die Bolschewiki hatten verkündet, Gerechtigkeit und Freiheit für alle durchzusetzen. Und wie sah es wirklich aus?

T1 Bauern erhalten Land

Lenin wollte in Russland eine völlig neue Gesellschaft errichten. In ihr sollte es keine Ausbeutung und Unterdrückung mehr geben. Unter Führung der Partei der Bolschewiki sollten die Arbeiter und Bauern den neuen Staat, der sich Sowjetrussland nannte, selbst regieren.
Als Erstes wurde der Grund und Boden der Großgrundbesitzer enteignet und den Bauern zur Bewirtschaftung übergeben. Allen Krieg führenden Staaten schlug Lenin Verhandlungen für einen sofortigen Frieden vor.

T2 Weitreichende Veränderungen

Die Banken, der Handel und die Industrie wurden verstaatlicht. Männer und Frauen waren von nun an gleichberechtigt. Eine allgemeine Schulpflicht wurde für alle Kinder eingeführt. Des weiteren sollten alle Völker im bisherigen Zarenreich frei entscheiden, ob sie weiter zu Russland gehören wollten oder nicht.

T3 Terror gegen Andersdenkende

Wer gehofft hatte, Sowjetrussland sei jetzt auf dem Weg zu einem demokratischen Staat, wurde enttäuscht. Die Bolschewiki duldeten keine anderen Meinungen: Sie verboten Zeitungen, ließen Andersdenkende verfolgen und verhaften. Terror und Gewalt herrschten. Im Januar 1918 lösten die Bolschewiki das frei gewählte Parlament auf.

M1 Genosse Lenin säubert die Welt von Unrat. (Plakat eines unbekannten Künstlers, 1920)

T4 Bürgerkrieg und Zerstörung

Es kam zum Bürgerkrieg. Nach drei Jahren siegte die Sowjetmacht. Es gab über 10 Millionen Tote. Städte, Dörfer, Fabriken und Bergwerke, aber auch 1700 km Bahngleise und 7000 Brücken waren zerstört. Zwei Millionen Menschen, vor allem Adlige, Unternehmer, Schriftsteller und Künstler, flüchteten ins Ausland.

M2 Terror von den Bolschewiki und ihren Gegnern

» Ein Bauer schreibt dem Schriftsteller Maxim Gorki im Mai 1918:
(...) Am 3. und 4. April machten wir alle eine sehr schwere Zeit durch, als etwa 3000 Rotgardisten (Soldaten der Sowjetmacht) zu uns ins Dorf kamen und alle wohlhabenden Hausbesitzer beraubten. (...) Es lässt sich absolut keine Rechnung aufstellen, wie viel sie bei unseren Bürgern noch an Gütern verschiedenster Art, wie z. B. Brot, Mehl, Kleidung usw., geraubt haben; (...) Und es ist kaum zu beschreiben, wie sie die Leute mit der Nagaika (Peitsche) geschlagen haben. (...)

1. Beschreibe das Plakat M1. Erläutere, was mit dem Wort „Unrat“ gemeint ist.

2. Welche Gesetze der Sowjetmacht werden viele Menschen begrüßt haben? Wer wird dagegen gewesen sein? (T1, T2, M2 und M3)

3. Warum waren nach einiger Zeit viele Menschen von der Sowjetmacht enttäuscht? (T3)

M3 In solchen Dorflesestuben wurden Zeitungen oder Bücher vorgelesen. (Russland, 1929)

M4 Der Terror geht weiter

„General Rosanow, ein Gegner der Sowjetmacht, ordnete im Mai 1919 in Sibirien Folgendes an:
Ich befehle den Garnisonskommandanten der mir unterstehenden Städte, die Bolschewiki und Banditen in den Gefängnissen als Geiseln zu betrachten. Berichtet mir über jeden Tatbestand (gemeint sind Anschläge von Anhängern der Bolschewiki) und erschießt für jedes in den oben genannten Gebieten begangene Verbrechen drei bis zwanzig Ortsgeiseln. Dieser Befehl muss telegrafisch durchgegeben und soll weithin verbreitet werden.“

Lexikon

Sowjets
Das sind „Räte“, die von Arbeitern, Soldaten und Bauern eines bestimmten Gebietes gewählt wurden. Die Sowjets sollten deren Interessen vertreten.
Wörter in Verbindung mit Sowjet: Sowjetmacht, Sowjetrussland, Sowjetunion.

4. Warum kam es zum Bürgerkrieg? (T3, T4)

5. Beschreibe die Folgen des Bürgerkrieges. (T4)

* **6.** Wer waren die Terroristen?
a) Gib mit eigenen Worten wieder, was im Bürgerkrieg 1918/19 geschah. (M2 und M4)
b) Wer handelt in M2, wer in M4?

Schriftliche Quellen auswerten

Die Diktatur Stalins

Der sowjetische Diktator Stalin behauptete, die Sowjetunion sei der fortschrittlichste Staat auf der Welt.

T1 Stalinistischer Terror
1924 starb Lenin. Sein Nachfolger wurde Josef Stalin. Er besetzte alle wichtigen Positionen in der Partei und im Staat mit seinen Anhängern. In den folgenden Jahrzehnten ließ Stalin unter dem Vorwand, sie seien Feinde der Sowjetmacht, Millionen Menschen umbringen: Mitglieder der alten Parteiführung, Generäle und Offiziere, Angehörige der Intelligenz, aber auch Arbeiter und Bauern. Die Beschuldigten wurden verhaftet, gefoltert, in Zwangslager verschleppt oder getötet. Nach Schätzungen fielen fast 20 Millionen Menschen dem stalinistischen Terror zum Opfer.

T2 Personenkult um Stalin
Um die Person Stalins entwickelte sich ein Kult. Dichter und Journalisten priesen Stalin als das größte Genie der Menschheit. Er galt als unfehlbar. Stalin zu kritisieren, war ein Verbrechen. Städte, Straßen, sogar Flüsse, Berge und Kanäle erhielten seinen Namen.

T3 Industrialisierung des Landes
Die kommunistische Partei wollte die Sowjetunion, so nannte sich der Staat nach 1922, in kurzer Zeit zu einem modernen Industriestaat entwickeln. Millionen Männer und Frauen legten unter schwierigsten Bedingungen Straßen, Eisenbahnstrecken und Kanäle an oder bauten Fabriken, Staudämme und Kraftwerke. Auch viele Häftlinge wurden zur Arbeit gezwungen. In wenigen Jahren erreichte die Sowjetunion den zweiten Platz in der Industrieproduktion nach den USA.

M1 Eingang in die Traktorenmontageabteilung der Putilowwerke in Leningrad (heute Sankt Petersburg) (Foto, 1931)

1. Sage mit eigenen Worten, was du unter stalinistischem Terror verstehst. (T1, M2, M4)

2. Beschreibe M3. Was wurde mit solchen Darstellungen bezweckt? (T2)

3. Welches Ziel verfolgte die kommunistische Partei mit der Industrialisierung des Landes? (T3)

T4 Kollektivierung auf dem Lande

Seit 1928 wurden Hunderttausende Bauern gezwungen, auf ihr Land und Vieh zu verzichten und in Kolchosen einzutreten. Wer sich weigerte, wurde verhaftet und oft in Zwangsarbeitslager verbannt. Die Folgen der Kollektivierung waren katastrophal: Die Ernteerträge gingen zurück. Der Viehbestand verringerte sich. Sieben Millionen Menschen verhungerten.

T5 Ein fortschrittliches Land?

Millionen Frauen und Männer arbeiteten begeistert am Aufbau des Landes mit, weil sie an eine bessere Zukunft glaubten. Nicht nur bei der Industrialisierung des Landes waren die Erfolge beeindruckend. 1920 konnten nur 44 % der Menschen lesen und schreiben, 1939 schon über 87 %. Doch alles geschah unter größten Opfern. Ein Menschenleben zählte in der Diktatur Stalins nichts.

M3 „Ruhm dem großen Stalin – dem Architekten des Kommunismus“ (Plakat von N. Petrow/K. Iwanow, 1952)

M2 Ein Augenzeuge berichtet über die Kollektivierung in seinem Dorf:

» Im Hinterhof standen etwa zwanzig Bauern, junge und alte; mit Bündeln auf dem Rücken, bewacht von GPU-Soldaten (Geheimdienst) mit gespanntem Revolver. Einige weinten, die anderen standen mürrisch, verzweifelt und hoffnungslos. (…) Einfache Bauern wurden von ihrem Grund und Boden verschleppt, all ihrer irdischen Güter beraubt und nach irgendeinem Holzfällerlager oder zu Bewässerungsarbeiten verschickt. Aus irgendeinem Grunde ließ man diesmal die Familien zurück. Ihre Schreie durchschnitten die Luft. (…) Nach den Massenverhaftungen traten die wenigen zurückgebliebenen Unentwegten „freiwillig“ in das Kolchos ein. «

Lexikon

Kolchos
Das war ein landwirtschaftlicher Großbetrieb in der Sowjetunion. Die Bauern wurden gezwungen, Land, Vieh und Gebäude als Privateigentum aufzugeben. Es wurde gemeinsames Eigentum des Kolchos.

M4 Schauprozess in der Sowjetunion in den 1930er-Jahren (Foto)

4. Die Industrialisierung war ein gigantisches Aufbauprogramm: Zähle auf, welche Bauten und Anlagen entstanden. (T3, M1)

5. Beschreibe das Vorgehen der Partei bei der Kollektivierung in der Landwirtschaft. Sage deine Meinung dazu. (T4, M2)

*
6. Stalin und die kommunistische Partei behaupteten, die Sowjetunion sei der fortschrittlichste Staat in der Welt. Setze dich mit dieser Meinung auseinander.
Diskutiert darüber in der Klasse. (T5)

Zwei Staaten – zwei Wege

1. Eine Karikatur auswerten

a) Schreibe den Text in dein Heft ab und setze in die Lücken die richtigen Begriffe ein.

Soldaten, Material, Kriegs- und Transportschiffe, Sieg, Deutschland, New York, Geschütze, Industrieland, amerikanischen Stadt, Wolkenkratzern, Karikatur, Symbol, USA, Schlachtfeldern

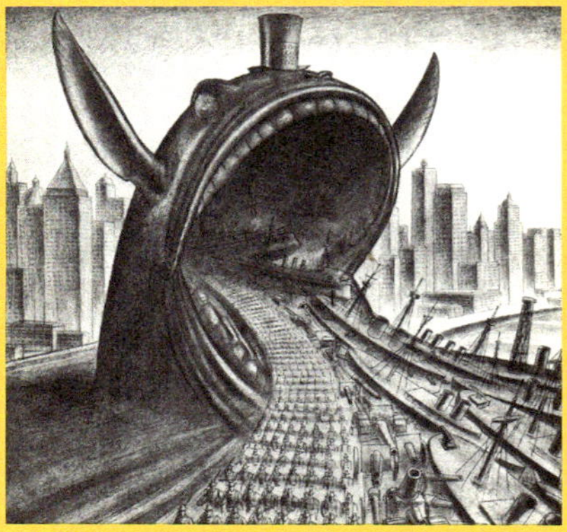

*** Das findest du in einem Lexikon: Moloch. Nach dem Alten Testament der Name eines Gottes in Kanaan (heutiges Israel), dem Kinder durch Feuertod geopfert wurden.**

b) Beschreibe, was du siehst.

Ein gewaltiger Fisch „spuckt" … und Menschen aus: Auf der linken Seite marschieren endlose Kolonnen … aus seinem Maul; in der Mitte bewegt sich ein Strom schwerer … heraus. Auf der rechten Seite speit der Riesenfisch … aus. Im Hintergrund sieht man die dem Meer zugewandte Seite einer sehr großen … .

c) Deute die Karikatur.

Die … ist im Jahr 1917 entstanden. Im selben Jahr sind die USA in den Krieg gegen … eingetreten. Der riesige Fisch ist ein … für die Kraft der neuen Weltmacht auf dem … Kontinent. Als das größte … der Welt wird sie nun die Gegner Deutschlands mit allem versorgen, was diese zum … brauchen. Zudem werden bald viele Hunderttausend amerikanische Soldaten auf den … Europas kämpfen. Im Hintergrund ist die Stadt … mit ihren … zu sehen.
Der Karikaturist will seinen deutschen Landsleuten klarmachen, dass die gewaltige Übermacht der … den Krieg entscheiden könnte.

2. Richtig oder falsch?

Sieben Aussagen zur Geschichte der USA sind falsch. Schreibe sie richtig in dein Heft auf.

- Im 19. Jahrhundert kamen fast 30 Millionen Einwanderer aus Asien und Afrika in die USA.
- Silber und Gold lockten viele Menschen in den Osten Amerikas.
- Im Osten der USA entstand das größte Industriegebiet der Welt.
- Der „amerikanische Traum" bestand darin, dass jeder Urlaub unter Palmen machen konnte.
- Ein „Stahlkönig" trug eine Krone aus purem Stahl.
- Rockefeller verdiente mit Erdöl so viel Geld, dass er der reichste Mann der Welt wurde.
- Andrew Carnegie hielt den Wettbewerb in der Wirtschaft für falsch.
- US-Präsident Roosevelt hielt nichts davon, kleineren Nachbarstaaten mit Soldaten und Kriegsschiffen zu drohen, wenn sie zum Beispiel ihre Schulden nicht bezahlten.
- „Vom Millionär zum Tellerwäscher" – das war ein amerikanischer Traum.

Wichtige Begriffe:

Bolschewiki

Völkerbund

Weltmacht

Kolchos

Wettbewerb

3. ... für Super-Experten – Ein Begriff wird gesucht.

Finde die Umschreibungen. Wenn du die Buchstaben der markierten Spalte von oben nach unten liest, findest du ein Ereignis, das für die Geschichte des 20. Jahrhunderts große Bedeutung hatte.

1) Kirchliche Einrichtung, wurde im Bürgerkrieg oft geplündert.
2) Name des 1917 gestürzten Zaren.
3) So hieß Sowjetrussland seit 1922.
4) Diese Stadt ist heute die Hauptstadt Russlands.
5) Hier lernten die Dorfbewohner lesen und schreiben.
6) Gebäude in Petrograd, 1917 Sitz der Provisorischen Regierung.
7) Stalins ... fielen Millionen Menschen zum Opfer.
8) Diese Einrichtung lösten die Bolschewiki im Januar 1918 auf.
9) Name für die kriegerischen Auseinandersetzungen zwischen den Anhängern und Gegnern der Sowjetmacht.
10) Bezeichnung für die Veränderungen in der Landwirtschaft der Sowjetunion.
11) Name der russischen Hauptstadt 1917.
12) Landwirtschaftlicher Großbetrieb in der Sowjetunion.
13) Gesellschaftsform, die die Bolschewiki anstrebten.
14) Sowjetischer Diktator seit 1924.
15) Partei, die unter Führung Lenins seit Oktober 1917 die Macht ausübte.
16) Bezeichnung dafür, wenn eine Person „wie ein Gott" verehrt wird.
17) Sowjetischer Politiker, gest. 1924.

amerikanischer Traum

Bürgerkrieg

Dollar

Neutralität

Kollektivierung

stalinistischer Terror

Personenkult

Oktoberrevolution

7 Die Weimarer Republik

11. November 1918: In Paris und London feierten die Menschen auf den Straßen den Sieg über das Deutsche Reich. Der Erste Weltkrieg war beendet. Gleichzeitig brach in Deutschland eine Revolution aus: Der Kaiser musste gehen. Aus der Monarchie wurde eine Republik. Nun standen die Menschen vor der schwierigen Aufgabe, einen demokratischen Staat aufzubauen. Allerdings hatten nicht alle Deutschen dieses Ziel. Die Gegner der Demokratie waren zahlreich und sie unternahmen alles, um die Republik zu zerstören.

Bezug zu heute

In der Weimarer Verfassung geht alle Macht vom Volk aus.

Farben der Nationalflagge von 1919 bis 1933: Schwarz-Rot-Gold

Geschichte erleben

Chronologie

1918
In der Novemberrevolution wird in Deutschland die Republik ausgerufen.

1923
Französische Truppen besetzen das Ruhrgebiet.

Im Januar 1919 dürfen Frauen in Deutschland zum ersten Mal wählen.

1929

Die Weltwirtschaftskrise trifft Deutschland besonders hart.

1933

Die Diktatur der Nationalsozialisten beendet die Weimarer Republik.

Deutschlands Weg in die Republik

Das Ende des Ersten Weltkrieges löste in Deutschland dramatische Veränderungen aus: An die Stelle des Kaiserreiches trat eine Republik. Wie war es dazu gekommen?

T1 Von der Rebellion zur Revolution

Im Oktober 1918 wollte die Marineleitung die Flotte zu einem letzten Gefecht auslaufen lassen. Doch die Schiffsbesatzungen wollten sich nicht sinnlos opfern lassen. Sie widersetzten sich dem Befehl, es kam zur Rebellion. Werftarbeiter und Soldaten verbündeten sich mit den Matrosen. Sie besetzten die Rathäuser der Küstenstädte und bildeten Arbeiter- und Soldatenräte. In den folgenden Tagen weitete sich der Aufstand zur Revolution aus. Schnell gebildete Arbeiter- und Soldatenräte übernahmen die Macht.

T2 Das Ende des Kaiserreiches

Am 9. November 1918 erreichte die Revolution Berlin. Die streikenden Arbeiter forderten die Abdankung des Kaisers. Nun überschlugen sich die Ereignisse: Der Reichskanzler der bisherigen Regierung verkündete eigenmächtig den Rücktritt des Kaisers. Er ernannte den Vorsitzenden der SPD, Friedrich Ebert, zum neuen Reichskanzler. Fast zeitgleich riefen Philipp Scheidemann (SPD) und Karl Liebknecht (Spartakusbund) am Nachmittag des 9. November die Republik aus – allerdings mit unterschiedlichen Zielen.

M1 Mitglieder des Arbeiter- und Soldatenrates besetzen in Berlin eine Militärkaserne. (Foto, 9. November 1918)

T3 Die Aufgaben der neuen Regierung

Friedrich Ebert bildete eine vorläufige Regierung, die sich „Rat der Volksbeauftragten" nannte. Ihr gehörten je drei Politiker der SPD und der USPD an. Die Übergangsregierung stand vor großen Problemen: Wie sollten die Soldaten wieder in die Arbeitswelt eingegliedert werden? Was war gegen Arbeitslosigkeit und Hungersnot zu tun? Aufgrund der Notlage waren die SPD-Mitglieder im Rat der Volksbeauftragten dazu bereit, mit Generälen, Beamten und Unternehmern des alten Kaiserreiches zusammenzuarbeiten. Selbst offene Gegner der Republik blieben dadurch im Amt.

8. Extraausgabe. Sonnabend, den 9. November 1918.

Vorwärts

Berliner Volksblatt.

Zentralorgan der sozialdemokratischen Partei Deutschlands.

Arbeiter, Soldaten, Mitbürger!

Der freie Volksstaat ist da!

Kaiser und Kronprinz haben abgedankt!

Fritz Ebert, der Vorsitzende der sozialdemokratischen Partei, ist Reichskanzler geworden und bildet im Reiche und in Preußen eine neue Regierung aus Männern, die das Vertrauen des werktätigen Volkes in Stadt und Land, der Arbeiter und Soldaten haben. **Damit ist die öffentliche Gewalt in die Hände des Volkes übergegangen. Eine verfassunggebende Nationalversammlung tritt schnellstens zusammen.**

Arbeiter, Soldaten, Bürger! Der Sieg des Volkes ist errungen, er darf nicht durch Unbesonnenheiten entehrt und gefährdet werden. Wirtschaftsleben und Verkehr müssen unbedingt aufrecht erhalten werden, damit die Volksregierung unter allen Umständen gesichert wird.

Folgt allen Weisungen der neuen Volksregierung und ihren Beauftragten. Sie handelt im engsten Einvernehmen mit den Arbeitern und Soldaten.

Hoch die deutsche Republik!

Der Vorstand der Sozialdemokratie Deutschlands.

Der Arbeiter- und Soldatenrat.

M2 Extraausgabe des „Vorwärts"
Der „Vorwärts" war die offizielle Parteizeitung der SPD.

»

1. Nenne wichtige Stationen auf Deutschlands Weg vom Kaiserreich zur Republik. (T1, T2)

2. Auf dem Foto wird ein Plakat hoch gehalten. An wen richtet sich die Aufforderung auf diesem Plakat? (M1)

3. Erkläre, warum viele Anhänger des Kaiserreiches nach der Revolution in ihren Ämtern blieben. (T3)

M 3 Der Rat der Volksbeauftragten, Postkarte aus den 1920er-Jahren
Links: Mitglieder der USPD
Rechts: Mitglieder der SPD
In der Mitte: Ausrufung der Republik durch Philipp Scheidemann. Die Szene wurde 1927 nachgestellt, da es von diesem Moment kein Foto gibt.

Lexikon

Räte
Dies waren von Arbeitern und Soldaten gewählte Interessenvertretungen.

Spartakusbund
Im Spartakusbund vereinten sich während des Ersten Weltkrieges in Deutschland Menschen, deren Ziel eine internationale Revolution der Arbeiterklasse war.

USPD
Aus Protest gegen die Unterstützung des Ersten Weltkrieges durch die SPD hatte eine Gruppe von SPD-Reichstagsabgeordneten 1917 eine eigene Partei gegründet – die Unabhängige Sozialdemokratische Partei Deutschlands (USPD).

< Extra >

M 4 Ausrufung der Republik am 9. November 1918

„durch

a) Philipp Scheidemann gegen 14 Uhr vom Balkon des Reichstagsgebäudes:

Arbeiter und Soldaten! Das deutsche Volk hat auf der ganzen Linie gesiegt. (…) Die Hohenzollern* haben abgedankt! Es lebe die deutsche Republik! Der Abgeordnete Ebert ist zum Reichskanzler ausgerufen worden. (…) Jetzt besteht unsere Aufgabe darin, diesen glänzenden Sieg (…) nicht beschmutzen zu lassen (…). Ruhe, Ordnung und Sicherheit ist das, was wir jetzt brauchen.

b) Karl Liebknecht gegen 16 Uhr vor dem Berliner Schloss:

Der Tag der Revolution ist gekommen. Wir haben den Frieden erzwungen. (…) Parteigenossen, ich (verkündige) die freie sozialistische Republik Deutschland. (…) Die Herrschaft des Kapitalismus, der Europa in ein Leichenfeld verwandelt hat, ist gebrochen. (…) Wenn auch das Alte niedergerissen ist, dürfen wir doch nicht glauben, dass unsere Aufgabe getan ist. Wir müssen alle Kräfte anspannen, um eine Regierung der Arbeiter und Soldaten aufzubauen und eine neue staatliche Ordnung (der Arbeiterklasse) zu schaffen.“

* Hohenzollern: Die Hohenzollern sind ein deutsches Adelsgeschlecht. Aus dem Haus Hohenzollern stammten zwischen 1871 und 1918 die deutschen Kaiser.

4. Das Foto in der Mitte der Postkarte stammt aus dem Jahre 1927 und nicht vom 9. November 1918. Überlege, warum man ausgerechnet diese Szene Jahre später nachgestellt hat. (M 3)

* **5.** Erläutere, was die SPD mit ihrem Aufruf an die Arbeiter, Soldaten und Bürger erreichen wollte. Beachte dabei auch das Datum der Extraausgabe. (M 2)

* **6.** Vergleiche die Ziele Philipp Scheidemanns (SPD) mit denen Karl Liebknechts (Spartakusbund). (M 4)

Parlament oder Räte?

Nach dem Untergang des Kaiserreiches lautete in Deutschland jetzt die entscheidende Frage: Wie soll die künftige Republik aussehen?

T1 Unterschiedliche Auffassungen
Die SPD strebte eine Republik an, in der das Volk in gleicher und geheimer Wahl ein Parlament wählt. Eine ebenfalls von allen Deutschen gewählte Nationalversammlung sollte zunächst eine Verfassung ausarbeiten. Der Spartakusbund und Teile der USPD wollten jedoch eine Räterepublik nach russischem Vorbild: Die Macht sollte in die Hände von Arbeiter- und Soldatenräten gelegt werden. Die Entscheidung fiel schließlich auf einer Versammlung der Arbeiter- und Soldatenräte in Berlin. Die große Mehrheit stimmte dort für die parlamentarische Demokratie.

M1 Regierungstruppen beziehen auf dem Brandenburger Tor Stellung, um den Spartakusaufstand niederzuschlagen. (Foto, Januar 1919)

T2 „Berliner Blutwoche"
Der Spartakusbund war jedoch nicht bereit, die Idee von der Räterepublik kampflos aufzugeben.
Am 1. Januar 1919 gründeten die Spartakisten die Kommunistische Partei Deutschlands (KPD). Vier Tage später organisierte die KPD in Berlin einen bewaffneten Aufstand. Die Regierung rief daraufhin auch Freiwilligenverbände zu Hilfe. Diese so genannten Freikorps bestanden meist aus entlassenen Berufssoldaten. Sie lehnten zwar die Demokratie ab, ihr Hass auf die Kommunisten war aber noch größer. Innerhalb einer Woche wurde der Aufstand mit großer Härte beendet. Dabei ermordeten Freikorpssoldaten auch die bekannten KPD-Führer Rosa Luxemburg und Karl Liebknecht.

T3 Wahl zur Nationalversammlung
Bei den Wahlen am 19. Januar 1919 entschied sich die große Mehrheit für demokratische Parteien. Erstmals durften auch Frauen an den Wahlen teilnehmen. Die SPD erreichte nur knapp 38 Prozent der Stimmen. Viele Arbeiter hatten der Arbeiterpartei das Bündnis mit den Militärs nicht verziehen. Weil man weitere Unruhen in Berlin befürchtete, trat die Nationalversammlung am 6. Februar in Weimar zusammen. Die SPD bildete mit der Zentrumspartei und der DDP die Regierung. Diese wählte Friedrich Ebert zum Reichspräsidenten.

»

1. Wie sollte die künftige Republik nach dem Willen der SPD aussehen? (T1)

2. Welche Vorstellungen von der Republik hatte der Spartakusbund? (T1)

3. Beschreibe, wie der Spartakusbund (später KPD) seine politischen Ziele durchzusetzen versuchte. (T2, M1)

4. Warum nennt man die erste deutsche Republik „Weimarer Republik"? (T3, Lexikon)

Lexikon

Weimarer Nationalversammlung
Sie arbeitete vom 6. Februar bis zum 31. Juli 1919 in Weimar die Verfassung der neuen Republik aus (daher der Name „Weimarer Republik“). Ihre Mitglieder waren in den ersten demokratischen Wahlen vom Volk gewählt worden.

T4 Die Weimarer Verfassung

Am 11. August 1919 trat die neue Verfassung in Kraft. Sie sicherte allen Deutschen die Menschenrechte als Grundrechte zu. Gewählt wurde künftig nach dem Verhältniswahlrecht: Alle Parteien schickten genau im Verhältnis ihres erreichten Stimmenanteils Abgeordnete in den Reichstag, dem neuen Parlament.

Staatsoberhaupt war der Reichspräsident, der alle sieben Jahre direkt vom Volk gewählt wurde. In Krisenzeiten konnte er Notverordnungen erlassen und so ohne den Reichstag regieren. Der Reichspräsident sollte als eine Art „Ersatzkaiser“ ein Gegengewicht zum Parlament bilden.

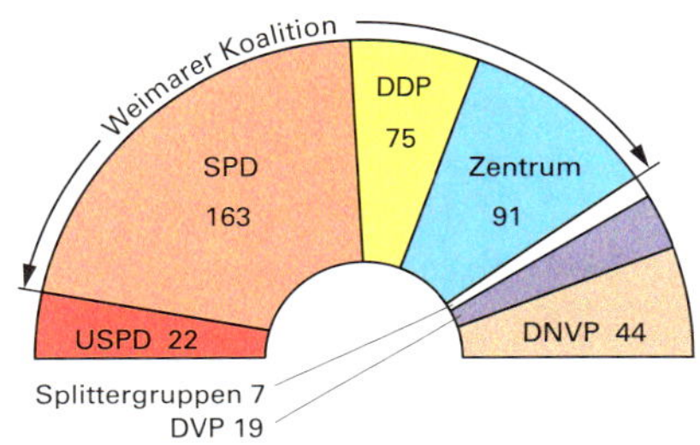

M3 Ergebnis der Wahlen zur Nationalversammlung:
Die Deutsche Demokratische Partei (DDP) vertrat bürgerliche Kreise, das Zentrum den katholischen Bevölkerungsteil. Die Deutsche Volkspartei (DVP) setzte sich vor allem für die Interessen der Industrie ein. Die Deutschnationale Volkspartei (DNVP) wurde überwiegend von Anhängern des Kaiserreiches gewählt. Die KPD hatte nicht an den Wahlen teilgenommen.

< Extra >

M2 Auszüge aus der Weimarer Verfassung:

„Art. 1: Das Deutsche Reich ist eine Republik. Die Staatsgewalt geht vom Volke aus. (...)
Art. 25: Der Reichspräsident kann den Reichstag auflösen (...).
Art. 48: Der Reichspräsident kann, wenn im Deutschen Reiche die öffentliche Sicherheit und Ordnung erheblich gestört oder gefährdet wird, die zur Wiederherstellung der öffentlichen Sicherheit und Ordnung nötigen Maßnahmen treffen, erforderlichenfalls mit Hilfe der bewaffneten Macht einschreiten. Zu diesem Zwecke darf er vorübergehend die (...) Grundrechte ganz oder zum Teil außer Kraft setzen.
Art. 54: Der Reichskanzler und die Reichsminister bedürfen (...) des Vertrauens des Reichstages. Jeder von ihnen muss zurücktreten, wenn ihm der Reichstag (...) sein Vertrauen entzieht.
Art. 109: Alle Deutschen sind vor dem Gesetze gleich. Männer und Frauen haben grundsätzlich dieselben (...) Rechte und Pflichten.“

5. Erkläre, wie sich die politische Stellung der Frau in der Weimarer Republik veränderte.
(T3, M2: Art. 109)

* **6.** Finde zu jedem abgedruckten Artikel der Weimarer Verfassung eine passende Überschrift. (M2)

* **7.** Vergleiche die Stellung des Reichspräsidenten in der Weimarer Verfassung mit der des Reichskanzlers.
(M2: Art. 25, Art. 48 und Art. 54)

Die junge Republik unter Druck

Die Republik löste das Kaiserreich ab. Damit „erbte" sie all die Probleme, die sich aus dem verlorenen Weltkrieg ergaben. Hierzu gehörten auch die harten Friedensbedingungen der Sieger.

T1 Ein kurzer Rückblick auf die letzten Kriegstage
Oktober 1918: Der Krieg ist verloren. Die deutschen Generäle wollen einen Waffenstillstand. Wer aber soll die Verhandlungen führen? General Ludendorff vor seinen Offizieren: „Ich habe aber seine Majestät gebeten, jetzt auch diejenigen Kreise an die Regierung zu bringen, denen wir es in der Hauptsache zu verdanken haben, dass wir so weit gekommen sind. (...) Die sollen nun den Frieden schließen, der jetzt geschlossen werden muss. Sie sollen die Suppe jetzt essen, die sie uns eingebrockt haben." Gemeint waren Politiker der SPD und der Zentrumspartei. Ludendorff wollte ihnen mit diesem Schachzug die Verantwortung für die Niederlage aufdrücken.

M1 Ausschnitt aus einem Wahlplakat der Deutschnationalen Volkspartei 1924

T2 Die „Dolchstoßlegende"
November 1918: Der Zentrumspolitiker Matthias Erzberger leitete die deutsche Abordnung in den Verhandlungen mit den Siegermächten. Auf Drängen der Generäle unterzeichnete er ein Waffenstillstandsabkommen. Nur wenige Monate später behaupteten die Generäle von Hindenburg und Ludendorff jedoch in der Öffentlichkeit, das Heer sei „im Felde unbesiegt". Man habe es „von hinten erdolcht". Für die Niederlage machten sie die Novemberrevolution verantwortlich. Demokratische Politiker hätten hinter ihrem Rücken den Waffenstillstand ausgehandelt.

T3 Der Versailler Vertrag
Im Januar 1919 kamen im Pariser Vorort Versailles die Kriegsgegner Deutschlands zusammen, um über die Friedensbedingungen zu beraten. Die Siegermächte verlangten sehr hohe Reparationsleistungen. Deutschland musste zudem umfangreiche Gebiete an andere Länder abtreten. Außerdem wurde dem Deutschen Reich die Alleinschuld am Krieg angelastet. Das empfanden viele Deutsche als Kränkung ihrer nationalen Ehre. Weil die Sieger mit einer Fortsetzung des Krieges drohten, unterschrieben die Vertreter der jungen deutschen Republik den Friedensvertrag im Juni 1919 aber trotzdem.

1. Nenne die drei Bestimmungen des Versailler Vertrages aus T3.

2. Die Generäle Ludendorff und von Hindenburg behaupteten, man habe das deutsche Heer „von hinten erdolcht". Was meinten sie damit? (T2)

3. Finde mithilfe von M2 heraus, welche Gebiete Deutschland abtreten musste und an wen diese Gebiete gingen.

Geschichtskarten auswerten

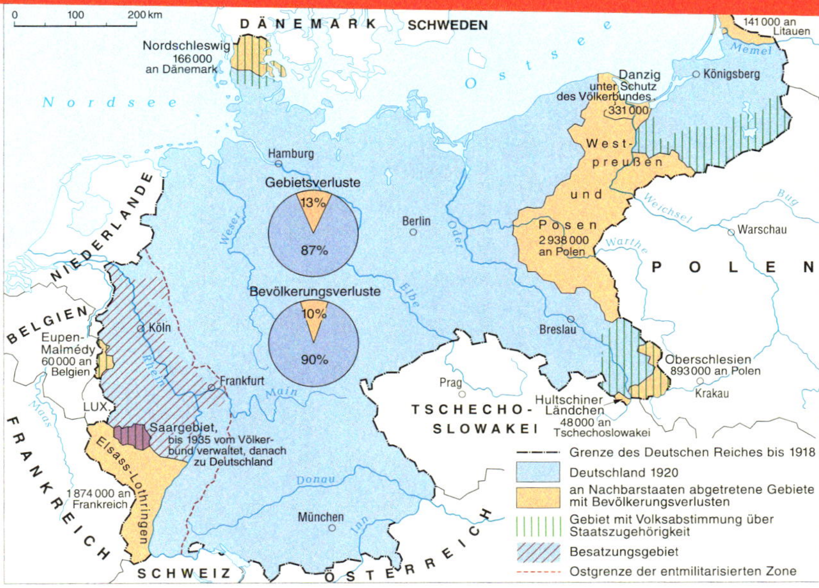

M 2 Die Bestimmungen des Versailler Vertrages für das Deutsche Reich

Lexikon

Reparationen
Leistungen, die den Besiegten eines Krieges auferlegt werden. Mit den Geldzahlungen oder Sachlieferungen werden die Kriegsschäden der Sieger ausgeglichen.

M 3 Der Journalist Kurt Tucholsky schreibt unter dem Titel „Das erdolchte Heer" 1919 in der Berliner Volkszeitung:

» Die Generale habens gesagt
und haben die Heimat angeklagt.
Die Heimat – heißt es – erdolchte das Heer.
Aber die Heimat litt viel zu sehr!
Sie schrie und ächzte unter der Faust.
Es würgt der Hunger, der Winterwind saust.
Ihr habt der Heimat erst alles genommen
und seid noch besiegt zurückgekommen.
Besiegt hat euch euer eigener Wahn.
Dreimal kräht jetzt der biblische Hahn.
Und nach so vielen Fehlern und falschen Taten
habt ihr nun auch die Heimat verraten.
Die Heimat, die Frauen, die Schwachen, die Kranken – Wir danken, Generale, wir danken! «

Extra

T 4 Anfeindungen von allen Seiten

Die „Dolchstoßlegende" und der „Schandvertrag von Versailles" vergifteten das Klima in Deutschland. Den Politikern von Weimar schlug offener Hass entgegen. Für die Anhänger des alten Kaiserreiches waren sie „Novemberverbrecher", für die Kommunisten „Spartakusmörder". Die Hetzkampagnen hatten schwer wiegende Folgen: Zahlreiche demokratische Politiker wurden von blindwütigen Fanatikern ermordet – so etwa 1921 Matthias Erzberger, der Unterzeichner des Waffenstillstandes, und 1922 Walther Rathenau, der Reichsaußenminister.

4. Vergleiche M 1 und M 3 miteinander. Wem wird in M 1 die Schuld an der Kriegsniederlage gegeben, wem in M 3?

* 5. Erkläre, warum die Feinde der Republik die Weimarer Politiker als „Novemberverbrecher" und „Spartakusmörder" bezeichneten.

* 6. Erläutere, warum die „Dolchstoßlegende" und der Versailler Vertrag enorme Belastungen für die erste deutsche Republik darstellten.

Am Abgrund

Aus dem Tagebuch eines Politikers zu Silvester 1923:
„Nun geht das Krisenjahr zu Ende. Wenn man zurückblickt, sieht man klarer, wie nah dieses Land am Abgrund stand."

T1 Ruhrbesetzung

Deutschland war mit seinen Reparationslieferungen im Rückstand. Deshalb marschierten im Januar 1923 französische und belgische Truppen ins Ruhrgebiet ein. Die Soldaten sollten den Transport von Kohle nach Frankreich überwachen. Die deutsche Regierung rief zum Widerstand auf: Zechen wurden stillgelegt, Fabriken bestreikt. Beamte verweigerten die Zusammenarbeit mit den Besatzern. Einige Radikale sprengten sogar Gleise und überfielen Wachposten.

M1 Französische Soldaten marschieren am Essener Hauptbahnhof auf und besetzen das Rathaus. (Foto, 1923)

T2 Inflation

Der Staat unterstützte die Streikenden finanziell. Jeder Tag der Ruhrbesetzung kostete die Staatskasse 40 Millionen Goldmark. Um den Kampf um die Ruhr zu bezahlen, ließ die Regierung Geld drucken. Das heizte die Inflation an: Die Warenpreise stiegen unaufhörlich, der Wert des Geldes verfiel in rasender Geschwindigkeit. Die eigentliche Ursache für die Inflation lag aber weiter zurück: Schon die kaiserliche Regierung hatte die Papiergeldmenge kräftig erhöht, um den Krieg zu finanzieren.

T3 Am Boden

Durch den monatelangen Streik lag die Wirtschaft im September 1923 völlig am Boden. Deshalb musste der Ruhrkampf abgebrochen werden. Man sicherte den Franzosen weitere Reparationszahlungen zu. 1925 räumten sie das Ruhrgebiet wieder.

T4 Währungsreform

Um die Inflation zu stoppen, führte die Regierung eine Währungsreform durch: 1 Billion Papiermark entsprachen ab dem 15. November einer Rentenmark. Der Zusammenbruch der Währung traf vor allem diejenigen, die Ersparnisse zurückgelegt hatten. Sie fühlten sich von der Republik belogen und betrogen.

1. Ordne M1–M5 den Begriffen „Ruhrbesetzung", „Inflation" und „Hitler-Putsch" zu.

2. Erkläre den Zusammenhang zwischen dem Ruhrkampf und dem Wertverlust des Geldes in Deutschland. (T1, T2)

3. Menschen, die hohe Schulden hatten oder die Grund und Boden oder Sachwerte besaßen, wurden auch als „Inflationsgewinner" bezeichnet. Warum? (Lexikon)

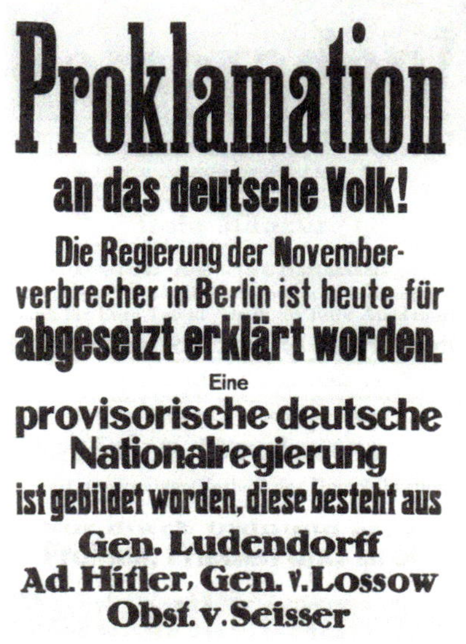
Proklamation
an das deutsche Volk!
Die Regierung der Novemberverbrecher in Berlin ist heute für abgesetzt erklärt worden.
Eine
provisorische deutsche Nationalregierung
ist gebildet worden, diese besteht aus
Gen. Ludendorff
Ad. Hitler, Gen. v. Lossow
Obst. v. Seisser

M 2 Plakat zum Hitler-Putsch am 8./9. November 1923. Eine Proklamation ist eine Bekanntmachung.

M 4 Woche für Woche wanderten die wertlos gewordenen Papiermarkscheine in die Pressen der Altpapierhändler. (Foto, Mai 1923)

M 5 Eintrittspreise eines Berliner Theaters (Foto, 1923)

M 3 Eine Frau, die zur Zeit der Inflation etwa 13 Jahre alt war, erinnert sich:

» Mein Vater war 1916 gefallen. Ich musste die Rente von der Post abholen. Von diesem Geld gab mir Mutter einen Geldschein, auf dem eine Billion Mark stand, und schickte mich zum Bäcker. Als ich mit dem Brot, aber ohne Restgeld heimkam, fragte meine Mutter verzweifelt: „Wovon sollen wir bis zur nächsten Rentenauszahlung leben?“ … «

T 5 Hitler-Putsch

Im Herbst 1923 versuchte Adolf Hitler, der Vorsitzende der rechtsradikalen NSDAP (Nationalsozialistische Deutsche Arbeiterpartei), die Krise der Republik für sich zu nutzen. Sein Ziel war es zu „putschen“, also die Regierung mit Waffengewalt zu stürzen.

Gemeinsam mit dem ehemaligen General Ludendorff rief Hitler die „Nationale Revolution“ aus. Am 9. November marschierte er mit etwa 2 000 Anhängern durch München. Vor der Feldherrnhalle ging die bayerische Polizei jedoch gegen die Putschisten vor. Hitler wurde verhaftet, die NSDAP verboten.

Lexikon

Inflation
Das Wort beschreibt den Wertverlust des Geldes. Der Staat lässt Geld drucken, die Warenmenge wird aber nicht vermehrt. Dies führt zu steigenden Preisen. Sachwerte wie Häuser oder Schmuck behalten ihren Wert. Wer Schulden hat, kann sie nun leichter zurückbezahlen.

4. Viele Menschen gaben der Republik die Schuld an der Inflationskrise und dem Zusammenbruch der Währung. Nimm dazu Stellung. (T 2 – T 4)

*
5. Stelle die einzelnen Bereiche, die das Jahr 1923 zu einem Krisenjahr machten, in einer Mind-Map dar.

*
6. Überlege, warum radikale Parteien wie die NSDAP von solchen Krisenzeiten oftmals profitieren.

Goldene Zwanziger?

„Hoppla, wir leben!" – So heißt ein Theaterstück aus dem Jahre 1927. Der Titel spiegelt den vorsichtigen Optimismus wider, der sich in Deutschland nach dem überstandenen Krisenjahr 1923 ausbreitete.

M1 „Großstadt" (berühmtes Gemälde von Otto Dix, 1927/28, 181 x 402 cm)
Viele Maler und Schriftsteller machten die Großstadt Berlin zum Thema ihrer Werke.

T1 Tanz auf dem Vulkan
Die Republik erholte sich schnell von den Folgen der Inflation. Mit der deutschen Wirtschaft ging es seit Beginn des Jahres 1924 aufwärts. Eine aufregende Zeit voller Modernität begann, aber auch eine unruhige Zeit voller Ungewissheiten. Schon den Zeitgenossen erschienen die „Goldenen Zwanziger Jahre" deshalb als „Tanz auf dem Vulkan".

T2 Weltstadt Berlin
Die Großstadt Berlin mit vier Millionen Einwohnern stand für die neue, moderne Welt. Mitte der 1920er-Jahre gab es dort 49 Theater, drei Opernhäuser sowie 75 Kabarett- und Varietébühnen. Das Nachtleben blühte: In Tanzhallen und Bars war Jazz- und Swingmusik aus den USA zu hören. Dazu wurden neue Tänze wie der Charleston ausprobiert. Allerdings konnte nur ein kleiner Kreis von Wohlhabenden an diesem aufregenden Leben teilnehmen.

T3 Presse, Rundfunk, Kino
Die meisten Menschen mussten sich mit preiswerteren Vergnügungen zufriedengeben: Die Ausbreitung der Massenmedien trug dazu bei, dass es immer mehr Freizeitmöglichkeiten gab. 1928 erschienen in Deutschland über 3000 verschiedene Tageszeitungen. Hinzu kamen eine Flut von „Groschenromanen" (billige Romane) und die neuartigen Illustrierten.
Am 29. Oktober 1923 ging in Berlin die erste Radiostation auf Sendung.

»

1. Warum kamen den Zeitgenossen die „Goldenen Zwanziger Jahre" wie ein „Tanz auf dem Vulkan" vor? (T1)

2. Vergleiche die damaligen Freizeitangebote mit den heutigen: Was ist gleich? Was hat sich verändert? (T2, T3, M3)

3. Otto Dix hat in seinem Gemälde drei Szenen aus dem Leben in einer Großstadt dargestellt. Beschreibe sie genau. Wie wirkt das Großstadtleben insgesamt auf dich? (M1)

Nur neun Jahre später stand bereits in jedem vierten Haushalt ein Radiogerät. Live-Reportagen machten den Sport in der Bevölkerung beliebt.
Kinofilme, seit 1929 mit eigenem Ton, lockten Abend für Abend etwa 2 Millionen Menschen in die „Lichtspielhäuser". Ihre Zahl verdoppelte sich zwischen 1918 und 1930 auf rund 5 000.

T4 Kultureller Aufschwung
Bedeutende Künstler zogen nach Berlin, um sich von der Atmosphäre der Großstadt anregen zu lassen und um neue Stile und Formen auszuprobieren. Dabei schockierten sie oftmals die Öffentlichkeit. Einige Kritiker klagten deshalb lautstark über die „Verrottung der Kunst".
Die Großstadt wurde zum zentralen Thema der Kunst: Maler wie Otto Dix und George Grosz hielten das Leben in den modernen Großstädten in ihren Bildern fest.
Alfred Döblin schilderte in seinem Roman „Berlin Alexanderplatz" den Alltag des „kleinen Mannes". Und Regisseur Fritz Lang präsentierte im Science-Fiction-Film „Metropolis" seine Vorstellungen von einer Zukunftsstadt.

M2 Blechdose für Zigaretten, 1925 – 1930

M3 Ein Berliner aus einem Arbeiterviertel schreibt über seine Stadt:

„Von der kulturellen Metropole Europas merkten wir im Norden Berlins wenig. Die „goldenen zwanziger Jahre" fanden in den Theaterzentren, Galerien und feinen Restaurants statt, waren eine Angelegenheit sensationeller Bälle und Galas der Neureichen, der Nachtlokale und Künstler-Cafés (...). Den Kulturbedarf der breiten Massen befriedigten das Radio, der neue Unterhaltungsfilm, die Trivialliteratur sowie Revuen und Tanzlokale. Die Schlager (...) halfen Luftschlösser bauen, erleichterten die Flucht aus dem grauen Alltag."

M4 Titelblatt einer Mode- und Frauenzeitschrift vom Mai 1922

Tipp

Die 1920er-Jahre im Internet
Bild- und Tondokumente zu Kunst und Kultur der Weimarer Republik findest du unter www.dhm.de/lemo/home.html

*
4. Untersuche, welche Botschaft Zigarettenwerbung und Modezeitschrift von der „neuen Frau" vermitteln wollen. (M2, M4)

*
5. Informiert euch unter der oben angegebenen Webadresse über die Bereiche Literatur, Theater, Kino und Architektur („Bauhaus"). Stellt eure Ergebnisse anschließend in Kurzreferaten vor.

*
6. „Goldene Zwanziger"? Nimm nach Auswertung aller Materialien Stellung dazu, ob dieser Begriff die 1920er-Jahre in Deutschland treffend beschreibt.

Die Wirtschaft in der Krise

Nachdem es Ende 1923 gelungen war, die Inflation zu stoppen, blühte die deutsche Wirtschaft in den Folgejahren auf. Allerdings war der Wohlstand mit geliehenem Geld finanziert.

M1 Menschenansammlung vor den geschlossenen Toren einer Berliner Bank. In der Wirtschaftskrise gehörten Bankenzusammenbrüche zum alltäglichen Geschehen. Viele Menschen verloren ihre gesamten Ersparnisse. (Foto, Juli 1931)

T1 Aufschwung auf Pump

Deutschland hatte sich nach der Währungsreform im Jahre 1923 viel Geld aus dem Ausland geliehen. Mit dem Geld wurde die eigene Wirtschaft in Schwung gebracht. Vor allem aus den USA flossen Kredite in Milliardenhöhe. Deshalb traf die amerikanische Wirtschaftskrise, die im Herbst 1929 schlagartig einsetzte, Deutschland besonders hart. Was war in den USA passiert?

T2 Die Wirtschaftskrise in den USA ...

Am 25. Oktober 1929 brach in New York die Börse ein. Die Aktien fielen extrem. Zuvor waren viele Aktien weit über Wert gehandelt worden. Banken wurden zahlungsunfähig, Betriebe mussten ihre Produktion einstellen. Die Krise der USA griff aber auch auf andere Länder über und weitete sich schnell zur Weltwirtschaftskrise aus.

T3 ... und ihre Folgen für Deutschland

Deutschland bekam die Folgen des amerikanischen Niedergangs doppelt zu spüren. Zum einen ging der deutsche Export stark zurück. In den amerikanischen Häfen stauten sich Schiffe, die ihre Güter nicht entladen konnten, weil die Empfänger nicht in der Lage waren, die Waren zu bezahlen. Zum anderen forderten amerikanische Banken wegen des Geldmangels in den USA Kredite zurück, die sie nach Deutschland vergeben hatten. Einige deutsche Banken wurden dadurch zahlungsunfähig.

T4 Im „Teufelskreis" der Wirtschaftskrise

Eine verhängnisvolle Spirale setzte nun ein: Der Zusammenbruch der Banken zog die Pleite von Betrieben nach sich, die auf die Kredite angewiesen waren. Andere Firmen mussten wegen mangelnder Aufträge ihre Produktion herunterfahren und Arbeitnehmer entlassen. Dadurch wurden weniger Waren gekauft und auch die Steuereinnahmen des Staates gingen zurück. Dieser sah sich zu Sparmaßnahmen gezwungen und konnte weniger Aufträge an die Wirtschaft vergeben.

1. T3 enthält zwei Gründe, warum die amerikanische Wirtschaftskrise negative Folgen für Deutschland hatte. Nenne sie.

2. Vervollständige den „Teufelskreis" (T4) in deinem Heft:

Zusammenbruch der ...
↓
... von Betrieben
↓
Entlassungen von ...
↓
weniger ... werden gekauft
→
sinkende Steuereinnahmen des ...
↑
weniger Staatsaufträge für die ...
↑
(zurück zu: ... von Betrieben)

3. Versetze dich in die Lage der zwei fotografierten Personen. Was könnte in ihren Köpfen vorgehen? (M4)

Lexikon

Weltwirtschaftskrise
Der Begriff bezeichnet die große Wirtschaftskrise, die ab 1929 alle großen Industrieländer erfasste. Sie begann am 25. Oktober 1929 mit dem „Schwarzen Freitag“ an der New Yorker Börse.

Export
Als Export bezeichnet man die Menge der von einem Land in ein anderes gelieferten Güter.

M 2 Hinterhofwohnungen in der Köpenicker Straße in Berlin. Aus den Fenstern hängen Fahnen der KPD und der NSDAP. (Foto, 1932)

M 3 Der 24-jährige Günther Prien war damals immer wieder vergeblich auf Arbeitsuche:

„Ich ging auf die Straße hinaus. Nun war ich also wieder unten, ganz unten. (...) Warum? Jeder, den man fragte, zuckte die Achseln: „Ja es gibt eben keine Arbeit, das sind die Verhältnisse, mein Lieber!“ Ja, verflucht noch mal, waren denn die da oben, die Minister, die Parteibonzen, (...) nicht dazu da, die Verhältnisse zu ändern? Wie konnten sie ruhig schlafen, solange es noch Menschen gab, kräftig und gesund, willig zur Arbeit (...) und nun verrottend wie faules Stroh? Die paar elenden Pimperlinge, die sie uns hinwarfen, schützten gerade vor dem Hungertode. Sie gaben sie widerwillig her, weil sie Angst hatten vor unserer Verzweiflung, und sie wickelten uns das Lumpengeld in das Papier ihrer Zeitungen, die von schönen Redensarten (...) trieften. Ein wütender Zorn (...) packte mich. In diesen Tagen wurde ich Mitglied der nationalsozialistischen Bewegung.“

M 4 In vielen Städten Deutschlands hofften die Menschen zur Zeit der Wirtschaftskrise, auf diesem Wege Arbeit zu finden. (zeitgenössisches Foto)

4. Wem gibt Günther Prien die Schuld an seiner Arbeitslosigkeit? Welche Konsequenzen zieht er daraus? (M 3)

* **5.** Mit was für einer Protestaktion machen die Hinterhofbewohner auf ihre soziale Lage aufmerksam? Welche Rückschlüsse auf die politischen Einstellungen der Bewohner lassen sich aus dem Foto ziehen? (M 2)

* **6.** Erkläre mithilfe von M 2 und M 3, welcher Zusammenhang sich zwischen Wirtschaftskrise und politischen Veränderungen erkennen lässt.

Die Demokratie wird zerstört

Die katastrophale Wirtschaftslage und die hohe Arbeitslosigkeit bestimmten seit 1929 das Leben in Deutschland. Die Feinde der Republik nutzten diese Krise.

M1 Nach einer Saalschlacht in Berlin 1932

T1 Reichspräsident von Hindenburg
Der ehemalige General von Hindenburg war 1925 zum Reichspräsidenten gewählt worden. Ein Anhänger des Kaiserreiches im höchsten Staatsamt von Weimar – das war ein schwerer Schlag für die Republik. 1930 ernannte von Hindenburg den Zentrumspolitiker Heinrich Brüning zum neuen Reichskanzler. Brüning versuchte die Wirtschaftskrise durch Sparmaßnahmen zu überwinden. Diese Sparpolitik verminderte die Einkünfte der Bevölkerung jedoch weiter.

T2 Die Stunde der Gegner
Immer mehr Menschen verloren deshalb das Vertrauen in die demokratischen Parteien. Vor allem diejenigen, die durch Krieg, Inflation und Wirtschaftskrise alles verloren hatten, waren anfällig für die Hetze der Republikfeinde. So forderte die KPD, dass die Macht sofort in die Hände von Arbeiter- und Soldatenräten gelegt werden müsse. Auch die NSDAP machte die demokratischen Politiker für die schlimme Lage verantwortlich. Sie versprach außerdem, Deutschland zu neuer Macht und Größe zu führen.

T3 Terror und Gewalt im Alltag
Die Hetzkampagnen hatten Erfolg: Nach den Reichstagswahlen im September 1930 gehörten etwa 40 Prozent der Abgeordneten antidemokratischen Parteien an. Gleichzeitig heizten Kommunisten und Nationalsozialisten mit Straßenkämpfen und „Saalschlachten" die Furcht vor einem Bürgerkrieg an. Viele riefen deshalb nach einem „starken Mann", der wieder für Ruhe und Ordnung sorgen sollte.

M2 Das Hakenkreuz, Symbol der Nationalsozialisten
(Karikatur aus der SPD-Zeitschrift „Der wahre Jacob" von Anfang 1933)

»

1. Warum war die Wahl von Hindenburgs zum Reichspräsidenten im Jahre 1925 ein schwerer Schlag für die Republik? (T1)

2. Welche Rolle spielten die Berater von Hindenburgs bei der Ernennung Hitlers zum Reichskanzler? (T4)

3. Wie sah der Zeichner der Karikatur die NSDAP? (M2)

M 3 Wahlplakat der SPD von 1932

M 5 Wahlplakat der NSDAP von 1932

M 6 Wahlplakat der KPD von 1932

T 4 Das Ende der Republik
NSDAP und KPD erhielten bei den Wahlen im Juli 1932 zusammen die Mehrheit der Stimmen im Reichstag. Nun waren die Anhänger der Demokratie in der Minderheit. Vorher war schon Reichskanzler Brüning durch Intrigen von Beratern von Hindenburgs gestürzt worden. Führende Offiziere, Industrielle und Adelige gehörten zu diesem engsten Beraterkreis des Reichspräsidenten. Sie sprachen sich Ende 1932 für Adolf Hitler als Reichskanzler aus. Die Ratgeber glaubten, den Führer der NSDAP für ihre Ziele einspannen zu können. Von Hindenburg hatte große Bedenken gegenüber Hitler. Den Beratern gelang es aber, diese zu zerstreuen. So ernannte von Hindenburg Hitler am 30. Januar zum Reichskanzler.

M 4 Ergebnisse der Reichstagswahlen vom 31. Juli 1932 in Prozent

	KPD	SPD	Zentrum	DVP	DNVP	NSDAP	Sonstige
Deutsches Reich	14,5	21,6	12,5	1,2	5,9	37,4	6,9
Bochum	20,8	19,2	21,8	1,2	3,9	29,4	3,7
Dortmund	27,9	23,7	18,6	1,4	4,9	19,6	3,9
Duisburg	26,9	13,6	22,4	1,2	5,8	27,5	2,6
Essen	25,1	12,7	30,7	0,7	4,0	24,0	2,8
Gelsenkirchen	29,8	13,1	24,9	1,9	4,3	23,0	3,0

4. Beschreibe die Methoden, die die NSDAP einsetzte, um an die Regierung zu gelangen. (T3, M2)

5. Wähle aus M 4 eine Stadt aus. Stelle die Wahlergebnisse dieser Stadt in einem Kreisdiagramm dar. (M 5)

*
6. Beschreibe die drei Wahlplakate (M 3, M 5, M 6). Wie versuchen die einzelnen Parteien, die Wähler auf ihre Seite zu bringen?

Arbeitslosigkeit und Hunger

Die Zahl der Arbeitslosen stieg in der Wirtschaftskrise dramatisch an. Wie wirkte sich Arbeitslosigkeit damals auf das Leben der Menschen aus?

M1 „Advent – Auf Krücken sitzt's sich wärmer."
(Foto von Walter Ballhause, um 1930)

M2 In einer Schulchronik aus dem Jahre 1932 findet sich folgende Eintragung:

»Immer häufiger erscheinen morgens Mütter oder Väter in der Schule mit dem Bescheid: „Ich kann meine Kinder nicht schicken; wir haben kein Stück Brot im Haus. Wir haben die Kinder im Bett gelassen, da merken sie den Hunger nicht so." – Oder es heißt: „Die Schuhe sind ganz durch. Gestern ging's noch, da war's trocken, aber heute ist die Straße nass." Am 10. November eröffnete die Schule (…) eine Frühspeisung für zunächst 25 Kinder. Ihr Appell an die noch erwerbstätigen Eltern und Freunde der Schule setzte sie in die Lage, die Zahl auf 40 bis 50 zu erhöhen (von 430 Kindern hatten noch rund 170 erwerbstätige Väter und Mütter).«

T1 Krise der Wirtschaft = Krise der Arbeit

Auch in den wenigen Jahren des wirtschaftlichen Aufschwungs blieb die Zahl der Arbeitslosen recht hoch. Während der Wirtschaftskrise stiegen die Arbeitslosenzahlen jedoch von Monat zu Monat in beängstigender Weise. Im Februar 1932 waren schon über sechs Millionen Menschen arbeitslos.

T2 Existenzangst

Seit 1927 gab es zwar eine Arbeitslosenversicherung, aber deren Leistungen sicherten kaum das Überleben. Zudem erhielt man dieses Geld nur ein Jahr lang. 1932 bekamen deshalb rund 800 000 Familien überhaupt keine Unterstützung mehr. Viele dieser Menschen hungerten und mussten ihre Wohnung aufgeben. Tausende Familien rutschten ins Elend. Existenzangst machte sich breit – auch unter denjenigen, die noch Arbeit besaßen.

M3 Arbeitslosigkeit in Deutschland (Jahresdurchschnitt)

1929	1930	1931	1932
1 899 000	3 076 000	4 520 000	5 603 000
8,5 %	14,0 %	21,9 %	29,9 %

1. Krise der Wirtschaft = Krise der Arbeit – Was ist damit gemeint? (T1)

2. Warum schützte die Arbeitslosenversicherung kaum vor dem Abrutschen ins Elend? (T2)

3. M5 schildert, wie im Falle einer Arbeitslosigkeit eine Kette von Ereignissen in Gang kommt. Ordne chronologisch: Krisenfürsorge, Arbeitsamt, ohne Unterstützung, Entlassung, Erwerbslosenfürsorge, Stempelkarte.

M 4 **„Alte Frau im Fenster“**: Der Maler Fritz Burmann griff die schlechte Lage der Bevölkerung in seinem Bild von 1924 mit freundlichen Farben auf.

M 6 **„Hunger-Grafik“ nannte George Grosz seine Zeichnung aus den 1920er-Jahren.**

M 5 Die „Arbeiter-Illustrierte-Zeitung“ schilderte 1930 die Lage von Arbeitslosen:

„Du hast eines Tages den berühmten „blauen Brief“ erhalten; man legt auf deine Arbeitskraft kein Gewicht mehr, und du kannst dich einreihen in die „graue Masse“ der toten Hände und überflüssigen Hirne (...). Man fragt dich aus, wo du in den letzten vier Jahren beschäftigt warst, du musst deinen Lebenslauf schreiben, den Besuch der Schulen angeben, schreiben, warum du entlassen worden bist usw. (...) Nach peinlicher Befragung erhältst du deine Stempelkarte und gehst damit los zur Erwerbslosenfürsorge (...). Deine Unterstützung richtet sich nach deinem Arbeitsverdienst in den letzten 26 Wochen. Aber ganz gleich, ob du 8,80 Mk oder 22,05 Mk (Höchstsatz) als Lediger pro Woche erhältst, die paar Pfennige sind zum Leben zu wenig und zum Sterben zu viel. 26 Wochen darfst du stempeln und Unterstützung beziehen, dann steuert man dich aus, und du kommst in die Krisenfürsorge, deren Sätze erheblich niedriger sind. Und nach weiteren 26 oder 52 Wochen erhältst du gar nichts mehr und gehörst zu den gänzlich Unterstützungslosen.“

4. Versetze dich in eine der Personen und formuliere ihre Gedanken. (M 6)

* **5.** Alte Menschen und Obdachlose in der Weimarer Republik: Wie schaffen es die Künstler, beim Betrachter Mitleid mit den dargestellten Personen zu erwecken? (M 1, M 4)

* **6.** Schreibe einen Bericht über Arbeitslosigkeit und Hunger in der Weimarer Republik. Verwende dazu die Informationen aus M 1 bis M 6.

Wer wählte die NSDAP?

13,8 Millionen Menschen wählten im Juli 1932 die NSDAP.
Wie lässt sich dieser Aufstieg zur stärksten Kraft des Reichstages erklären?

T1 Der Aufstieg der NSDAP zur Massenpartei

Bei der Reichstagswahl 1928 entschieden sich nur 2,6 % der Wähler für die NSDAP. Sie war zu diesem Zeitpunkt nur eine unter vielen kleinen, relativ erfolglosen Parteien. Vier Jahre später konnte die Hitlerpartei 37,4 % der Stimmen auf sich vereinigen. Damit stieg sie zur stärksten Fraktion des Reichstages auf. Keine andere Partei in der deutschen Geschichte hat in so kurzer Zeit einen derartigen Sprung in der Wählergunst geschafft. Wie war das möglich?

T2 Eine neue Strategie

Nach dem gescheiterten Putschversuch von 1923 änderte die NSDAP ihre Taktik: Sie gab das Ziel auf, die Regierung mit Gewalt zu beseitigen. Die Republik sollte nun von innen ausgehöhlt werden. Ziel war es, die Herrschaft im Parlament und auf der Straße zu erlangen. Dabei bemühte sich die NSDAP darum, als Partei für das ganze Volk aufzutreten und möglichst alle gesellschaftlichen Gruppen zu umwerben.

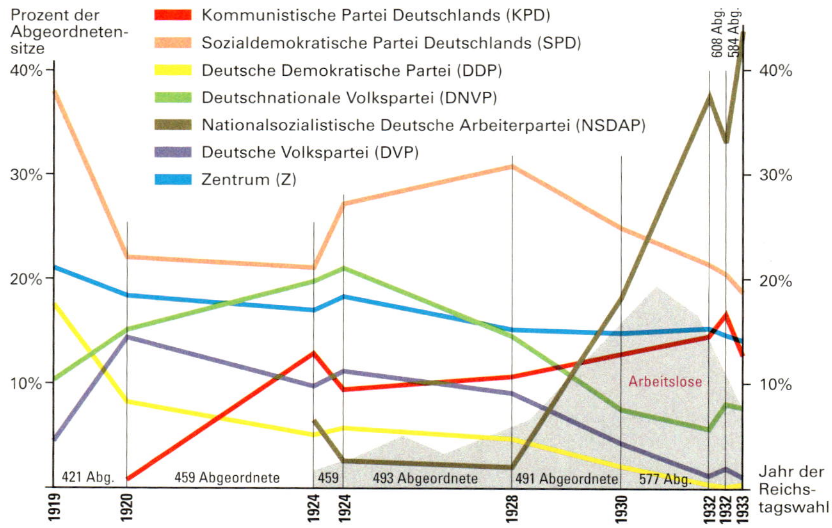

M1 Entwicklung der Parteien bei den Reichstagswahlen

T3 Partei des Protestes

Die NSDAP arbeitete mit Botschaften, die jeder Sozialschicht spezielle Versprechungen machten. Auf diese Weise gelang es der Partei, Menschen ganz unterschiedlicher Herkunft zu einen: Den Arbeitslosen versprach die NSDAP Arbeit und Brot. Beamten und kleinen Angestellten nahm sie die Angst vor dem sozialen Abstieg. Der Oberschicht versicherte sie Schutz vor der kommunistischen Gefahr. Dem Militär gab sie die Hoffnung auf eine neue große Armee. Hitler wurde zur Führerfigur aufgebaut, seine Bewegung zur Volkspartei des sozialen und wirtschaftlichen Protestes.

T4 Zwischen Begeisterung …

Insbesondere junge Menschen fühlten sich von der NSDAP angezogen. Für sie stellte die Partei, die sich besonders dynamisch und aggressiv gab, eine Art Aufbruchsbewegung in eine bessere Zukunft dar. 1933 war fast jedes zweite Parteimitglied zwischen 18 und 30 Jahre alt.

»

1. Beschreibe die neue Strategie der NSDAP nach dem gescheiterten Putschversuch von 1923. (T2)

2. Vervollständige folgende Sätze:
a) Besonders attraktiv war die NSDAP für … .
b) Widerstandsfähiger gegenüber den Versprechungen der Hitlerpartei waren … und … .
Warum war das so? (T4, T5)

3. Worauf führt der Zeichner der Karikatur den Wahlerfolg der Nationalsozialisten zurück? (M2)

T5 ... und Ablehnung

Als widerstandsfähiger gegenüber den nationalsozialistischen Versprechungen erwiesen sich Katholiken und Kommunisten. Sie blieben ihren Parteien zumeist treu. Offensichtlich konnten die katholische Zentrumspartei und die KPD ihre Wähler stärker an sich binden als die übrigen Parteien.

M2 „Das Firmenschild. Vor den Proleten und vor den zahlungskräftigen Kreisen" zeigte die veränderte Position des Nationalsozialisten je nach Publikum. (Karikatur von Jacobus Belsen aus der SPD-Zeitschrift „Der wahre Jacob", 1931)

M3 Der Wahlerfolg von NSDAP und KPD bei den Reichstagswahlen in Gebieten mit extrem hoher und extrem niedriger Arbeitslosigkeit (Angaben in Prozent)

Kreis/Bezirksamt	Arbeitslose	NSDAP 1930	NSDAP 1932J	NSDAP 1933	KPD 1932N
Neustadt b. Coburg	30	37	45	48	13
Berlin-Wedding	26	8	16	23	39
Berlin-Friedrichshain	26	9	18	25	35
Bochum (Stadt)	25	16	26	33	20
Nördlingen (Land)	2	10	43	55	1
Königshofen/Grabfeld	2	18	37	52	1
Gerabronn	2	20	46	64	2
Rothenburg/T. (Land)	2	29	76	79	0

1932J = Reichstagswahlen im Juli; 1932N = Reichstagswahlen im November

Extra

M4 Der Journalist Helmut von Gerlach kommentiert in einem Zeitungsartikel vom 6. Oktober 1930 den Erfolg der NSDAP bei den Septemberwahlen. Dabei nimmt er auch Stellung zu ausländischen Presseberichten über die Stimmengewinne der NSDAP:

„Die Welt zerbricht sich den Kopf darüber, worauf die Verneunfachung der Hitlerstimmen zurückzuführen ist. (...) „Deutschland hat drei Millionen Arbeitslose, sie haben fast sämtlich nationalsozialistisch gewählt. (...)" So konnte man wörtlich in Paris und anderswo lesen.

Irrtum! Von den drei Millionen Erwerbslosen hat nur ein verschwindend geringer Prozentsatz Hitler seine Stimme gegeben. Diese drei Millionen stellen vielmehr das Gros der kommunistischen Wähler dar. (...) Die Arbeitslosen waren also nicht die Hauptwähler Hitlers. Wohl aber ist richtig, dass die Wirtschaftskrisis, deren äußeres Symptom die riesenhafte Arbeitslosigkeit ist, die Grundlage des hitlerischen Sieges war.

Die Hitlerwähler setzen sich aus zwei Kategorien zusammen: einer kleinen Minderheit von Nationalsozialisten, die auf das Hakenkreuz eingeschworen sind, und einer riesigen Mehrheit von Mitläufern."

*

4. Historiker haben den Aufstieg der NSDAP in der Weimarer Republik unterschiedlich erklärt. Überprüfe mithilfe der Materialien folgende Aussagen:

a) Die Wirtschaftskrise hat die Arbeitslosen in die Arme der NSDAP getrieben. (M3, M4)

b) Durch den Niedergang der Wirtschaft und die Massenarbeitslosigkeit verloren viele Menschen das Vertrauen in die Weimarer Demokratie. Daher wählten sie aus Protest die NSDAP. (T3, M4)

Weimars Ende in Karikaturen

In den 1920er- und 1930er-Jahren druckten Zeitungen und Zeitschriften häufig politische Karikaturen ab. Mit spitzer Feder kommentierten die Zeichenkünstler wichtige Ereignisse der Weimarer Republik.

T1 Was sind Karikaturen?

Karikaturen sind witzige Zeichnungen, in denen der Zeichner (= Karikaturist) bewusst übertreibt und überzieht. Karikaturen zeigen Personen und Ereignisse also in einer verzerrten Darstellung. Auf diese Weise macht der Karikaturist zum Beispiel auf gesellschaftliche Verhältnisse oder politische Probleme aufmerksam. Er beschreibt allerdings nicht nur, sondern urteilt auch. Mit seiner Karikatur fordert er den Betrachter dazu auf, ebenfalls Stellung zu beziehen. Häufige verwendete Stilmittel in Karikaturen sind Symbole sowie ironische Titel oder Texte unter den Zeichnungen.

M1 „The source" (Karikatur von Daniel Fitzpatrick, 1930)

T2 Drei Arbeitsschritte

Um Karikaturen richtig zu deuten, sind mehrere Arbeitsschritte notwendig. Es geht darum, die Karikatur möglichst genau zu beschreiben. Dabei kann jede Einzelheit wichtig sein. Außerdem ist bei Karikaturen wichtig, was der Zeichner aussagen wollte. Darüber hinaus ist die Frage, ob die Aussage des Zeichners auch bei dem Betrachter angekommen ist.
Am Beispiel von M1 könnte eine solche Beschreibung folgendermaßen aussehen:

T3 Erster Arbeitsschritt: Beschreiben

Die Karikatur aus dem Jahre 1930 stammt von Daniel Fitzpatrick. Sie trägt den Titel „The source" (Die Quelle). Auf der Zeichnung ist eine riesige Vertragsrolle zu sehen, aus der ein Mann herauskriecht. Auf dieser Rolle steht: „Versailles Treaty" (Versailler Vertrag). Dass es sich um einen Vertrag handeln muss, erkennt man auch an den zwei Siegeln im Bildvordergrund.
Der Mann, der sich auf allen Vieren fortbewegt, hat einen Schnauzbart. Er trägt Uniform und Pickelhaube. Auf dieser Pickelhaube steht: „Hitler Party" (Hitler Partei). Die Art und Weise, wie der Mann sich bewegt, erinnert an ein Raubtier. Sein Gesichtsausdruck …

»

1. Ordne den drei Arbeitsschritten zur Deutung von Karikaturen die richtigen Begriffe zu:
Arbeitsschritt 1, Arbeitsschritt 2, Arbeitsschritt 3, Erklären, Stellung nehmen, Beschreiben

2. Warum ist es manchmal schwierig, die Aussage einer Karikatur zu erklären? (T4)

3. Verfasse einen kurzen Lexikonartikel zu dem Stichwort „Karikatur". (T1)

T4 Zweiter Arbeitsschritt: Erklären
Beim zweiten Arbeitsschritt kommt es darauf an, zu erklären, was mit der Karikatur ausgesagt werden soll. Das ist nicht immer leicht, denn hierzu benötigt man oftmals auch Hintergrundwissen:
Der Mann in M1 soll Adolf Hitler darstellen. Daniel Fitzpatrick will mit seiner Karikatur den Wahlerfolg der „Hitler Party" bei den Reichstagswahlen 1930 erklären. Für ihn ist der Versailler Vertrag die Quelle („the source") des nationalsozialistischen Erfolges. Im Wahlkampf hatte Hitler immer wieder auf den „Schandvertrag von Versailles" geschimpft – und auf die Politiker von Weimar, die ihn unterzeichnet hatten. Im Versailler Vertrag musste Deutschland …

M2 „Das Verhängnis"
(Zeichnung von A. Paul Weber, 1932)

T5 Dritter Arbeitsschritt: Stellung nehmen
Beim letzten Arbeitsschritt ist deine Meinung gefragt: Stimmst du mit der Sichtweise des Karikaturisten überein oder vertrittst du eine andere Auffassung?
In M1 stellt Daniel Fitzpatrick einen Zusammenhang her zwischen dem Wahlerfolg der NSDAP bei den Septemberwahlen 1930 und dem Versailler Vertrag. Richtig ist, dass die meisten Deutschen den Vertrag ablehnten und sich durch Hitlers Hetze gegen die Vertragsbestimmungen in ihrer Haltung bestätigt fühlten. Man macht es sich jedoch zu einfach, wenn man – wie Daniel Fitzpatrick – Hitlers Wahlerfolg ausschließlich mit dem Versailler Vertrag erklären will. Der Aufstieg der NSDAP in der Weimarer Republik hatte auch andere Gründe: …

Methode: Karikaturen deuten

1. Beschreibe die Karikatur:
- Was ist zu sehen?
- Wie werden die Personen dargestellt (Gesichtsausdruck, Körpersprache)?
- Welche Symbole werden verwendet? Wofür stehen sie?
- Gibt es einen Text zu der Karikatur?

2. Erkläre die Aussage:
- Auf welches Ereignis/welche Situation bezieht sich die Karikatur?
- Welche Meinung hat der Karikaturist zum Thema?

3. Nimm Stellung zur Aussage:
- Ist das Urteil des Karikaturisten richtig?
- Welche Position vertrittst du?

*
4. Vervollständige jeweils den letzten Satz in T3 bis T5.

*
5. Wähle aus den beiden vorangegangenen Seiten eine Karikatur aus und bearbeite sie mithilfe der methodischen Arbeitsschritte.

*
6. Bearbeite nun M2 mithilfe der Arbeitsschritte.

Die erste deutsche Demokratie

1. Eine Zeitleiste erstellen

Zeichne die Zeitleiste in dein Heft und trage die folgenden Ereignisse richtig ein.

- Höhepunkt der Inflation in Deutschland
- Machtübernahme der Nationalsozialisten
- Abschluss des Versailler Vertrages zwischen den Siegermächten und dem Deutschen Reich
- Weltwirtschaftskrise
- Novemberrevolution in Deutschland

1918 …
…
1919 …
…
1923 …
…
1929 …
…
1933 …
…

2. Wörter finden

a) Ein Theaterstück aus dem Jahre 1927: „Hoppla, wir …!".
b) So nannte man in den 1920er-Jahren die Kinos: … häuser.
c) Ein Science-Fiction-Film von Fritz Lang.
d) In Bars hörte man Jazz- und … musik.
e) Ein Roman von Alfred Döblin: „Berlin …".
f) Ein neuer Tanz aus den USA.
g) Ein berühmtes Gemälde von Otto Dix.
h) Mitte der 1920er-Jahre gab es in Berlin zahlreiche Theater, Opernhäuser sowie Varieté- und … bühnen.

A	L	K	Q	B	V	I	K	S	O	M	Y	D	Q	C
G	T	A	Y	Z	I	H	P	G	X	N	A	R	K	E
F	N	B	M	S	M	E	T	R	O	P	O	L	I	S
J	I	A	K	Z	H	F	K	O	S	Y	H	M	G	F
X	O	R	R	D	Z	E	Y	C	M	D	E	U	J	B
A	L	E	X	A	N	D	E	R	P	L	A	T	Z	P
S	U	T	K	B	O	Z	G	Y	M	F	O	G	F	I
C	E	T	N	I	C	H	A	R	L	E	S	T	O	N
D	G	L	D	J	H	V	P	Z	N	D	K	J	Z	A
L	I	C	H	T	S	P	I	E	L	W	I	Q	G	W
E	W	I	K	M	W	E	R	L	U	C	Y	H	S	E
B	P	O	Z	G	I	F	A	T	O	X	N	L	B	N
E	M	B	J	Y	N	N	Q	I	G	K	D	Z	J	F
N	H	O	C	L	G	G	R	O	ß	S	T	A	D	T

Wichtige Begriffe:

Novemberrevolution 1918

Weimarer Republik

Weimarer Nationalversammlung

Parlament

Räte

Weimarer Verfassung

Versailler Vertrag

3. Ordnung schaffen

Ordne jeder Partei die richtige Zahl und den richtigen Buchstaben zu.

- Nationalsozialistische Deutsche Arbeiterpartei
- Zentrum
- Kommunistische Partei Deutschlands
- Sozialdemokratische Partei Deutschlands

1) KPD
2) NSDAP
3) Z
4) SPD

a) Diese Partei vertrat vor allem den katholischen Bevölkerungsteil.
b) Diese Partei wollte alle Macht in die Hände von Arbeiter- und Soldatenräten legen.
c) Diese Partei strebte eine Führerdiktatur an.
d) Diese Partei war an vielen Regierungen der Weimarer Republik beteiligt.

4. Silben zusammenbauen

Hinter den folgenden Silben verbergen sich bedeutende Persönlichkeiten der Weimarer Republik.

1) Er war der erste Reichspräsident der Weimarer Republik.

E DRICH BERT FRIE

2) Die Mitbegründerin des Spartakusbundes wurde 1919 von Freikorpssoldaten ermordet.

XEM RO LU BURG SA

3) Im Ersten Weltkrieg war er General, ab 1925 Reichspräsident.

BURG VON DEN HIN PAUL

4) Diese zwei Politiker riefen am 9. November 1918 fast zeitgleich die Republik aus.

LIPP SCHEI DE MANN PHI

KARL KNECHT LIEB

5. Begriffe einsetzen

Übertrage den Text in dein Heft und setze die Begriffe an der richtigen Stelle ein.

Demokratie, Monarchie, das politische Leben, Republik, Diktatur Reichskanzler

Mit der nationalsozialistischen Machtübernahme am 30. Januar 1933 war die Weimarer … gescheitert. Vorausgegangen waren ihr Kaiserreich und …, abgelöst wurde sie nun von einer … . Nicht einmal 15 Jahre hatte die erste deutsche … Bestand gehabt. In dieser kurzen Zeit verbrauchte die Republik 20 Regierungen mit einer Durchschnittsdauer von 8 Monaten. 4 von ihnen überstanden nicht einmal die ersten 100 Tage. 12 … versuchten die Republik zu lenken. Allein diese Zahlen lassen erahnen, wie instabil … in den Weimarer Jahren war. Nicht zuletzt deshalb konnte die NS-Diktatur errichtet werden.

Reparationen

Inflation

Währungsreform

Ruhrbesetzung

„Goldene Zwanziger“

Rationalisierung

Weltwirtschaftskrise

Methoden

1

Methode:
Eine Meinungsumfrage,
Seite 26/27

1. Vorbereitung
- zu welchem Thema wird befragt
- wer soll befragt werden
- wo soll befragt werden

2. Fragen erarbeiten
- Fragen finden und auswählen
- durchführen, um herauszufinden, ob die Fragen verständlich sind
- Fragebogen entwickeln

3. Genehmigung einholen

4. Befragung durchführen
- höflich auf die Menschen zugehen und sie fragen, ob sie für eine kleine Meinungsumfrage Zeit hätten

5. Auswertung und Präsentation
- Strichlisten zu jeder Frage führen, Häufigkeiten finden und darstellen

3

Methode:
Statistiken auswerten,
Seite 74/75

1. Thema erkennen:
- Worum geht es in der Statistik? (Meistens steht es in der Überschrift oder in der Legende.)
- Welchen Zeitraum umfassen die Zahlenangaben?

2. Statistik beschreiben:
- Wie wird das statistische Material dargestellt: als Tabelle oder als Diagramm?
- Enthält die Statistik absolute Zahlen oder Prozentangaben?

3. Statistik auswerten:
- Was sagen die angegebenen Daten genau aus?
- Lassen sich Entwicklungen ablesen?

5

Methode: Ein Lexikon benutzen, Seite 80/81

1. Die Stichwörter sind fett gedruckt und nach dem Alphabet geordnet.

2. Bei Fremdwörtern wird nach dem Stichwort der Artikel angegeben: der (männlich), die (weiblich), das (sächlich).

3. Bei Fremdwörtern wird angegeben, aus welcher Sprache das Wort stammt (z. B. engl. = englisch, frz. = französisch, lat. = lateinisch).

4. Der Pfeil ↑ steht vor Begriffen, zu denen es im Lexikon einen eigenen Artikel gibt.

5. Häufig werden Zeichen und Abkürzungen verwendet. In der Anleitung zur Benutzung des Lexikons steht, was sie bedeuten.

Methode: Ein Kriegerdenkmal hinterfragen, Seite 130/131

1. Beschreiben
Was ist dargestellt? Was steht im Mittelpunkt des Denkmals?
Werden Gefühle wie Trauer und Schmerz sichtbar? Was steht auf der Gedenktafel?

2. Zusätzliche Informationen beschaffen
Wer gab den Auftrag? Ist der Künstler bekannt? Welche Bedeutung hat das Denkmal für die Bewohner?

3. Gesamteindruck
Welchen Eindruck macht das Denkmal auf dich?
Welche Aussage zum Krieg und zum Soldatentod wird vermittelt? Entspricht diese deinen Vorstellungen?

Methoden

7

Methode:
Karikaturen deuten,
Seite 168/169

1. Beschreibe die Karikatur:
- Was ist zu sehen?
- Wie werden die Personen dargestellt (Gesichtsausdruck, Körpersprache)?
- Welche Symbole werden verwendet? Wofür stehen sie?
- Gibt es einen Text zu der Karikatur?

2. Erkläre die Aussage:
- Auf welches Ereignis/welche Situation bezieht sich die Karikatur?
- Welche Meinung hat der Karikaturist zum Thema?

3. Nimm Stellung zur Aussage:
- Ist das Urteil des Karikaturisten richtig?
- Welche Position vertrittst du?

Methoden aus mitmischen 1

2

Methode: Eine Geschichtskarte auswerten, Seite 24/25

1. Thema, Ort und Zeit
Kläre zunächst, um welches Thema es bei dieser Karte geht: Oft hat die Karte einen Namen, der weiter hilft. Stelle nun fest, welche Gebiete der Erde von der Karte erfasst werden. Die Frage nach der Zeit, um die es geht, ist oft in der Kartenerläuterung (Legende) angegeben.

2. Einzelheiten erfassen
Eine Karte bietet oft viele Informationen. Aus der Kartenlegende kannst du entnehmen, welche Bedeutung die Zeichen, Farben und andere Bezeichnungen haben.

3

Methode: So kannst du Bilder betrachten und verstehen, Seite 54/55

1. Beschreiben:
Was wird dargestellt?
Wer oder was ist abgebildet?
Was geschieht auf dem Bild?

2. Untersuchen:
Wie wird das Geschehen dargestellt? Was steht im Mittelpunkt des Bildes? Was sind wichtige, was weniger wichtige Bildinhalte? Wird etwas besonders groß, hell oder farbig dargestellt? Welche Haltung nehmen die Personen ein?

3. Erklären:
Warum wird es so dargestellt? Wer hat das Bild in Auftrag gegeben? Wer sind die Betrachter? Was soll mit dem Bild erreicht werden?

4

Methode: Schriftliche Quellen auswerten, Seite 82/83

Fragen zum Text:

1. Worum geht es in dem Text?

2. Welche Daten, Orte, Personen oder Gruppen werden genannt?

3. Gibt es Wörter die du nicht verstehst? Schlage in einem Wörterbuch nach oder frage deine Lehrerin oder deinen Lehrer.

4. Schreibt der Verfasser über Dinge, die er selbst erlebt hat? Woher hat er sonst seine Informationen?

5. Kannst du erkennen, an wen er sich mit seinem Text wendet?

6. Mit welcher Absicht hat der Verfasser den Text wohl geschrieben?

* In Klammern gesetzt sind die Lebensdaten der jeweiligen Person.

Textquellen

S. 15, M 2: Zit. nach: Geschichte in Quellen, Bd. 4, W. Lautemann und M. Schlenke (Bearb.), S. 90. Bayer Schulbuchverlag, München 1981.
S. 16, M 1: Zit. nach: G. Franz, Staatsverfassungen, 2., erw. u. erg. Aufl., S. 37 ff. Wissenschaftl. Buchgesellschaft, Darmstadt 1964.
S. 19, M 2: H. J. Stammel, Indianer, Legende und Wirklichkeit von A–Z, Leben – Kampf – Untergang, Bertelsmann Lexikon-Verlag, Gütersloh 1977, S. 74.
S. 19, M 4 a: Zit. nach: E. Angermann, Der Aufstieg der Vereinigten Staaten von Amerika, Teil 1, Klett Stuttgart 1965, S. 33 ff. Übersetzer: Robert Ullmann
S. 19, M 4 b: Zit. nach: F. Wagner, USA, Geburt und Aufstieg der Neuen Welt, S. 190 f., Münchener Verl. & Graph. Kunstanst., München 1947.
S. 25, M 2: I. und P. Hartig, Die Französische Revolution, 1. Aufl. Klett, Stuttgart 1985, S. 52 ff.
S. 25, M 3: Grundgesetz der Bundesrepublik Deutschland
S. 27, M 1: Kinderrechtskonventionen der Vereinten Nationen, entnommen aus: terre des hommes, „Kinderrechte. Mach mit!“, terre des hommes Deutschland Osnabrück
S. 29, M 2: Wolfgang Mickel (Hrsg.), Politik und Gesellschaft, Frankfurt/M., 5. Aufl. 1974, S. 24, bearb.: Berthold Wiegand, Wanda Kampmann und Wolfgang Mickel
S. 31, M 5: Olymp de Gouges, Schriften, zit. nach: Monika Dillier u. a. (Hg.), Stroemfeld/Roter Stern, Frankfurt/M. 1980, S. 41 ff., Übersetzer: Vera Mostowlansky
S. 34, M 1: H. Scheel, Die Mainzer Republik, Bd. 1 und 2, Akademie-Verl., Berlin (Ost) 1981, S. 108.
S. 35, M 3: Zit. nach: W. Grab (Hrsg.) Die Französische Revolution. Eine Dokumentation, Nymphenburger Verlagshandlung, München 1973, S. 127
S. 35, M 4: Zit. nach: J. Hansen, Quellen zur Geschichte des Rheinlandes im Zeitalter der französischen Revolution, Bd. 2, Hanstein, Bonn 1933, S. 468
S. 43, M 3: W. Lippert, Geschichte der 110 Bauerndörfer in der nördlichen Uckermark, Böhlau Köln/Wien 1968, S. 113
S. 43, M 4: Vom Verfasser zusammengestellt
S. 47, M 2: Freiherr vom Steins Ausgewählte Schriften, hrsg. von Klaus Thiede, Fischer Jena 1929, S. 178
S. 47, M 4: Zit. in: Geschichte in Quellen, Bd. 5, bearb.: Günter Schönbrunn S. 15, Bayerischer Schulbuchverlag, München 1980
S. 49, M 3: Hans Ebeling, Reise in die Vergangenheit, Bd. 3, Braunschweig 1976, S. 109
S. 51, M 3: Berlinische Zeitung, 20. 3. 1848, zit. nach: Zeiten und Menschen 2, Hans-Jürgen Lendzian u. Wolfgang Mattes (Hrsg.), Paderborn 2004, S. 105
S. 53, M 4: Nassauische Allgemeine Zeitung vom 19. 2. 1849
S. 55, M 3: Ernst Rudolf Huber (Hg.), Quellen zum Staatsrecht der Neuzeit, Bd. 1, Matthiesen Tübingen 1949, S. 257 ff.
S. 57, M 6: Grundgesetz der Bundesrepublik Deutschland
S. 63, M 2: Aus: Zeitreise A2 neu, Leipzig 2005, S. 161 Q3 (bearb. v. Verfasser) (Übernahme)
S. 63, M 3: Zit. nach: Jürgen Kocka/Bernd Müller, Wirtschaft und Gesellschaft im Zeitalter der Industrialisierung, Bayerischer Schulbuchverlag München 1984, S. 54 ff.
S. 63, M 5: Dieter Bradtke, Die Industrielle Revolution in Deutschland, Stuttgart 1985, S. 20
S. 67, M 2: Hans Schwab-Felisch (Hrsg.), Gerhart Hauptmann, Die Weber, Vollständiger Text des Schauspiels, Dokumentation, Ullstein Frankfurt/M/Berlin 1993, 33. Aufl., S. 153/154
S. 67, M 4: Wolff, W., Das Elend und der Aufruhr in Schlesien, Deutsches Bürgerbuch für 1845, hrsg. von H. Puttmann, Bd. 1. Darmstadt 1845; zit. nach: Gesammelte Schriften von Wilhelm Wolff, hrsg. von Franz Mehring, Vorwärts, Berlin 1909, S. 50 ff.
S. 71, M 3: Li Fischer-Eckert: Die wirtschaftliche und soziale Lage der Frauen in dem modernen Industrieort Hamborn im Rheinland, Stracke 1913, S. 77
S. 73, M 2: A. Popp, Jugend einer Arbeiterin, Nachdruck Dietz Berlin 1977, S. 35
S. 73, M 4: A. Stockmann, Fabrikkinder in Cromford, Köln 1989, S. 16
S. 73, M 6: Ein siebenjähriger Koranschüler in Ketten, Bericht von Claudia Hangen FAZ vom 01. 02. 2007, Nr. 27, Seite 42, Frankfurter Allgemeine Zeitung, Frankfurt/M. 2007
S. 74, M 2: Bodo Harenberg (Hrsg.) Chronik des Ruhrgebietes, S. 632, Chronik-Verlag Dortmund 1987
S. 75, M 3: Zusammengestellt nach: W. Treue, H. Pönicke und K.-H. Manegold, Quellen zur Geschichte der industriellen Revolution, S. 99, Musterschmidt Göttingen u.a.1966 und W. Köllmann, Die industrielle Revolution, Klett Stuttgart 1987, S. 51
S. 75 M4: Zusammengestellt nach: W. Treue, H. Pönicke und K.-H. Manegold, Quellen zur Geschichte der industriellen Revolution, S. 99, Musterschmidt Göttingen u. a.1966 und W. Köllmann, Die industrielle Revolution, Klett Stuttgart 1987, S. 51
S. 77, M 2: Zit. nach: Sachse/Tennstedt (Hg.) Jahrbuch der Sozialarbeit Rowohlt-Taschenbuchverlag Reinbeck 1981, S. 226 ff.
S. 79, M 2: Aus: Zeitreise A2 neu, Klett Leipzig 2005, S. 173, (Übernahme)
S. 79, M 4: Bodo Harenberg (Hg.), Chronik des Ruhrgebiets, Dortmund 1987, S. 172
S. 80, M 1: Meyers Jugendlexikon, hrsg. u. bearb. v. Meyers Lexikonredaktion 6. Aufl., Meyers Lexikonverlag, Mannheim, Leipzig, Wien, Zürich 2005, S. 225
S. 80, M 2: Meyers Jugendlexikon, hrsg. u. bearb. v. Meyers Lexikonredaktion, 6. Aufl., Meyers Lexikonverlag, Mannheim, Leipzig, Wien, Zürich 2005, S. 612
S. 83, M 2: Bote vom Niederrhein vom 12. 01. 1866, in: Stadt Duisburg, Dezernat für Bildung und Kultur (Hg.), Industrialisierung und soziale Frage in Duisburg, Walter Braun Verlag Duisburg 1982, S. 63
S. 85, M 3: Interview des Autors von 1998
S. 85, M 5: Sobernheimer Intelligenzblatt Nr. 87, vom 07. 06. 1905. Zit. nach: Flemming, Saul, Witt (Hg.), Quellen zur Alltagsgeschichte der Deutschen 1871–1914, Wiss. Buchges. Darmstadt 1997, S. 56
S. 91, M 3: Zit. nach: Helmut Böhme (Hg.), Die Reichsgründung, Deutscher Taschenbuch-Verlag München 1967, S. 273
S. 93, M 3: Manfred Görtemaker, Deutschland im 19. Jahrhundert, Entwicklungslinien, 3. überarb. Auflage, Lizenzausgabe Bundeszentrale für politische Bildung, Bonn 1989, S. 274
S. 95, M 6: Stefan Zweig, Die Welt von gestern, ungek. Ausg., Fischer-Bücherei Hamburg/Frankfurt/M. 1970, S. 94 f.
S. 96, M 2: J. Kuczynski, Die Geschichte der Lage der Arbeiter unter dem Kapitalismus, Bd. 3, Akademie-Verlag Berlin 1962, S. 338
S. 97, M 4: Der Textilarbeiter, Nr. 6, o. O., 1909

S. 97, M 6: Weitergehen! Zwei Schritte vor. Keinen Zurück. Internationaler Frauentag 08. März 2007, auf: www.dgb.de/themen/themen_a_z/abisz_doks/f/ frauentag2007.pdf (Stand: 25.07.2007); Autor: Ralf Steinle
S. 99, M 2: Zit. nach: Uwe Spiekermann, „Hereinspaziert in die Welt ihrer Träume". Das Warenhaus als Ort des Konsums, in Praxis Geschichte, 4/1998, Braunschweig 1998, S. 38
S. 99, M 4: Franz Rehbein, Das Leben eines Landarbeiters, hg. von Paul Göhre, Diederichs Jena 1911, S. 40
S. 109, M 2: Zit. in: L. Helbig, Imperialismus, Diesterweg Frankfurt/M. 1976, S. 6
S. 109, M 4: Zit. in: L. Zimmermann, Der Imperialismus. Seine geistigen, wirtschaftlichen und politischen Zielsetzungen, Klett art 1955, S. 27
S. 111, M 2: Zit. in: Erhard Meueler (Hg.), Unterentwicklung. Wem nützt die Armut der Dritten Welt? Reinbek bei Hamburg 1975, S. 34 f.
S. 113, M 2: Zit. nach: Marie-Luise Baumhauer, Dieter Hein und Sylvie Kurze, Imperialismus, Beltz, Weinheim-Basel 1978, S. 36
S. 113, M 3: Zit. nach: Altdeutsche Blätter, Nr. 12 vom 19. 3. 1904
S. 115, M 2 a: Zit. in: Walter Hubatsch, Die Ära Tirpitz, Musterschmidt Göttingen 1955, S. 56
S. 115, M 2 b: Zit. nach: Deutsche Parlamentsdebatten, Bd. 1, S. 192 ff. hrsg. von Eberhard Jäckel; Detlef Junker; Axel Kuhn, Fischer-Bücherei Frankfurt 1970,
S. 115, M 3: Nach: W. Kleinknecht/H. Krieger (Hg.), Handbuch des Geschichtsunterrichts, Bd. 5, Diesterweg Frankfurt/M. 1965, S. 119 f.
S. 115, M 5: Nach: Reichsarchiv (Hg.), Kriegsrüstung und Kriegswirtschaft, Anlagenband, Mittler, Berlin 1930, S. 530
S. 117, M 2: Zit. nach: Phillip Witkop, Kriegsbriefe gefallener Studenten, Taubner, Leipzig 1915, S. 7 ff.
S. 118, M 1: Zeitschrift „Eiserne Jugend", 1. Jg. (1915), Geschichte und Geschehen 9 BW Gym, bearb. von Giselher Birk, Klett 1986
S. 119, M 4: Altenburger Zeitung für Stadt und Land vom 8 August 1914, in: Praxis Geschichte, Ebenda. S. 24
S. 120, M 2: Zit. nach: J. Hoffmann, Der Imperialismus und der Erste Weltkrieg, Diesterweg Frankfurt/M. 1964, S. 65 ff.
S. 123, M 2: Rudolf Hanslian, Der deutsche Gasangriff bei Ypern am 22. April 1915. Zit. nach: Ich kam, sah und schrieb, Augenzeugenberichte aus fünf Jahrtausenden, hrsg. von Martin Wein, Dt. Taschenbuch-Verl. München 1964, S. 381 f.
S. 124, M 1: Zit. nach: Phillip Witkop, Kriegsbriefe gefallener Studenten, Taubner, Leipzig 1918, S. 85
S. 124, M 2: Zit. nach: Die letzten Tage der Menschheit, Bilder des Ersten Weltkrieges, hrsg. von Rainer Rother, Katalog zur Ausstellung im Deutschen Historischen Museum vom 10. Juni bis 28. August 1994, Deutsches Historisches Museum Berlin 1994, S. 97f.
S. 124, M 4: Zit. nach: Die letzten Tage der Menschheit, Bilder des Ersten Weltkrieges, hrsg. von Rainer Rother, Katalog zur Ausstellung im Deutschen Historischen Museum vom 10. Juni bis 28. August 1994, Deutsches Historisches Museum Berlin 1994, S. 119
S. 127, M 3: Volkswille (sozialdemokratisches) Organ für die Interessen der arbeitenden Bevölkerung der Provinz Hannover, Hannover, 25. Dezember 1915
S. 127, M 4: Zit. nach: Journal für Geschichte 1980/5, Braunschweig S. 28/34
S. 128, M 2: Zit. nach: Geschichte in Quellen, Weltkriege und Revolutionen 1914 – 1945, Bayerischer Schulbuch-Verlag München 1981, S. 104
S. 129, M 3: Zit. nach: Die letzten Tage der Menschheit, Bilder des Ersten Weltkrieges, hrsg. von Rainer Rother, Katalog zur Ausstellung im Deutschen Historischen Museum vom 10. Juni bis 28. August 1994, Deutsches Historisches Museum Berlin 1994, S. 119
S. 129, M 5: Zit. nach: Ringen um Weltgeltung – der erste Weltkrieg Donauwörther Quellenbogen, Hrsg. Benedikt Nett, Geschichte 22, Cassianeum, Donauwörth o. J., 15
S. 129, M 6: Statistisches Material vom Verf. zusammengestellt, nach W. Köllmann, Bevölkerungsploetz, Ploetz-Verlag Würzburg 1965
S. 131, M 4: Stadtarchiv Kaiserslautern, Akte Pfälzische Presse, Kaiserslautern, den 13. 7. 1931
S. 137, M 4: Andrew Carnegie, Wealth, in: North American Review 148, Juni 1899, S. 665 f. (Übersetzung vom Autor)
S. 139, M 3: Th. A. Baily, A Diplomatic History of the American Peple, S. 570, Appleton-Century-Crofts New York 1969 (Übersetzung vom Autor)
S. 139, M 4: Zit. nach: Handbuch der Verträge 1871-1964, Deutscher Verl. der Wiss. Berlin 1968, S. 169. Bearb. vom Verf.
S. 139, M 6: R. Hofstadter, Great issues in American History, Band II, Vintage Books New York 1959, S. 219 ff.
S. 141, M 2: Zit. nach: Valentin Gitermann, Geschichte Russlands, 3. Band, Europ. Verl.-Anst. Hamburg 1949, S. 605 f.
S. 143, M 3 a: Maxim Gorki, Unzeitgemäße Gedanken über Kultur und Revolution. Insel-Verlag Frankfurt a. M. 1972, S. 195 ff. Übersetzer: Bernd Scholz
S. 143, M 3 b: Zit. nach: William Henry Chamberlin, Die Russische Revolution 1917 – 1921, 2. Band, Europ.-Verl.-Anst. Frankfurt a. M. 1958, S. 464 Übersetzer: Harry Maör
S. 145, M 2: Zit. nach: V.A. Kravchenko, Ich wählte die Freiheit, Thomas Zürich 1947, S. 113 f. Übersetzer: Albert Hess
S. 151, M 4 a und b: Gerhard A. Ritter/Susanne Miller (Hg.), Die deutsche Revolution 1918 – 19, 2. erheblich erw. u. überarb Aufl., Fischer Taschenbuch Verl. Frankfurt/M. 1983, S. 77 ff.
S. 153, M 2: Stenographische Berichte des Reichstages Bd. 427, S. 4728 (vom Verfasser gekürzt)
S. 155, M 3: Kurt Tucholsky: Gesammelte Werke. Bd. 2, 1919 – 1920, Rohwolt Reinbek 1975, S. 205
S. 157, M 3: Lebendige Vergangenheit (Tempora), Geschichte 9, S. 49, Klett-Schulbuchverl. Stuttgart o. J.
S. 159, M 3: Heinrich August Winkler/Alexander Cammann (Hg.), Weimar. Ein Lesebuch zur deutschen Geschichte 1918-1933, Beck München 1997, S. 146 f.
S. 161, M 3: Günther Prien, Mein Weg nach Scapa Flow, in: Christian Geißler (Hg.), Das dritte Reich mit seiner Vorgeschichte, Lesewerk zur Geschichte, Bd. 9, Langewiesche-Brandt Ebenhausen 1961, S. 55 S. 163, M 4: Zit. nach: Frank Busch, Chronik Ruhrgebiet, 2. aktualisierte Aufl., Chronik-Verl. Gütersloh 1997, S. 393
S. 164, M 2: Robert Hermann (Hg.) Zeiten und Menschen, Bd. 4, Schöningh Paderborn 1983, S. 65.
S. 164, M 3: Zit. nach: Martin Broszat, Das dritte Reich. Ursprünge, Ereignisse, Wirkungen, Ploetz Freiburg 1983, S. 99
S. 165, M 5: Arbeiter-Illustrierte-Zeitung, Nr. 5, 1930
S. 167, M 3: Zit. nach: Jürgen W. Falter, Hitlers Wähler, Beck München 1991, S. 297
S. 167, M 4: Wolfgang Michalka u. Gottfried Niedhart (Hrsg.), Deutsche Geschichte 1918 – 1933. Dokumente zur Innen- und Außenpolitik, Fischer-Taschenbuch-Verl. Frankfurt/Main 1992, S. 186.

Bildquellen

Cover oben: Stadtarchiv Wiesbaden, Wiesbaden;
Cover unten: Caro Fotoagentur (Oberhäuser), Berlin;
S. 6, 1: BPK (RMN), Berlin;
S. 6, 2: BPK (Nationalgalerie, SMB/Jörg P. Anders), Berlin;
S. 7, 3: Panorama Hüttenwerke Oberhausen AG (HOAG), 1951, Fotosammlung Rheinisches Industriemuseum, Foto Bernhard Obberg;
S. 7, 4: BASF Unternehmensarchiv, Ludwigshafen/Rhein;
S. 8, 5: Ullstein Bild GmbH, Berlin;
S. 8, 6: AKG, Berlin;
S. 9, 7: BPK, Berlin;
S. 10, 1. Reihe 1. Bild: Ullstein Bild GmbH, Berlin;
S. 10, 1. Reihe 2. Bild: Logo (Logo), Stuttgart;
S. 10, 2. Reihe: Pur Foto (Rolf Purpar), Meerbusch;
S. 10, 3. Reihe 1. Bild: Wikimedia Foundation Inc. (PD), St. Petersburg FL;
S. 10, 3. Reihe 2. Bild: BPK, Berlin;
S. 10 unten: BPK (RMN), Berlin;
S. 11, 1. Reihe 1. Bild: Amnesty International, Bonn;
S. 11, 1. Reihe 2. Bild: Getty Images (Reuters/Langsdon), München;
S. 11, 2. Reihe 1. Bild: AKG, Berlin;
S. 11, 2. Reihe 2. Bild: Picture-Alliance (dpa), Frankfurt;
S. 11, 3. Reihe 1. Bild: AKG, Berlin;
S. 11, 3. Reihe 2. Bild: AKG, Berlin;
S. 11 unten: BPK (RMN), Berlin;
S. 12, M 1: Corbis (Stefano Amantini), Düsseldorf;
S. 12, M 2: Corbis (Bettmann), Düsseldorf;
S. 14, M 1: AKG, Berlin;
S. 18, M 1: BPK, Berlin;
S. 19, M 3: AKG, Berlin;
S. 19, M 5: Süddeutsche Zeitung Photo, München;
S. 20, M 1: AKG, Berlin;
S. 21, M 4: AKG, Berlin;
S. 22, M 1: AKG, Berlin;
S. 23, M 2: AKG, Berlin;
S. 24, M 1: AKG, Berlin;
S. 29, M 3: Bridgeman Giraudon, Paris;
S. 30, M 1: AKG, Berlin;
S. 30, M 2: AKG, Berlin;
S. 31, M 3: Bridgeman Art Library Ltd. (Giraudon), Berlin;
S. 31, M 4: Paris, Louvre, Collection Rothschild - 3807DR/(c) BPK (RMN/Thierry Le Mage), Berlin;
S. 32, M 1: Bridgeman Giraudon, Paris;
S. 33, M 2: Corbis, Düsseldorf;
S. 33, M 3: Bridgeman Giraudon, Paris;
S. 34, M 2: Dr. Franz Dumont, Mainz;
S. 35, M 5: AKG, Berlin;
S. 38, 1. Reihe 1. Bild: Comstock (Comstock, Luxemburg), Luxemburg;
S. 38, 2. Reihe: Klett-Archiv (Horst Troiza), Stuttgart;
S. 38, 3. Reihe 1. Bild: AKG, Berlin;
S. 38, 3. Reihe 2. Bild: AKG, Berlin;
S. 38 unten: BPK (Nationalgalerie, SMB/Jörg P. Anders), Berlin;
S. 39, 1. Reihe: Action Press GmbH (Langbehn/Pollex), Hamburg;
S. 39, 3. Reihe 1. Bild: BPK, Berlin;
S. 39, 3. Reihe 2. Bild: BPK, Berlin;
S. 40, M 1: AKG, Berlin;
S. 42, M 1: AKG, Berlin;
S. 43, M 2: BPK, Berlin;
S. 46, M 1: AKG, Berlin;
S. 48, M 1: AKG, Berlin;
S. 49, M 2: AKG, Berlin;
S. 50, M 1: BPK, Berlin;
S. 51, M 2: BPK, Berlin;
S. 52, M 2: Stadtarchiv Wiesbaden, Wiesbaden;
S. 55, M 2: BPK, Berlin;
S. 56, M 1: vario images GmbH & Co.KG (bonn sequenz), Bonn;
S. 57, M 2: Picture-Alliance (Tim Brakemeier), Frankfurt;
S. 57, M 3: Erich Schmidt Verlag GmbH, Berlin;
S. 57, M 4: Picture-Alliance (dpa/Uli Deck), Frankfurt;
S. 57, M 5: Ullstein Bild GmbH (Sven Simon), Berlin;
S. 58: BPK, Berlin;
S. 60, 1. Reihe 1. Bild: Akash, G.M.B. (G.M.B. Akash/Panos Pictures/Visum), Hamburg;
S. 60, 2. Reihe 1. Bild: Klett-Archiv, Stuttgart;
S. 60, 2. Reihe 2. Bild: Klett-Archiv, Stuttgart;
S. 60, 3. Reihe 2. Bild: DB Museum im Verkehrsmuseum, Nürnberg;
S. 60 unten: Panorama Hüttenwerke Oberhausen AG (HOAG), 1951, Fotosammlung Rheinisches Industriemuseum, Foto Bernhard Obberg;
S. 61, 1. Reihe 1. Bild: CentrO Gmbh, Oberhausen;
S. 61, 1. Reihe 2. Bild: Feuer & Flamme. 200 Jahre Ruhrgebiet. Die Ausstellung im Gasometer Oberhausen. 19. Mai bis 15. Oktober 1995. Ausstellungskatalog, 2. Aufl.,(c) Klartext Verlag Essen 1995, S. 289;
S. 61, 2. Reihe: Klett-Archiv, Stuttgart;
S. 61, 3. Reihe 1. Bild: AKG, Berlin/(c) VG Bild-Kunst, Bonn 2007;
S. 61, 3. Reihe 2. Bild: AKG, Berlin;
S. 62, M 1: DB Museum im Verkehrsmuseum, Nürnberg;
S. 64, M 1: BPK, Berlin;
S. 64, M 2: Heritage-Images Ltd., London EC1R 0NE;
S. 65, M 3: Bridgeman Art Library Ltd., Berlin;
S. 66, M 1: AKG, Berlin;
S. 67, M 3: AKG, Berlin/(c) VG Bild-Kunst, Bonn 2007;
S. 68: Historisches Archiv Krupp, Essen;
S. 69: Stadtarchiv, Bochum;
S. 70: BPK, Berlin;
S. 71, M 4: ZDF Enterprises GmbH, Mainz;
S. 71, M 5: BPK, Berlin;
S. 72: Sigrid und Wolfgang Jacobeit, Illustrierte Alltagsgeschichte des deutschen Volkes 1810 – 1900, S. 120, Schönbrunn-Verlag Wien, (c) Urania Verlag, Verlag für populärwissenschaftliche Literatur, Leipzig 1987 (3-85364-173-3), BG: Archiv der Verfasser;
S. 73, M 3: AKG, Berlin;
S. 73, M 5: Akash, G.M.B. (G.M.B. Akash/Panos Pictures/Visum), Hamburg;
S. 76: BPK, Berlin;
S. 77: AKG, Berlin;
S. 78: BPK, Berlin;
S. 79: AKG, Berlin;
S. 82: AKG, Berlin;
S. 83: BPK, Berlin;
S. 84, M 1: Stadtbildstelle Essen, Essen;
S. 84, M 2: Stadtbildstelle Essen, Essen;
S. 85, M 4: BPK, Berlin;
S. 85, M 6: Montanhistorisches Dokumentationszentrum, Bochum;

S. 88, 1. Reihe: AKG, Berlin;
S. 88, 2. Reihe: Picture-Alliance (dpa), Frankfurt;
S. 88, 3. Reihe 1. Bild: AKG (Schöning), Berlin;
S. 88, 3. Reihe 2. Bild: Mercedes Benz, Niederlassung, Stuttgart;
S. 88 unten: BASF AG Servicecenter Medien, Ludwigshafen;
S. 89, 1. Reihe 1. Bild: MEV Verlag GmbH, Augsburg;
S. 89, 1. Reihe 2. Bild: DGB, Berlin;
S. 89, 2. Reihe 1. Bild: AKG (Dieter E. Hoppe), Berlin;
S. 89, 2. Reihe 2. Bild: DHM, Berlin;
S. 89, 3. Reihe: BPK, Berlin;
S. 90: AKG (Schöning), Berlin;
S. 93, M2: AKG, Berlin;
S. 93, M4: Picture-Alliance (dpa), Frankfurt;
S. 93, M5: BPK, Berlin;
S. 94: BPK, Berlin;
S. 95, M2: Ullstein Bild GmbH (Jungmann & Schorn), Berlin;
S. 95, M3: BPK, Berlin;
S. 95, M4: BPK, Berlin;
S. 95, M5: BPK, Berlin;
S. 97, M3: Deutsches Tabak- und Zigarrenmuseum, Bünde;
S. 97, M5: MEV Verlag GmbH, Augsburg;
S. 97, M6: DGB, Berlin;
S. 98: AKG, Berlin;
S. 99, M3: Ullstein Bild GmbH, Berlin;
S. 99, M5: BPK, Berlin;
S. 100, M1: DHM, Berlin;
S. 100, M2: creativ collection Verlag GmbH, Freiburg;
S. 101, M4: Schulmuseum-Werkstatt für Schulgeschichte, Leipzig;
S. 101, M5: Ullstein Bild GmbH (Steffens), Berlin;
S. 104, 1. Reihe 1. Bild: Gabriele Klimek, Hildesheim;
S. 104, 1. Reihe 2. Bild: Bridgeman Art Library Ltd., Berlin;
S. 104, 2. Reihe 1. Bild: Volksbund Dt. Kriegsgräberfürsorge, Kassel;
S. 104, 2. Reihe 2. Bild: BPK, Berlin;
S. 104, 3. Reihe 1. Bild: BPK, Berlin;
S. 104, 3. Reihe 2. Bild: Ullstein Bild GmbH, Berlin;
S. 104 unten: Ullstein Bild GmbH, Berlin;
S. 105, 1. Reihe: AKG, Berlin;
S. 105, 2. Reihe 1. Bild: Interfoto, München;
S. 105, 2. Reihe 2. Bild: Museumsverein Wustrow, Wustrow (Wendland);
S. 105, 3. Reihe 1. Bild: Ullstein Bild GmbH, Berlin;
S. 105, 3. Reihe 2. Bild: Süddeutsche Zeitung Photo, München;
S. 108: AKG, Berlin;
S. 109: Ullstein Bild GmbH (Granger Collection), Berlin;
S. 110: BPK, Berlin;
S. 111, M3: Bridgeman Art Library Ltd., Berlin;
S. 111, M4: Picture-Alliance (epd/Albert-Schweitzer-Zentrum), Frankfurt;
S. 111, M5: AKG, Berlin;
S. 112: Ullstein Bild GmbH, Berlin;
S. 114: Wilhelm Stöckle, Filderstadt;
S. 115: BPK, Berlin;
S. 116: BPK, Berlin;
S. 117, M3: Ullstein Bild GmbH (KPA), Berlin;
S. 117, M4: Stehle, Karl, München;
S. 118: Wilhelm Stöckle, Filderstadt;
S. 119, M3: Stehle, Karl, München;
S. 119, M5: Süddeutsche Zeitung Photo, München;
S. 120: Süddeutsche Zeitung Photo, München;
S. 121, M3: BPK, Berlin;
S. 122: Ullstein Bild GmbH, Berlin;
S. 123, M3: Interfoto, München;
S. 123, M4: BPK, Berlin;
S. 125: Ullstein Bild GmbH, Berlin;
S. 126: BPK, Berlin;
S. 127: Ullstein Bild GmbH, Berlin;
S. 128: Süddeutsche Zeitung Photo, München;
S. 129: Corbis (Bettmann), Düsseldorf;
S. 130, M1: Klett-Archiv (Horst Troiza), Stuttgart;
S. 130, M2: Gabriele Klimek, Hildesheim;
S. 131: Ursula Seitz-Gray Fotografin, Frankfurt;
S. 134. 1. Reihe: Ullstein Bild GmbH (imagebroker.net, Franz Waldhäusl), Berlin;
S. 134, 2. Reihe: SuperStock, Inc., Jacksonville;
S. 134, 3. Reihe: Corbis, Düsseldorf;
S. 134, 4. Reihe: AKG, Berlin;
S. 134 unten: AKG, Berlin;
S. 135, 1. Reihe 1. Bild: Ullstein Bild GmbH (Granger Collection), Berlin;
S. 135, 1. Reihe 2. Bild: RIA Nowosti Dmitri Tultschinski (Nowosti), Berlin;
S. 135, 2. Reihe: iStockphoto (John Sigler), Calgary, Alberta;
S. 135, 3. Reihe 1. Bild: Ullstein Bild GmbH (Granger Collection), Berlin;
S. 135, 3. Reihe 2. Bild: Ullstein Bild GmbH, Berlin;
S. 136: Ullstein Bild GmbH (Granger Collection), Berlin;
S. 137, M2: Ullstein Bild GmbH, Berlin;
S. 137, M3: Corbis, Düsseldorf;
S. 138, M1: BPK (Kunstbibliothek, SMB), Berlin;
S. 138, M2: Corbis, Düsseldorf;
S. 139, M5: Imperial War Museum (W. A. Rogers), London;
S. 139, M7: AKG, Berlin;
S. 140: BPK, Berlin;
S. 141, M3: AKG, Berlin;
S. 141, M4: Ullstein Bild GmbH, Berlin;
S. 142: Ullstein Bild GmbH (Granger Collection), Berlin;
S. 143: laif (Keystone/Eyedea Presse), Köln;
S. 144: Süddeutsche Zeitung Photo (Scherl), München;
S. 145, M3: Ullstein Bild GmbH, Berlin;
S. 145, M4: Süddeutsche Zeitung Photo (Scherl), München;
1146: BPK (Kunstbibliothek, SMB), Berlin;
S. 148, 1. Reihe 1. Bild: AKG, Berlin;
S. 148, 2. Reihe: VG Bild-Kunst, Bonn, 2008, Corbis, Alinari Archive, Düsseldorf, Wassily Kandinsky „Im Blau" aus dem Jahre 1925;
S. 148, 3. Reihe 1. Bild: BPK, Berlin;
S. 148, 3. Reihe 2. Bild: Keystone, Hamburg;
S. 148 unten: BPK, Berlin;
S. 149, 1. Reihe: Süddeutsche Zeitung Photo (Scherl), München;
S. 149, 2. Reihe 1. Bild: DHM, Berlin;
S. 149, 2. Reihe 2. Bild: AKG (Monheim), Berlin;
S. 149, 3. Reihe 1. Bild: BPK, Berlin;
S. 150, M1: AKG, Berlin;
S. 150, M2: Ullstein Bild GmbH (Archiv Gerstenberg), Berlin;
S. 151: BPK, Berlin;
S. 152: Interfoto (Friedrich), München;
S. 154: AKG, Berlin;
S. 156: Keystone, Hamburg;

S. 157, M 2: Süddeutsche Zeitung Photo, München;
S. 157, M 4: Süddeutsche Zeitung Photo (Scherl), München;
S. 157, M 5: Ullstein Bild GmbH, Berlin;
S. 158: Otto Dix, Großstadt, Kunstmuseum, Stuttgart/(c) VG Bild Kunst, Bonn 2008;
S. 159, M 2: DHM, Berlin;
S. 159, M 4: BPK, Berlin;
S. 160: BPK, Berlin;
S. 161, M 2: Ullstein Bild GmbH (Imagno), Berlin;
S. 161, M 4: BPK, Berlin;
S. 162: Süddeutsche Zeitung Photo, München;
S. 163, M 3: Ullstein Bild GmbH, Berlin;
S. 163, M 5: Bundesarchiv, Koblenz;
S. 163, M 6: BPK, Berlin;
S. 164: DHM, Berlin;
S. 165, M 4: aus: „Alte Frau im Fenster", Gemälde von Fritz Burmann, 1924 aus: Private Kunstschätze aus Süddeutschland, Staatsgalerie Stuttgart, Edition Braus, Heidelberg 2004;
S. 165, M 6: DHM, Berlin, VG Bild-Kunst, Bonn 2008;
S. 166: Klett-Archiv, Stuttgart;
S. 168: AKG, Berlin;
S. 169: AKG Berlin, (c) VG Bild-Kunst, Bonn 2004

Nicht in allen Fällen war es uns möglich, den Rechteinhaber der Abbildungen ausfindig zu machen. Berechtigte Ansprüche werden selbstverständlich im Rahmen der üblichen Vereinbarungen abgegolten.

Bürgerliche Revolution

1776
13 englische Kolonien in Nordamerika erklären ihre Unabhängigkeit.

1789
Die Verfassung der USA tritt in Kraft. George Washington wird erster Präsident.

14. Juli 1789
Erstürmung der Bastille und Beginn der Französischen Revolution

26. August 1789
Die französische Nationalversammlung verabschiedet die Erklärung der Bürger- und Menschenrechte.

Napoleon, Freiheit, Revolution

1799 – 1814
Napoleon führt im Namen Frankreichs viele Kriege.

1815
Auf dem Wiener Kongress gründen die deutschen Fürsten den Deutschen Bund. Er besteht aus 35 Staaten und vier Städten.

1848
Bürger errichten Barrikaden im Kampf gegen die Soldaten der Fürsten.

1848/49
Das erste deutsche Parlament tagt in der Frankfurter Paulskirche.

Fortschritt im 19. Jahrhundert

1769
James Watt erfindet die Dampfmaschine.

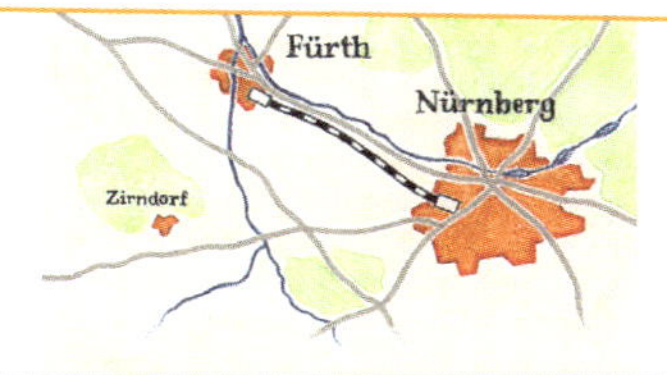

1835
Die Eisenbahnstrecke Nürnberg – Fürth wird eröffnet.

1844
Aufstand der schlesischen Weber

1900
Elektrische Straßenbahn in Berlin

Das deutsche Kaiserreich

1871

Deutschland wird unter Preußens Führung als Kaiserreich geeint.

1888

Der Motorwagen von Carl Benz wurde von einem Benzinmotor angetrieben.

1908

In Berlin gab es bereits Straßenbahnen, Telefonleitungen und elektrische Straßenlaternen.

Neue Weltmächte entstehen

um 1900

Die USA erweitern ihr Einflussgebiet auf den Pazifischen Ozean und Lateinamerika.

April 1917

Die USA treten auf Seiten der Ententemächte in den Ersten Weltkrieg ein.

Oktober 1917

Die Bolschewiki stürzen die alte Ordnung und errichten eine kommunistische Ordnung.

nach 1924

Stalin und seine Anhänger errichten in der Sowjetunion eine brutale Diktatur.